HOS PITALI DADE IRRACIO NAL

HOSPITALIDADE IRRACIONAL

WILL GUIDARA

O EXTRAORDINÁRIO
PODER DE DAR
ÀS PESSOAS
MAIS DO QUE
ELAS ESPERAM

ALTA BOOKS
GRUPO EDITORIAL
Rio de Janeiro, 2023

Hospitalidade Irracional

Copyright © 2023 ALTA BOOKS
ALTA BOOKS é uma empresa do Grupo Editorial Alta Books (STARLIN ALTA EDITORA E CONSULTORIA LTDA.)
Copyright © 2022 WILL GUIDARA
ISBN: 978-85-508-2101-6

Translated from original Unreasonable Hospitality. Copyright © 2022 by Will Guidara. ISBN 9780593418574. This translation is published and sold by permission of Optimism Press, an imprint of Penguin Random House LLC, the owner of all rights to publish and sell the same. PORTUGUESE language edition published by Grupo Editorial Alta Books, Copyright © 2023 by STARLIN ALTA EDITORA E CONSULTORIA LTDA.

Impresso no Brasil — 1ª Edição, 2023 — Edição revisada conforme o Acordo Ortográfico da Língua Portuguesa de 2009.

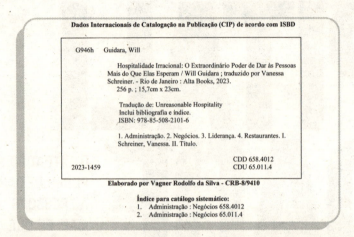

Dados Internacionais de Catalogação na Publicação (CIP) de acordo com ISBD

G946h Guidara, Will
   Hospitalidade Irracional: O Extraordinário Poder de Dar às Pessoas Mais do Que Elas Esperam / Will Guidara ; traduzido por Vanessa Schreiner. - Rio de Janeiro : Alta Books, 2023.
   256 p. ; 15,7cm x 23cm.

   Tradução de: Unreasonable Hospitality
   Inclui bibliografia e índice.
   ISBN: 978-85-508-2101-6

   1. Administração. 2. Negócios. 3. Liderança. 4. Restaurantes. I. Schreiner, Vanessa. II. Título.

2023-1459
CDD 658.4012
CDU 65.011.4

Elaborado por Vagner Rodolfo da Silva - CRB-8/9410

Índice para catálogo sistemático:
1. Administração : Negócios 658.4012
2. Administração : Negócios 65.011.4

Todos os direitos estão reservados e protegidos por Lei. Nenhuma parte deste livro, sem autorização prévia por escrito da editora, poderá ser reproduzida ou transmitida. A violação dos Direitos Autorais é crime estabelecido na Lei nº 9.610/98 e com punição de acordo com o artigo 184 do Código Penal.

O conteúdo desta obra fora formulado exclusivamente pelo(s) autor(es).

Marcas Registradas: Todos os termos mencionados e reconhecidos como Marca Registrada e/ou Comercial são de responsabilidade de seus proprietários. A editora informa não estar associada a nenhum produto e/ou fornecedor apresentado no livro.

Material de apoio e erratas: Se parte integrante da obra e/ou por real necessidade, no site da editora o leitor encontrará os materiais de apoio (download), errata e/ou quaisquer outros conteúdos aplicáveis à obra. Acesse o site www.altabooks.com.br e procure pelo título do livro desejado para ter acesso ao conteúdo..

Suporte Técnico: A obra é comercializada na forma em que está, sem direito a suporte técnico ou orientação pessoal/exclusiva ao leitor.

A editora não se responsabiliza pela manutenção, atualização e idioma dos sites, programas, materiais complementares ou similares referidos pelos autores nesta obra.

Produção Editorial: Grupo Editorial Alta Books
Diretor Editorial: Anderson Vieira
Vendas Governamentais: Cristiane Mutüs
Gerência Comercial: Claudio Lima
Gerência Marketing: Andréa Guatiello

Assistente Editorial: Patricia Silvestre
Tradução: Vanessa Schreiner
Copidesque: Daniel Salgado
Revisão: Bernardo Kallina; Kamila Wozniak
Diagramação: Joyce Matos

Rua Viúva Cláudio, 291 — Bairro Industrial do Jacaré
CEP: 20.970-031 — Rio de Janeiro (RJ)
Tels.: (21) 3278-8069 / 3278-8419
www.altabooks.com.br — altabooks@altabooks.com.br
Ouvidoria: ouvidoria@altabooks.com.br

Editora afiliada à:

Para Frank Guidara — meu pai, mentor e melhor amigo, por sempre me mostrar o que é o "certo" a se fazer e por me ajudar a enxergar quão incrivelmente gratificante pode ser uma vida dedicada à hospitalidade.

E a todas as pessoas com quem trabalhei no Eleven Madison Park, no NoMad e no Make It Nice — a todos que deram tanto de si para se dedicar a outras pessoas. Este livro é uma prova da perseverança de todos vocês.

SUMÁRIO

Uma Carta de Simon Sinek		IX
1.	Bem-vindo à Economia da Hospitalidade	1
2.	Fazendo Magia em um Mundo que Poderia Fazer Mais Uso Dela	8
3.	O Extraordinário Poder da Intenção	19
4.	Lições sobre Hospitalidade Consciente	23
5.	Inteligência em Restaurante vs. Inteligência Corporativa	30
6.	Buscando uma Parceria verdadeira	45
7.	Definindo Expectativas	52
8.	Quebrando Regras e Montando uma Equipe	70
9.	Trabalhando com Propósito e no Propósito	81
10.	Criando uma Cultura de Colaboração	91
11.	Um Empurrão em Direção à Excelência	108
12.	Relacionamentos são Simples. O Simples é Difícil.	120
13.	Alavancando a Afirmação	135
14.	Recuperando o Equilíbrio	143

Hospitalidade Irracional

15.	O Melhor Ataque é o Ataque	**151**
16.	Conquistando Informalidade	**167**
17.	Aprendendo a Ser Irracional	**171**
18.	Hospitalidade Improvisada	**185**
19.	Dimensionando uma Cultura	**203**
20.	De Volta ao Básico	**219**

Epílogo	**233**
Agradeço a Vocês	**237**
Notas	**241**
Índice	**243**

UMA CARTA DE SIMON SINEK

Na Optimism Press, imaginamos um mundo no qual a grande maioria das pessoas acorda todas as manhãs inspirada, sentindo-se segura onde quer que esteja, e termina o dia satisfeita com seu trabalho. Na realidade, temos mais chances de construir esse mundo se nos comprometermos a fazê-lo juntos.

Mas tem um problema…

Nas últimas décadas, nós nos distanciamos. Costumávamos fazer mais coisas juntos. Frequentávamos a igreja e outros locais de oração. Nos encontrávamos com amigos e vizinhos e conhecíamos outras pessoas durante os campeonatos de boliche e nos clubes locais. Mas, atualmente, já não frequentamos tanto a igreja, e os campeonatos de boliche e os clubes praticamente deixaram de existir. Além disso, houve um aumento da comunicação por meios digitais e da demanda pelo trabalho remoto; por isso, na história recente, nunca nos sentimos tão solitários e distantes uns dos outros como agora. Nosso forte desejo por um sentimento de pertencimento, no entanto, permanece — essa é uma necessidade humana inata. E é aí que entra o *Hospitalidade Irracional*.

De maneira bastante resumida, este é um livro sobre um empresário talentoso que ajudou a transformar uma brasserie mediana na cidade de Nova York no melhor restaurante do mundo. No entanto, ele é muito maior e mais importante do que isso. É um livro sobre como tratar as pessoas. Como ouvi-las. Como ser curioso. E como aprender a amar a sensação de fazer os outros se sentirem bem-vindos. É um livro sobre como fazer as pessoas terem a sensação de pertencimento.

Hospitalidade Irracional

Os maiores restaurantes do mundo tornaram-se excelentes ao desafiar a forma como pensamos a respeito de comida: sua origem, preparação, apresentação e, é claro, seu sabor. Mas quando Will Guidara decidiu fazer do Eleven Madison Park o melhor restaurante do mundo, ele teve uma ideia inusitada sobre como proceder: "O que aconteceria se abordássemos a hospitalidade com a mesma paixão, atenção aos detalhes e rigor que aplicamos à nossa comida?"

A maioria das pessoas pensa em hospitalidade como algo que elas exercem. Will, por sua vez, pensa no serviço como um ato de servir — sobre como suas ações fazem as pessoas se sentirem. E ele reconheceu que, se quisesse que suas equipes na linha de frente se tornassem obcecadas com a forma como faziam os clientes se sentirem, ele precisaria se tornar obcecado com a forma como fazia os próprios *funcionários* se sentirem. Não há como separar as duas coisas: não é possível ter um excelente serviço sem uma excelente liderança.

Will não só transformou um restaurante como desafiou toda a ideia que tínhamos daquilo que constitui um serviço. As lições presentes em *Hospitalidade Irracional* têm muita relevância tanto para agentes imobiliários e corretores de seguros — ou órgãos governamentais — quanto para funcionários de restaurantes e hotéis. As ideias dele sobre liderança são aplicáveis tanto às empresas business-to-consumer quanto às empresas business-to-business. Na verdade, qualquer organização se beneficiaria de seu modo de pensar.

Neste livro, Will mostra o impacto significativo que podemos ter na vida de alguém quando passamos a essa pessoa uma sensação de pertencimento... e, igualmente importante, mostra como é inspirador trabalharmos juntos para transmitir às pessoas essa sensação. Essa é uma ideia que vale a pena compartilhar.

Seja irracional e inspire-se!
Simon Sinek

CAPÍTULO 1

BEM-VINDO À ECONOMIA DA HOSPITALIDADE

Em casa, estávamos no topo do mundo.

Nosso restaurante, o Eleven Madison Park, havia recebido quatro estrelas pelo *New York Times* recentemente, além de alguns prêmios James Beard. Mas, quando meu sócio, o chef Daniel Humm, e eu chegamos ao coquetel de recepção na noite anterior à premiação dos 50 Melhores Restaurantes do Mundo de 2010, nós entendemos: esse era um jogo completamente diferente.

Imagine todos os chefs e donos de restaurantes famosos de quem você já ouviu falar, juntos, bebendo champanhe e colocando a conversa em dia, como velhos amigos — e ninguém veio conversar conosco. Nunca me senti tão deslocado, como um calouro em uma escola nova tentando descobrir onde sentar no refeitório — nem mesmo quando eu *era* calouro.

Foi uma grande honra ter sido convidado. Os prêmios dos 50 melhores começaram a ser entregues em 2002 e imediatamente se tornaram significativos em nosso ramo. Em primeiro lugar, a escolha era feita por um júri formado por mil especialistas conceituados de todo o mundo. Antes disso, ninguém havia pensado em como classificar e definir os melhores restaurantes do planeta. Ao fazer isso, os prêmios serviram de incentivo a esses restaurantes para se tornarem ainda melhores, em vez de se satisfazerem com os objetivos já alcançados.

Hospitalidade Irracional

A cerimônia de premiação foi realizada no Guildhall de Londres, uma construção tão majestosa e imponente que poderia muito bem ser um palácio. Quando Daniel e eu nos sentamos, mais do que levemente intimidados, tentamos calcular em que número da lista estaríamos com base no lugar em que estávamos sentados em relação a chefs como Heston Blumenthal, do Fat Duck da Inglaterra, ou Thomas Keller, do Per Se; ambos estiveram entre os dez primeiros no ano anterior.

Eu chutei 40. Daniel, sempre mais otimista, chutou 35.

As luzes se apagaram, a música começou a tocar. O mestre de cerimônias da noite era um britânico bonito e cortês. Embora eu tenha certeza de que houve todas as formalidades, apresentações usuais e "obrigado por terem comparecido" antes de a bomba ser lançada, eu me lembro de ter havido um discurso muito curto antes de o homem dizer: "Para dar início às premiações, começando pelo número 50, um novo indicado da cidade de Nova York: Eleven Madison Park!"

Isso nos deixou sem ar por alguns segundos. Baixamos a cabeça e ficamos encarando nossos pés.

Infelizmente, o que não tínhamos como adivinhar (porque foi nosso primeiro ano nesse evento e porque fomos o primeiro restaurante a ser chamado) é que, quando eles chamam seu nome, eles também projetam sua imagem em uma tela gigantesca na frente da plateia, para que todos possam ver você comemorando sua vitória.

Mas nós não estávamos comemorando. Ficamos no final da lista! Mortificado ao ver a imagem de nossos rostos desanimados na tela de dez metros de altura, dei uma cotovelada em Daniel; então nós dois sorrimos e acenamos, mas era tarde demais: uma plateia formada pelos mais célebres chefs e donos de restaurantes do mundo — nossos heróis — já havia testemunhado nossa devastação. A noite acabou para nós antes mesmo de começar.

Na recepção após a premiação, encontramos Massimo Bottura, o chef italiano da Osteria Francescana, restaurante com três estrelas Michelin e com sede em Modena — além de número 6 da lista (não que estivéssemos contando). Ele nos viu e começou a rir sem parar: "Vocês pareciam muito felizes lá em cima!"

Bem-vindo à Economia da Hospitalidade

É justo, mas Daniel e eu não estávamos rindo. Foi uma honra sermos reconhecidos como chefs de um dos 50 Melhores Restaurantes do Mundo; sabíamos disso. Mesmo assim — entre todos os presentes naquele ambiente, ficamos em último lugar.

Saímos cedo da festa e voltamos para o hotel, onde pegamos uma garrafa de bourbon no bar e sentamos nos degraus do lado de fora, prontos para afogar as mágoas.

Passamos as duas horas seguintes percorrendo os cinco estágios do luto. Cambaleamos para fora do auditório em negação — isso realmente aconteceu? Então, ficamos com raiva — quem diabos eles pensavam que eram? Passamos pelo estágio da barganha rapidamente e esvaziamos a maior parte da garrafa durante a etapa da depressão, antes de passarmos para o estágio de aceitação.

Por um lado, é absolutamente ridículo chamar qualquer restaurante de "o melhor restaurante do mundo". Mas a importância da lista dos 50 melhores é que ela nomeia os lugares que estão causando maior impacto no mundo no ramo de alimentos em um determinado momento.

As técnicas em que o chef espanhol Ferran Adrià foi pioneiro no El Bulli introduziram a gastronomia molecular ao mundo. René Redzepi promoveu, na cozinha de seu restaurante Noma, em Copenhague, alimentos capturados na natureza, da terra e da água, e assim nasceu todo um movimento que envolvia alimentos locais. Se você já comeu fora ou caminhou pelos corredores do mercado municipal de sua cidade nos últimos dez anos, sentiu o impacto que essas inovações tiveram neste e em muitos outros ramos.

Esses chefs tiveram a coragem de fazer algo que ninguém havia feito e de introduzir elementos que mudaram o jogo para todos.

Nós ainda não tínhamos feito isso. Trabalhamos duro para ganhar um lugar nessa lista, mas o que, de fato, havíamos feito de inovador? Quanto mais conversávamos, mais ficava claro: nada.

Tínhamos tudo o que era preciso: ética de trabalho, experiência, talento, equipe. Mas estávamos atuando como curadores glorificados, escolhendo as melhores características de todos os excelentes restaurantes que surgiram antes de nós e aplicando-as em nosso restaurante.

Nosso restaurante era excelente e deixou muita gente satisfeita. Mas ainda não havia mudado o jogo.

3

Quando eu era jovem, meu pai me deu um peso de papel que dizia: "O que você tentaria fazer se soubesse que não poderia falhar?" Era nisso que eu estava pensando quando Daniel e eu escrevemos: "Seremos o número um do mundo" em um guardanapo de papel.

Era muito tarde e a garrafa estava quase vazia quando voltamos aos tropeços para nossos respectivos quartos. Eu estava exausto, mas minha mente continuava voltando para aquele guardanapo.

A maioria dos chefs da lista dos 50 Melhores causou impacto focando a inovação, algo que precisava mudar. Mas, ao pensar no impacto que queria causar, concentrei-me na única coisa que não mudaria. Os modismos circulam e desaparecem, mas **o desejo humano de ser bem tratado nunca sai de moda.**

A comida de Daniel era extraordinária; não se podia negar que ele era um dos melhores chefs do mundo. Portanto, se pudéssemos nos tornar um restaurante focado de modo apaixonado, intencional e que se entregasse de todo o coração à conexão entre as pessoas e à benevolência — em dar tanto às pessoas de nossa equipe como àquelas a quem servimos uma sensação de pertencimento —, então teríamos uma chance real de grandeza.

Eu queria ser o número um, mas esse desejo não envolvia apenas o prêmio; eu queria fazer parte da equipe que causou *esse* tipo de impacto.

Pouco antes de cair no sono, alisei o guardanapo e acrescentei mais duas palavras:

"Hospitalidade Irracional."

O Serviço é Preto e Branco; a Hospitalidade é Colorida

Quando eu era mais jovem, tinha muito orgulho de elaborar perguntas para entrevistas.

Agora acredito que a melhor técnica de entrevista é não usar nenhuma técnica: você simplesmente conversa o suficiente para conhecer um pouco a pessoa. Elas parecem curiosas e apaixonadas pelo que estamos tentando construir? Elas têm integridade, são alguém que posso vir a respeitar? Alguém com quem consigo me imaginar — e minha equipe — passando muito tempo e sendo feliz?

Bem-vindo à Economia da Hospitalidade

Mas, antes de obter experiência em deixar a conversa fluir, uma das minhas perguntas favoritas era: "Qual é a diferença entre serviço e hospitalidade?"

A melhor resposta que já recebi veio de uma mulher que acabei *não* contratando. Ela disse: "O serviço é preto e branco; a hospitalidade é colorida."

"Preto e branco" significa que você está fazendo seu trabalho com competência e eficiência; "colorido" significa que você faz as pessoas se sentirem bem com o serviço que está prestando para elas. Levar o prato certo para a pessoa certa na mesa certa é serviço. Mas envolver-se genuinamente com a pessoa que você está atendendo, para que possa fazer uma conexão autêntica — isso é hospitalidade.

Daniel Humm e eu passamos onze anos transformando o Eleven Madison Park — uma amada, porém mediana brasserie de duas estrelas que serve torres de frutos do mar e suflês — no restaurante número um do mundo. Entramos nessa lista dos 50 melhores em busca de excelência, o preto e branco, cuidando de cada detalhe e chegando o mais próximo possível da perfeição. Mas chegamos ao primeiro lugar quando adotamos o Technicolor, o colorido — ao oferecer uma hospitalidade personalizada, tão pouco convencional que só pode ser descrita como irracional.

Tínhamos uma ideia radical do que poderia ser a experiência do cliente, e nossa visão era diferente de qualquer outra por aí. "Vocês não estão sendo realistas", algumas pessoas nos diziam toda vez que contemplávamos uma de nossas reinvenções. "Vocês estão sendo irracionais."

Essa palavra "irracional" era proferida para nos calar — para encerrar a conversa, como costuma acontecer. Em vez disso, para nós, ela iniciou uma conversa e se tornou nossa missão. Porque ninguém que mudou o jogo o fez por ser racional. Serena Williams. Walt Disney. Steve Jobs. Martin Scorsese. Prince. Pense em todas as disciplinas, em todas as áreas — esportes, entretenimento, design, tecnologia, finanças. Você precisa ser irracional para imaginar um mundo que ainda não existe.

Os chefs dos melhores restaurantes do mundo há muito eram celebrados por não serem racionais com relação à comida que serviam. No Eleven Madison Park, percebemos o incrível poder de ser irracional sobre como fazemos as pessoas se sentirem. Estou escrevendo este livro porque acre-

Hospitalidade Irracional

dito que é hora de cada um de nós começar a ser irracional em relação à hospitalidade.

É claro que espero que todos em meu ramo leiam este livro e façam essa escolha, mas acredito que essa ideia pode resultar em uma mudança sísmica se for *além* dos restaurantes. Durante a maior parte de sua história, os Estados Unidos funcionaram como uma economia industrial; agora, somos uma grande economia de serviços — mais de três quartos de nosso PIB vêm das indústrias de serviços. Portanto, independentemente de estar no setor de varejo, finanças, imóveis, educação, assistência médica, serviços de informática, transporte ou comunicações, você tem uma oportunidade incrível de ser tão intencional e criativo na busca pela hospitalidade — tão irracional — quanto em qualquer outro aspecto de seu negócio. Porque se uma empresa fez a escolha de colocar sua equipe e seus clientes no centro de todas as decisões, é isso o que distinguirá as grandes do restante das organizações.

Infelizmente, essas habilidades nunca foram tão pouco valorizadas como em nossa atual cultura de trabalho hiper-racional e hipereficiente. Estamos em meio a uma transformação digital que aprimorou muitos aspectos de nossas vidas, mas muitas empresas deixaram o ser humano de lado. Elas estão tão focadas em seus produtos que se esqueceram das pessoas. E embora seja impossível quantificar em termos financeiros o impacto de fazer alguém se sentir bem, não pense nem por um segundo que isso não importa. Na verdade, importa ainda mais.

A resposta é simples, e também fácil: crie uma cultura de hospitalidade. Isso significa abordar perguntas que passei toda minha carreira fazendo: como fazer com que as pessoas que trabalham para você e as pessoas a quem atende se sintam vistas e valorizadas? Como transmitir a elas uma sensação de pertencimento? Como fazer com que elas se sintam parte de algo maior do que elas mesmas? Como fazer com que elas se sintam bem-vindas?

Há um longo debate entre os profissionais de minha área sobre se a hospitalidade pode ser ensinada. Muitos líderes que respeito acreditam que não; eu não poderia discordar mais. Aliás, em 2014, com meu amigo Anthony Rudolf, na época gerente-geral do Per Se, fundei um congresso para profissionais que trabalham no salão de restaurantes com a intenção de fazer exatamente isso.

Bem-vindo à Economia da Hospitalidade

Havia diferentes conferências para chefs ao redor do mundo, mas não havia uma única conferência para as pessoas que trabalham no salão dos restaurantes. Por isso, decidimos criar um espaço no qual pessoas apaixonadas e com ideias semelhantes pudessem formar comunidades, trocar ideias e inspirar umas às outras — e, ao fazer isso, desenvolver nossa técnica.

Nós a chamamos de Conferência de Boas-vindas e foi um sucesso instantâneo entre os funcionários do restaurante. Profissionais de salão de todo o país assistiram a palestras, trocaram experiências durante o happy hour e voltaram para casa revigorados.

No terceiro ano da conferência, no entanto, quando olhamos para o público, vimos sommeliers e garçons sentados ao lado de pessoas que não trabalhavam em restaurantes: titãs da tecnologia, pequenos empresários, CEOs de grandes empresas imobiliárias. Essas pessoas, assim como eu, acreditavam que *a forma* como serviam seus clientes era tão valiosa quanto *o que* eles serviam. Eles sabiam que aquilo que aprenderiam com os líderes de meu negócio poderia aperfeiçoar o modo como administravam o deles.

Quando você cria uma cultura de hospitalidade em primeiro lugar, tudo o que envolve seu negócio melhora — encontrar e reter grandes talentos, transformar clientes em fãs ou aumentar a lucratividade. Espero que este livro faça parte do movimento que inaugura essa nova era. Mas minha motivação não é o resultado — pelo menos não é minha única motivação, de qualquer modo. Porque o que eu realmente gostaria de fazer é contar um pequeno segredo, aquele que só os verdadeiros grandes profissionais do meu ramo sabem: **a hospitalidade é um prazer egoísta**. É *ótimo* fazer outras pessoas se sentirem bem.

Neste livro, compartilharei histórias dos 25 anos que passei trabalhando em todos os cargos de um restaurante, desde lavador de pratos até proprietário, e tudo mais. E compartilharei as lições que aprendi sobre serviço e liderança sob o ponto de vista da hospitalidade — as pequenas, as grandes e as pequenas que se tornaram grandes. Ou seja, tudo o que você precisa saber para transformar seu mundo preto e branco em colorido — para você, as pessoas com quem trabalha e as que você atende.

Bem-vindo à economia da hospitalidade.

FAZENDO MAGIA EM UM MUNDO QUE PODERIA FAZER MAIS USO DELA

No meu aniversário de 12 anos, meu pai me levou para jantar no Four Seasons.

Na época, eu não fazia ideia de que o Four Seasons era o primeiro restaurante requintado verdadeiramente norte-americano. Ou que o elegante interior moderno de meados do século era tão icônico que acabaria sendo designado um marco pela cidade de Nova York.

Eu também não sabia que James Beard e Julia Child haviam assinado o cardápio ou que o presidente John F. Kennedy havia comemorado seu aniversário lá uma hora antes de Marilyn Monroe fazer uma serenata para ele com o famoso "Parabéns, Sr. Presidente". Ou que celebridades, titãs da indústria e chefes de estado pudessem julgar se sua popularidade havia caído nos rankings de poder em constante mudança da cidade, dependendo de quão perto da piscina de mármore Carrara, que ficava no centro do salão do restaurante, eles estavam sentados.

O que eu sabia era que o Four Seasons era o lugar mais chique e bonito em que eu já estivera na vida.

Fiquei feliz por ter insistido para que meu pai comprasse um blazer azul-marinho Brooks Brothers clássico com botões em bronze para a ocasião;

este era um lugar para estar bem-vestido. Lembro-me de observar, boquiaberto e com os olhos arregalados, enquanto um garçom uniformizado habilmente esculpia meu pato em cima de um carrinho reluzente posicionado bem ao lado de nossa mesa. Quando deixei meu guardanapo cair no chão, ele o substituiu por um *novo* e me chamou de "senhor".

"As pessoas esquecerão o que você fez; esquecerão o que você disse. Mas nunca esquecerão como você as fez sentir." Essa citação, muitas vezes (e provavelmente de modo errado) atribuída à grande escritora norte-americana Maya Angelou, pode ser a declaração mais sábia já feita sobre a hospitalidade. Porque, trinta anos depois, eu ainda não esqueci como o Four Seasons me fez sentir.

O restaurante lançou um feitiço sobre mim pelo qual fiquei muito contente em ser encantado. Foi como se o mundo tivesse parado naquele momento, de modo que nada mais existia para mim; durante aquelas duas horas e meia, a única coisa que importava era o que estava acontecendo naquele salão.

Naquela noite, aprendi que um restaurante pode fazer magia, e fiquei viciado nisso. Quando saímos de lá, eu sabia exatamente o que queria fazer da vida.

As Pessoas Nunca Esquecerão Como Você as Fez Sentir

Ambos os meus pais trabalhavam em atividades relacionadas à hospitalidade.

Eles se conheceram em 1968, em Phoenix, quando meu pai trabalhava para a Sky Chefs, fornecedora de alimentos da American Airlines. Isso foi na época em que as pessoas se arrumavam para viajar de avião e a comida servida a bordo era deliciosa.

O distintivo sotaque de Boston do meu pai chamava atenção no Arizona e, um dia, alguém de sua equipe disse: "Ei, Frank: há uma mulher no avião que fala a mesma língua que você." Ele estava falando da minha mãe, que também falava com um forte sotaque de Boston. Ela era comissária de bordo, como chamavam as aeromoças nos velhos tempos, quando eram pesadas toda semana e eram proibidas de continuar trabalhando depois de casadas.

Hospitalidade Irracional

Os dois bostonianos se conectaram. Meu pai reconheceu minha mãe imediatamente; afinal, os dois tinham estudado juntos no ensino fundamental, e ele havia nutrido uma enorme paixão por ela na quarta série. Ela não tinha lembrança alguma dele. Ele perdeu contato com ela quando ela desapareceu no ensino médio; sua mãe havia falecido e ela tinha se mudado para Westchester, ao norte da cidade de Nova York, para morar com parentes.

De repente, lá estava ela outra vez.

Os dois se apaixonaram perdidamente. (Mas havia duas complicações: os três anos de serviço militar de meu pai no Vietnã e o fato de que ambos estavam noivos de outras pessoas quando se conheceram.) Eles se casaram em 1973.

Meu pai deixou a American Airlines e migrou para o ramo de restaurantes antes de aceitar um emprego como vice-presidente regional da Ground Round, uma rede de restaurantes casual à moda antiga conhecida por oferecer amendoins inteiros e incentivar os clientes a jogar as cascas no chão. Eles se mudaram para Sleepy Hollow, Nova York. Minha mãe manteve seu emprego, viajando por todo o mundo (os tempos haviam mudado e a American Airlines havia suspendido as regras sobre comissárias de bordo casadas). Quando nasci, minha prima Liz mudou-se para ajudar a cuidar de mim enquanto meus pais estavam fora a trabalho.

Meus pais tiveram uma boa vida. Eles eram felizes em casa e compartilhavam uma forte ética de trabalho, além de se orgulharem muito de suas carreiras. Minha mãe terminou a faculdade assistindo às aulas à noite e até obteve a licença de piloto, embora nunca tenha sido muito boa motorista, o que me faz indagar quem achou que era uma boa ideia para ela pilotar um avião.

Então, um dia, quando estava trabalhando na primeira classe, ela deixou cair uma xícara de café.

Ao longo da minha carreira trabalhando em restaurantes, eu deixei cair muitas coisas. Mas minha mãe manteve um padrão de excelência tão alto que o incidente chamou a atenção — ainda mais quando, algumas semanas depois, ela derrubou outra.

Foi quando eles foram ver o primeiro médico.

Fazendo Magia em um Mundo que Poderia Fazer Mais Uso Dela

Alguns meses e cem consultas e exames depois, minha mãe foi diagnosticada com câncer no cérebro. A doença havia se espalhado, então os médicos não conseguiram remover o tumor; eles precisariam usar radiação para matar todas as partes que não foram removidas.

Ela fez a primeira cirurgia quando eu tinha 4 anos e, depois disso, se recuperou bem, exceto pelo rosto que ficou caído do lado esquerdo e pelo fato de não conseguir usar o braço ou a perna esquerda (o que, a propósito, não aperfeiçoou sua condução ao volante). Mas a radiação naquela época era menos precisa do que agora e, quando ela começou a passar mal por causa dela, sua condição começou a piorar.

Ela não deixou que sua saúde cada vez mais deteriorada a impedisse de ser mãe. Enquanto ainda era capaz de fazer isso, ela me levava ao treino de tênis algumas vezes por semana. Quando ficou muito difícil entrar e sair do banco da frente, ela me deixava e esperava no carro por uma hora e meia, pacientemente, mesmo durante o frio do inverno de Nova York.

Ela era assim. Ela me amava de maneira imprudente.

Uma noite, ela caiu ao descer as escadas. Meu pai trabalhava no mesmo horário de funcionamento dos restaurantes, como fez durante a maior parte de sua vida profissional; quando chegou em casa, por volta das onze da noite, encontrou minha mãe e eu dormindo no degrau de baixo. Eu era muito pequeno para ajudá-la a se levantar, mas não tão pequeno para pegar uns travesseiros e um cobertor, a fim de que pudéssemos fazer um ninho confortável.

Por fim, minha mãe ficou totalmente tetraplégica e perdeu a capacidade de se comunicar. No entanto, ela continuou firme, *vivendo*.

Dadas as circunstâncias, meu pai queria que eu fosse o mais independente possível, então ele vendeu nossa casa e nos mudamos para outra que ficava a três quarteirões da minha escola. Assim, eu não teria que depender de outras pessoas para me levar para a aula e meus amigos naturalmente acabariam frequentando minha casa. No colegial, comecei a tocar bateria. Tocava em bandas de punk, ska e funk — e ensaiávamos em meu quarto, que ficava logo acima da cozinha, onde minha mãe ficava durante o dia. Ouvir um bando de garotos do ensino médio tentar tocar mil vezes os icônicos acordes de abertura de "Come as You Are", do Nirvana, seria um pesadelo para a maioria das pessoas. Minha mãe adorava.

Alguns anos depois, tivemos auxiliares de saúde domiciliares para ajudar com os cuidados dela. Todos os dias, minha mãe pedia ao ajudante de plantão que empurrasse sua cadeira de rodas até o final da rua para me esperar. Ela não conseguia mais falar ou se levantar para me abraçar, mas podia estar lá com um sorriso enorme no rosto quando eu chegava da escola. Aquele sorriso era tudo de que eu precisava, e isso me ensinou uma lição inestimável: como é se sentir verdadeiramente acolhido.

O Poder de uma Recepção Genuína

Quando eu estava no último ano da faculdade, meus pais moravam em Boston. Minha mãe dependia de uma estrutura médica bastante complicada na época, então viajar exigia que tivéssemos equipamento especializado e uma van médica. Eu estava tocando em uma banda de funk de dezesseis integrantes chamada Bill Guidara Quartet, e minha mãe não me via tocar há anos; então, meu pai teve a ideia de levá-la até Ithaca para assistir ao show. A viagem também serviria como um teste para a viagem seguinte, que seria a minha formatura.

Na época, ainda era permitido fumar em bares, o que não faria bem ao equipamento médico de minha mãe. Então, convenci os responsáveis a nos deixar fazer um show no Willard Straight Hall, o centro comunitário da união estudantil em Cornell. Não foi a mesma apresentação de costume, mas foi uma experiência incrível: pude tocar "Superstition", de Stevie Wonder, para minha mãe, sentada em sua cadeira de rodas no meio da multidão.

O sorriso dela iluminava o ambiente escuro.

No semestre seguinte, meu último ano na Cornell, fiz o que acabou se tornando minha disciplina favorita: Chefs Convidados, uma turma do semestre da primavera ministrada por um professor chamado Giuseppe Pezzotti, que era uma lenda absoluta na faculdade.

À medida que a Cornell evoluiu, tornou-se um lugar menos voltado para programas de alimentos e bebidas em restaurantes e hotéis e mais voltado para imóveis e consultoria. Mas ainda havia um pequeno grupo que estava mais interessado no que significa ser um maître clássico da velha guarda do que em

Fazendo Magia em um Mundo que Poderia Fazer Mais Uso Dela

planilhas, e Giuseppe Pezzotti era o nosso rei. (Para ter uma ideia: foi na aula dele que aprendi a descascar uva com garfo e faca.)

Para mim, a turma do Chefs Convidados era a mais legal de Cornell porque tínhamos a experiência de administrar um restaurante de verdade. A cada semestre, um chef convidado vinha dar um jantar que era todo preparado pelos alunos. Um grupo de alunos serviria como equipe de gestão do chef, outro grupo trabalharia como a equipe da cozinha, enquanto o terceiro grupo cuidaria do salão.

Tive a sorte de fazer parte da equipe de gestão do grande Daniel Boulud. Daniel é tão famoso em meu ramo que é conhecido apenas por seu primeiro nome; é também o nome de seu restaurante com estrela Michelin em Nova York, que ele abriu em 1993, após anos como o aclamado chef do Le Cirque. Desde então, seu império se expandiu para *muitos* restaurantes, em lugares tão distantes como Londres, Palm Beach, Dubai e Singapura.

Ele é, sem dúvida, um dos chefs mais famosos do mundo; no entanto, estava pronto para vir ao interior do estado de Nova York para preparar uma refeição como parte de uma aula da faculdade. Mais tarde, eu aprenderia que isso tem tudo a ver com seu caráter: Daniel é conhecido por sua generosidade para com os jovens interessados nesse ramo.

Fui designado para ser o diretor de marketing do jantar. Não havia muito marketing a fazer para um jantar com um chef famoso como Daniel; as reservas se esgotariam assim que as pessoas soubessem que ele estava vindo. Mas ainda assim, queria fazer algo legal. Sabendo que os convidados gostariam de vê-lo em ação, organizei uma mesa do chef na cozinha — a primeira na história dos Chefs Convidados. Era estranho ver uma mesa formal montada no meio da cozinha industrial feia da escola de hotelaria, então coloquei uma corda de veludo vermelho em volta dela para deixá-la mais chique.

Leiloamos a mesa do chef e arrecadamos alguns milhares de dólares para a instituição de caridade Taste of the Nation. Fiquei feliz em comparecer ao jantar anual, algumas semanas depois, para entregar um grande cheque de papelão da Cornell e estava muito animado em ser o anfitrião do chef e de sua equipe. Eu não tinha muitos recursos, mas queria garantir que eles se divertissem muito.

13

Hospitalidade Irracional

A equipe avançada de Daniel estava programada para chegar na quinta-feira. Os dois sous chefs eram Johnny Iuzzini e Cornelius Gallagher. Johnny teria uma carreira de sucesso na televisão e ganharia diversos prêmios James Beard como chefe de confeitaria dos restaurantes de Jean-Georges Vongerichten; Neil ganharia três estrelas do *New York Times* como chef do Oceana, um templo que servia frutos do mar impecáveis no centro de Manhattan. Nessa época, no entanto, eles eram apenas dois jovens, e eu era um nerd do último ano da escola de hotelaria que estava tentando impressioná-los. Então, quando chegou a hora de buscá-los no aeroporto, peguei emprestado um Audi A5 da minha colega de classe. Era o carro mais legal da turma.

Não há restaurantes chiques em Ithaca. Se você quiser se divertir com amigos, leve-os a Pines — Glenwood Pines, no lago Cayuga. O Pines é conhecido por sua vista e pelos enormes cheeseburgers servidos no pão francês. Pense em jalapeño poppers, luminárias Yuengling feitas de vitrais penduradas sobre a mesa de sinuca, a qual funcionava com moedas, e um jogo passando na TV atrás do balcão de madeira pinus.

Os hambúrgueres não decepcionaram, e as cervejas que tomamos junto com eles também não fizeram mal nenhum. Depois, meus ilustres convidados perguntaram se por acaso eu sabia onde eles poderiam conseguir maconha.

De fato, eu sabia. O grupo acabou voltando para minha casa, na College Avenue número 130, uma típica casa de universitário com o necessário para dar festas: uma mesa de sinuca na sala de jantar e um par de sofás mofados na varanda, onde a festa continuou até altas horas da madrugada.

Na manhã seguinte, cambaleei para a aula enquanto Neil e Johnny se apresentavam na cozinha do Statler Hotel, administrado por estudantes, no campus, para preparar o jantar do Chef Convidado. Só os vi novamente à noite, depois que o chef Boulud chegou. Eu estava incrivelmente nervoso em conhecê-lo, mas Daniel foi encantador logo de cara, e Johnny e Neil obviamente ficaram felizes em me ver novamente.

O jantar foi brilhante. Depois, todos — Daniel, Neil, Johnny e a maior parte da turma —, como de costume, acabaram no Rulloff's, um boteco perto do campus. Conforme a noite avançava e mais (muitos mais) amigos apareciam, parecia natural seguir para minha casa, onde sempre tínhamos

Fazendo Magia em um Mundo que Poderia Fazer Mais Uso Dela

pelo menos um barril escondido no porão. Mas a multidão estava começando a pedir lanches para comer, e os armários de minha cozinha — incluindo aquele cuja porta estava pendurada em uma única dobradiça desde o dia em que nos mudamos — estavam vazios.

E foi assim que me vi, bêbado à uma da manhã, conversando sobre voltar para a cozinha do Statler Hotel com Daniel Boulud.

"Sou o chef do evento desta noite", explicou Daniel com seu charmoso sotaque francês à medida que nós dois nos aproximávamos da recepção, "e preciso estar na cozinha". Uma vez lá dentro, pegamos panelas, manteiga, ovos, trufas e caviar e voltamos para o número 130 da College Avenue.

Então lá estava Daniel Boulud em minha cozinha arruinada, bebendo Milwaukee's Best em um copo descartável vermelho e preparando ovos mexidos com trufas para um bando de universitários bêbados. Um dos chefs mais famosos do mundo bebeu de ponta-cabeça em um barril em cima da minha mesa de bilhar? Nunca vou revelar.

A festa acabou por volta das três da manhã, a muito custo. Todos se despediram com muitos abraços por todos os lados.

A Nobreza em Serviço

Um mês e meio após o jantar dos Chefs Convidados, todos os preparativos estavam prontos para que meus pais comparecessem à minha formatura. Então, dois dias antes de partirem, minha mãe entrou em coma.

Minha prima Liz foi para Ithaca com sua família em um trailer, para que eu não ficasse sozinho na cerimônia. Joguei meu capelo para o alto e corri direto para meu carro.

Quando cheguei ao quarto de hospital de minha mãe em Boston, já era tarde da noite. Meu pai já havia voltado para o apartamento, e eu adormeci deitado na cama de minha mãe. Quando acordei no meio da noite, ela estava acordada.

O que aconteceu em seguida foi extraordinário. Pela primeira vez em seis anos, minha mãe conseguiu falar de maneira inteligível. "Você se formou?", ela me perguntou, e eu lhe disse que sim. Conversamos com facilidade e por um longo tempo. Não precisei me esforçar para entendê-la, e ela não precisou se esforçar para falar.

Hospitalidade Irracional

Em seguida, ela perdeu os sentidos novamente. Corri para chamar um médico: "Ela estava acordada!" Mas não importava; ela havia voltado ao coma.

Na manhã seguinte, voltei ao apartamento para ver meu pai. Ele estava exausto após passar horas difíceis ao lado de minha mãe no hospital. Em uma tentativa de nos animar, sugeri que fôssemos para a quadra de raquetebol para um jogo rápido. Mais tarde, quando estávamos nos trocando, o telefone dele tocou. Assim que vi a expressão em seu rosto, soube que minha mãe havia partido.

Escrevi um discurso para ler no funeral dela, mas, quando me levantei para fazê-lo, as palavras que escrevi não pareciam certas. Em vez disso, acabei contando algumas histórias engraçadas, incluindo o fato de que, apesar dos muitos desafios de comunicação de minha mãe, ela sempre conseguia articular perfeitamente o número do cartão de crédito de meu pai toda vez que fazia compras por telefone. Em seguida, dançamos ao som de muita música. Em vez de lamentar sua perda, celebramos sua vida.

Muito tempo depois, um cliente do Eleven Madison Park me disse que, embora a maioria das pessoas guarde as melhores garrafas de vinho em suas adegas para as comemorações, ele bebe as suas nos dias ruins. Quando ele disse isso, imediatamente pensei no funeral de minha mãe, porque foi exatamente o que fizemos naquela noite. A festa foi perfeita; ela teria adorado.

Como qualquer pessoa que perdeu alguém importante sabe, os dias imediatamente após uma grande perda podem ser muito sombrios. Os parentes que visitam vão para casa, as caçarolas com comida param de chegar e os parentes imediatos ficam sozinhos em casa. O choque passa e a dor se instala.

Na semana seguinte à morte de minha mãe, eu teria que voar para a Espanha para um estágio, onde trabalharia como cozinheiro preparatório em troca de hospedagem e alimentação em uma escola de hotelaria de propriedade de um ex-aluno da Cornell. Mas não parecia certo partir para a Espanha uma semana após a morte dela. Principalmente porque eu não queria deixar meu pai sozinho.

Foi meu pai quem me pressionou a manter o compromisso. "O que você vai fazer, sentar aqui e ficar triste? Vá. Se mudar de ideia, sempre pode dar meia-volta e voltar para casa."

Fazendo Magia em um Mundo que Poderia Fazer Mais Uso Dela

Então, em meio a esse intenso período de luto, comecei a fazer planos para viajar para a Espanha. Embora eu estivesse em Boston, o único voo que consegui encontrar no último minuto saía do JFK de Nova York, então meu pai se ofereceu para me levar até lá.

Isso me deu uma ideia. Como não tinha nada a perder, enviei um e-mail ao chef Boulud: "Seria possível levar meu pai ao restaurante no próximo sábado?"

As pessoas esperam meses por reservas no Daniel, mas o e-mail que recebi não poderia ter sido mais gentil: "Eu adoraria recebê-lo. Você me acolheu em sua casa; agora vou recebê-lo na minha."

Meu pai e eu estávamos tão atrasados para a reserva que tivemos que vestir nossos ternos em um posto de gasolina perto da I-95. Eu não tinha a menor ideia do que esperar, mas mesmo que não estivéssemos indo a um dos melhores restaurantes do mundo, eu ainda estaria ansioso: era a primeira vez na vida que eu levava meu pai a um restaurante, em vez de ele me levar.

Já no Daniel, o gerente geral nos recebeu na porta. "O chef Daniel está animado em tê-los conosco esta noite. Sua mesa é por aqui." Ele nos conduziu, passamos pelo bar, pelo salão formal, pela cozinha até o andar de cima, no Skybox, um luxuoso ambiente privado todo envidraçado de onde dá para ver a cozinha, na qual quarenta cozinheiros — e o chef Boulud — trabalhavam com estrutura e equipamentos de última geração.

É uma oportunidade única na vida, e eu estava impressionado demais para falar qualquer coisa. Mas o gelo foi quebrado imediatamente quando a voz de Daniel explodiu no intercomunicador do ambiente: "Willieee!"

Então começaram a nos enviar uma série de pratos requintados, os quais Daniel descreveu pessoalmente pelo intercomunicador à medida que eram servidos. Enquanto saboreávamos a comida deliciosa, bebíamos os excelentes vinhos e experimentávamos o calor da hospitalidade de Daniel, vi anos de exaustão e dor desaparecerem do rosto de meu pai.

Aquela noite foi a mais triste da minha vida até aqui, e também a de meu pai. No entanto, mesmo em meio a essa tristeza, o chef Boulud e sua equipe foram capazes de nos proporcionar o que também posso chamar de as melhores quatro horas da minha vida. Fiquei muito impressionado ao ver um dos chefs mais famosos do mundo trabalhando até altas horas para nos

Hospitalidade Irracional

servir seus melhores pratos, e o jantar foi tão bonito e extenso que, quando estávamos nos despedindo de Daniel, meu pai e eu éramos as últimas pessoas no restaurante — não os últimos clientes, as últimas pessoas mesmo! Não houve cobrança.

Eu já estava feliz da vida por ter escolhido a vida nos restaurantes, mas, naquela noite, aprendi quão importante e nobre pode ser trabalhar servindo as pessoas. Durante um período terrivelmente sombrio, Daniel e sua equipe nos ofereceram um raio de luz na forma de uma refeição que nenhum de nós jamais esquecerá. Nosso sofrimento não desapareceu de maneira alguma, mas por algumas horas, tivemos uma trégua. Aquele jantar foi um oásis de conforto e recuperação, uma ilha de deleite e atenção em meio ao mar do luto.

Quando você trabalha com hospitalidade — e **acredito que você pode escolher estar no ramo da hospitalidade, independentemente do que faça para viver** — tem o privilégio de se juntar às pessoas enquanto elas celebram os momentos mais alegres de suas vidas e a chance de lhes oferecer um breve momento de consolo e alívio em meio aos momentos mais difíceis.

Mais importante ainda, temos a oportunidade — a *responsabilidade* — de fazer magia em um mundo que precisa desesperadamente de um pouco mais dela.

CAPÍTULO 3

O EXTRAORDINÁRIO PODER DA INTENÇÃO

À MEDIDA QUE EU CRESCIA, comecei a trabalhar com meu pai todos os sábados.

Durante a maior parte da minha juventude, meu pai foi o presidente da Restaurant Associates, uma enorme empresa de restaurantes que, ao longo do tempo, foi responsável por tudo, desde cafeterias de esquina e lanchonetes corporativas até restaurantes finos, como o Rainbow Room — e o Four Seasons.

Os restaurantes que meu pai supervisionava para a RA, incluindo o Brasserie, os restaurantes do Rockefeller Center e o programa de comida e bebida do Lincoln Center, eram movimentados e bastante agitados. Muitas vezes, ele me deixava por uma hora com um cozinheiro ou um dos garçons, que me dava alguma tarefa para me manter ocupado. Adorava ter acesso aos bastidores e sentir a onda de energia que percorria meu corpo ao andar por aqueles salões.

Quando eu tinha 13 anos, cerca de um ano depois do nosso jantar no Four Seasons (na volta do SeaWorld, imagine só), meu pai me perguntou o que eu queria fazer da vida.

Pode parecer um pouco insano perguntar a um garoto de 13 anos o que ele quer fazer da vida, mas meu pai foi incrivelmente intencional com sua

Hospitalidade Irracional

paternidade, como com tudo na vida. Todos os dias, ele acordava, tirava minha mãe da cama, colocava-a na cadeira de rodas, ajudava-a no banho, preparava e dava o café da manhã a ela — tudo antes de ir para o trabalho. Quinze horas depois, ele chegava em casa e a ajudava com tudo novamente, sempre encontrando tempo para me ver tocar uma música nova que aprendi na bateria ou me ajudar com o dever de casa.

Sua perseverança e generosidade eram incríveis de se testemunhar, mas agora percebo que ele nunca teria conseguido fazer o que fez como empresário, marido ou pai sem planejar em detalhes seus dias, organizar suas prioridades e estabelecer o que era inegociável. Para meu pai, a intencionalidade não era um luxo ou uma filosofia de negócios; era uma exigência.

Herdei dele a compreensão da importância desse conceito — como você verá, "intenção" é uma palavra que uso bastante. **Intenção significa que toda decisão, desde a mais obviamente significativa até a aparentemente mundana, é importante.** Fazer algo com intencionalidade significa fazer de maneira ponderada, com um propósito claro e de olho no resultado desejado.

Com esse histórico, talvez não seja estranho que eu soubesse exatamente quais eram meus objetivos na vida, mesmo aos 13 anos. Primeiro, eu queria estudar administração de restaurantes na Escola de Administração Hoteleira da Cornell University. Em segundo lugar, queria abrir meu próprio restaurante na cidade de Nova York. E em terceiro, queria me casar com Cindy Crawford.

Tudo o que fiz a partir daquele ponto foi com esses objetivos em mente, e tenho orgulho em dizer que alcancei dois dos três — e me saí melhor no terceiro. (Sem querer desrespeitar a Sra. Crawford, mas minha esposa é *realmente* incrível.)

Meu primeiro emprego de verdade, aos 14 anos, foi no Baskin-Robbins, em Tarrytown. Estraguei muitos bolos nesse percurso; escrever "Parabéns para você" em um bolo de sorvete é mais difícil do que se imagina. No ensino médio, trabalhei como lavador de pratos e anfitrião em uma filial do Ruth's Chris Steak House em Westchester e, durante as férias de verão, como auxiliar de garçom no restaurante Spago em Hollywood, do chef Wolfgang Puck. Mais tarde, trabalhei como garçom no Tribeca Grill, de

O Extraordinário Poder da Intenção

Drew Nieporent; inclusive passei um verão cozinhando em outro restaurante de Wolfgang Puck chamado ObaChine.

Em meu último ano, candidatei-me e entrei na faculdade de hotelaria da Cornell University.

Meu pai ficou receoso com essa decisão. Ele não se opunha completamente à minha escolha de viver uma vida em restaurantes, mas estava incerto sobre meu compromisso em seguir esse caminho tão cedo; um diploma em gestão hoteleira significaria que minha carreira estava definida. (Ele também tinha alguma experiência com graduados da Cornell, que tendiam a sair de lá acreditando que estavam prontos para uma posição de CEO, e ele *realmente* não queria que eu fosse um daqueles idiotas.) Mas quando fui aceito, eu sabia que queria riscar esse objetivo de minha lista.

Eu adorava a Cornell e conheci alguns de meus amigos mais próximos lá. À medida que a formatura se aproximava, meu amigo Brian Canlis e eu viajamos para Manhattan e partimos de Tribeca para o centro da cidade, parando para um lanche ou uma taça de vinho em alguns dos melhores restaurantes da cidade: Nobu, Montrachet, Chanterelle, Zoë, Gotham Bar and Grill, Gramercy Tavern, Union Pacific, Tabla e Eleven Madison Park. Continuamos, até Alain Ducasse, Café des Artistes e muitos outros.

Dos muitos restaurantes que visitamos, dois deles — o Tabla e o Eleven Madison Park, ambos de propriedade do restaurateur Danny Meyer — chamaram minha atenção. Parecia natural estar nesses dois salões, então voltei para a faculdade animado para aprender mais sobre eles. Acontece que, alguns meses depois, Richard Coraine, um de seus sócios, veio dar uma palestra para uma de minhas turmas na Cornell, e me apaixonei pela empresa deles, a Union Square Hospitality Group.

Na época, Danny tinha apenas quatro restaurantes — o Union Square Cafe, o Gramercy Tavern, o Eleven Madison Park e o Tabla. O Gramercy Tavern e o Union Square Cafe eram dois dos restaurantes mais amados da cidade de Nova York, inevitavelmente os primeiros da lista todos os anos no guia anual de restaurantes Zagat. O Eleven Madison Park era uma brasserie movimentada em um ambiente extraordinário — uma antiga sala de reunião executiva com o teto abobadado e revestida de mármore em um edifício Art Deco histórico; o Tabla, por sua vez, ficava em um espaço menor e contíguo, e era o restaurante indiano mais badalado do país.

21

Hospitalidade Irracional

Danny havia revolucionado o conceito de restaurante fino em Nova York, dando um toque exclusivo do meio-oeste na experiência de sair para jantar. Seus restaurantes ofereciam uma experiência gastronômica mais amigável e informal, e também mais excelente — principalmente em virtude das pessoas que trabalhavam para ele.

O pilar da cultura da empresa era uma filosofia que Danny chamava de Hospitalidade Consciente, que derrubava as hierarquias tradicionais ao priorizar as pessoas que trabalhavam ali acima de todo o restante, incluindo clientes e investidores. Isso não significa que o cliente sofreria; na verdade, era o oposto disso. A grande ideia de Danny era contratar pessoas excelentes, tratá-las bem e investir bastante no crescimento pessoal e profissional delas; assim, elas cuidariam muito bem dos clientes — que foi exatamente o que fizeram.

Quando me formei na Cornell, não havia dúvidas em minha mente: Danny Meyer era o cara para quem eu deveria trabalhar. E, quando voltei da Espanha para Nova York, consegui uma entrevista com Richard Coraine. Por ironia do destino, minha entrevista aconteceu no Eleven Madison Park, embora Richard tivesse me oferecido um cargo de gerente do Tabla. Antes de aceitar a oferta, porém, eu me permiti ter um último momento de hesitação. Nem o EMP, nem o Tabla eram lugares pretensiosos, porém eram mais sofisticados, e eu jamais havia me imaginado trabalhando em lugares assim; eu fazia mais (e ainda faço) o estilo cheeseburger do que o foie gras.

Não foi a primeira nem a última vez em que recorri a meu pai em busca de conselhos. Ele abordou minhas preocupações da seguinte maneira: "É mais fácil aprender a maneira certa de fazer as coisas estando no melhor lugar do que depois ter que mudar alguns maus hábitos. Você sempre pode descer um degrau mais tarde, porém é mais difícil conseguir fazer o contrário."

Um mês depois, eu me tornei gerente do Tabla, no qual comandava a equipe da recepção da entrada. Meu aprendizado havia começado.

CAPÍTULO 4

LIÇÕES SOBRE HOSPITALIDADE CONSCIENTE

O Tabla transformou a culinária indiana contemporânea nos Estados Unidos — e o motor por trás dessa transformação foi o chef Floyd Cardoz, que elaborava pratos inspirados em sua herança goesa.

O Eleven Madison Park e o Tabla abriram ao mesmo tempo, mas o EMP ganhou duas estrelas do *New York Times*, enquanto o Tabla ganhou as cobiçadas três. Essa foi uma grande conquista para a culinária indiana sofisticada e um verdadeiro tributo à intensa teimosia de Floyd e ao verdadeiro sabor de sua comida.

Foi no Tabla que aprendi o poder de ser diferente. Apesar do sucesso de crítica, no Tabla, o modo de fazer negócios era diferente dos outros restaurantes da empresa, mas Floyd insistiu em usar esse status de forasteiro como um distintivo de honra. Enquanto isso, ele mantinha a cabeça baixa, entregando, aos poucos, as melhores refeições da cidade.

Floyd queria que os novos gerentes do salão respeitassem o que acontecia em sua cozinha, então cada um de nós fez uma pequena fileira no primeiro dia de trabalho. Quando comecei, eu presumi, de maneira um pouco ingênua, que estava ali para observar os cozinheiros de linha trabalhando; em vez disso, fui conduzido à cozinha preparatória e recebi um balde de

Hospitalidade Irracional

camarão para preparar. Passei as três horas seguintes mergulhado até os cotovelos em tripas de camarão.

No dia seguinte, Floyd me pediu para picar uma cebola. Foi assustador. Eu tinha cozinhado algumas vezes e assistido a aulas de culinária na faculdade, mas tinha certeza de que não faria isso segundo o padrão dele, e não fiz mesmo. Floyd não gritou, mas jogou minha cebola no lixo e tirou a faca da minha mão para me mostrar como fazer isso corretamente. Observar a intensidade, o respeito e o foco que ele trouxe para a mais humilde das tarefas na cozinha foi uma boa prévia do que estava por vir.

Por mais durão que fosse, era impossível não amar Floyd e seu enorme sorriso. A admiração infantil em seu rosto ao nos ver provar um novo prato alucinante pela primeira vez era um presente tão inspirador quanto sua comida.

Duas coisas acontecem quando os melhores líderes entram em uma sala. As pessoas que trabalham para eles endireitam um pouco a postura, certificando-se de que tudo está perfeito — e sorriem também. É assim que agíamos na presença de Floyd. O Tabla era seu grande sonho louco, e todos que trabalhavam para ele fariam tudo o que pudessem para ajudá-lo a torná-lo um sucesso.

Vá Além

Em *Setting the Table*, o livro inovador de Danny Meyer sobre hospitalidade consciente, é contada a história de um casal que está comemorando o aniversário de casamento em um dos restaurantes do autor. No meio da refeição, eles percebem que esqueceram uma garrafa de champanhe no freezer e, ao perguntar ao sommelier se havia risco de ela explodir antes de chegarem em casa (quase certamente, sim), são salvos por ele, que pega as chaves da casa do casal e resgata a garrafa, permitindo que eles terminem a refeição comemorativa com tranquilidade. Ao chegar em casa, encontram o champanhe guardado em segurança na geladeira, junto com uma lata de caviar, uma caixa de chocolates e um cartão de aniversário em nome do restaurante.

Essa história, assim como muitas outras semelhantes, circulou pela empresa e preparou cada um de nós para buscar novas maneiras de tornar

Lições sobre Hospitalidade Consciente

as experiências dos clientes ainda mais perfeitas, relaxantes e agradáveis. Assim, quando uma cliente mencionou durante uma refeição que teria que se levantar para colocar moedas no parquímetro a alguns quarteirões de distância, foi natural que nos oferecêssemos para fazer isso por ela.

Com o tempo, esse gesto se tornou um dos serviços oferecidos pelo restaurante. O anfitrião perguntava aos clientes: "Como você chegou aqui esta noite?" Se eles respondessem: "Ah, nós viemos de carro", o anfitrião continuaria com "Legal! Onde você o estacionou?". Se eles dissessem que haviam estacionado a uma curta distância, ele perguntava qual era o carro deles para que um dos funcionários pudesse sair correndo e colocar algumas moedas no parquímetro enquanto eles jantavam.

Esse gesto definiu o conceito de adicionar uma nota de graciosidade, um algo a mais, porém não essencial, à experiência dos clientes. Era um ato de hospitalidade que nem sequer acontecia dentro das paredes do restaurante! Mas esse simples presente — no valor de cinquenta centavos — surpreendia as pessoas.

Ao sistematizá-lo, transformou-se de um ato heroico em algo natural, como guardar o casaco ou oferecer um cardápio de sobremesas. E quanto mais comum se tornava para nós oferecer esse pequeno presente, mais extraordinário parecia ser para as pessoas que o recebiam.

O Entusiasmo é Contagiante

Randy Garutti, que se tornou CEO da Shake Shack, era o gerente-geral do Tabla quando comecei a trabalhar lá.

Randy era uma presença extremamente positiva e um grande motivador para todos que trabalhavam para ele — o contraste perfeito para a intensidade de Floyd e um sistema de entrega ideal para a combinação de energia e integridade que caracterizava o Union Square Hospitality Group.

O parceiro de Danny, Richard Coraine, costumava nos dizer: "Tudo o que é preciso para que algo extraordinário aconteça é uma pessoa com entusiasmo." Randy era essa pessoa.

Ele praticou esportes competitivos a vida toda e aplicou tanto a ética de trabalho incansável de um atleta quanto o senso de orientação e espírito de equipe de um treinador em tudo o que fazia. Suas reuniões antes da abertura do restaurante eram como os discursos empolgantes no vestiário antes do grande jogo que você vê nos filmes e, invariavelmente, terminavam com ele dando um soco em nós para nos encorajar: "Vamos, pessoal, vocês conseguem!"

O entusiasmo de Randy era uma onda que o atingia, quer você quisesse ou não, e era por isso que ele era capaz de pegar uma equipe de distraídos, famintos e provavelmente de ressaca — e transformá-los em um exército pessoal. Foi com ele que aprendi: **deixe sua energia impactar as pessoas com quem você está falando, e não o contrário.**

Para um recém-graduado um pouco cínico, o otimismo radiante de Randy às vezes podia ultrapassar os limites da crença. Pergunte a ele como foi o dia dele e ele responderá: "Sabe, cara, estou tentando fazer com que hoje seja *o melhor dia da minha vida.*" Posso ter revirado os olhos, mas esse tipo de positividade inabalável acabou se provando impossível de resistir, principalmente porque Randy acreditava em tudo o que dizia — e, em pouco tempo, nós também.

Randy também incutiu em nós uma noção de propriedade ao encontrar maneiras de demonstrar que ele acreditava em nosso julgamento.

"Tudo bem eu sair um pouco mais cedo hoje?", ele perguntaria, jogando as chaves da porta da frente para mim. Aos 22 anos, fiquei emocionado por ele ter me deixado no comando. Se o chefe foi embora, então agora *eu* era o chefe — e é por isso que eu trabalhava mais quando Randy ia embora do que quando ele estava lá.

Mais importante ainda, nunca esqueci quanto sua confiança significava para mim, e é por isso que desenvolver uma noção de propriedade em meus funcionários se tornaria uma prioridade para mim quando eu me tornasse o cara que joga as chaves.

A Linguagem Constrói a Cultura

Danny sempre entendeu como a linguagem pode construir a cultura ao tornar os conceitos essenciais fáceis de entender e de ensinar. Ele é brilhante em cunhar frases sobre experiências comuns, possíveis armadilhas e resultados favoráveis.

Lições sobre Hospitalidade Consciente

Elas foram repetidas diversas vezes em e-mails, reuniões antes da abertura do restaurante e entre os funcionários do USHG. "Pressão constante e suave" era a versão de Danny para a frase japonesa *kaizen*, a ideia de que todos na organização devem estar sempre se aperfeiçoando, melhorando um pouco o tempo todo. "Hospitalidade atlética" significava buscar a vitória sempre, seja no ataque (tornando ainda melhor uma experiência que já era ótima) ou na defesa (pedindo desculpas e corrigindo um erro). "Seja o cisne" nos lembrava que tudo o que o cliente deveria ver era um pescoço graciosamente curvado e penas meticulosamente brancas navegando pela superfície do lago — não seus pés palmados, agitando-se furiosamente debaixo da água, impulsionando seu deslize.

Havia muitas outras frases, geralmente relacionadas a histórias da vida real, como o champanhe resgatado do freezer. Se você tivesse uma, era encorajado a compartilhá-la, para que esta também se tornasse parte do cânone.

Devido ao livro de Danny, *Setting the Table*, muitos desses conceitos e bordões tornaram-se amplamente conhecidos.

Meu favorito era "Faça a suposição de caridade", um lembrete de como presumir o melhor das pessoas, mesmo quando (ou talvez *principalmente* quando) elas não estiverem se comportando muito bem. Portanto, em vez de imediatamente expressar desapontamento com um funcionário que chegou atrasado e iniciar um sermão sobre como ele decepcionou a equipe, primeiro pergunte: "Você está atrasado; está tudo bem?"

Danny nos encorajou a estender a suposição de caridade a nossos clientes. Quando alguém está sendo difícil, é da natureza humana decidir que essa pessoa não merece mais o melhor serviço. Mas outra abordagem é pensar desta forma: "Talvez a pessoa esteja sendo arrogante porque o cônjuge pediu o divórcio ou porque um ente querido está doente. Talvez essa pessoa precise de *mais* amor e *mais* hospitalidade do que qualquer outra no salão."

Os restaurantes são ambientes de trabalho em ritmo acelerado, por isso foi extremamente útil ter uma terminologia oficial. A linguagem compartilhada significava que poderíamos oferecer uma melhor hospitalidade a nossos clientes — e uns aos outros. Isso porque, quando você se concentra em estender a suposição de caridade para as pessoas ao seu redor, você também se presenteia com um pouco mais dela.

Hospitalidade Irracional

Muitos desses conceitos nos foram apresentados logo no primeiro dia, durante a reunião de novos contratados. Essas reuniões eram incomuns no ramo; meus amigos da Cornell trabalharam em grandes restaurantes que não faziam nada disso. A importância dessas reuniões na cultura do USHG transmitia uma mensagem clara: "Há uma maneira específica de fazer as coisas aqui, e ela é maior do que simplesmente ensinar você a se movimentar no salão ou preparar um prato."

Para começar, Danny pediu que todos se apresentassem rapidamente. Todos se conheceram um pouco, o que facilitou quando precisamos pedir um favor ou algum conselho (e foi muito útil nos momentos em que você queria impressionar alguém em um encontro e ia até um dos outros restaurantes para tomar uma taça de vinho).

Mas essas apresentações também transmitiram uma mensagem implícita. O fato de o chefe da empresa estar disposto a usar pelo menos metade da reunião para nos ouvir individualmente causou uma grande impressão. Foi a primeira indicação de que esse conceito central de hospitalidade consciente — a ideia de que cuidar uns dos outros vinha antes tudo — era real.

Durante o restante da reunião, Danny nos explicou cada uma dessas frases e o papel que elas desempenhavam na cultura da empresa, mostrando-nos como as palavras eram importantes. Ele não focou o quê, mas o porquê. O resultado dessa reunião serviu mais como orientações de classe na faculdade do que uma introdução aos procedimentos da empresa.

O simples fato de estar nessa equipe era como ingressar em um movimento ou aceitar uma missão — era uma comunidade vibrante e empolgante mais importante do que você.

"Culto" é uma Abreviação de "Cultura"

Amigos que trabalham em outras grandes empresas de hotelaria em todo o país nunca acreditariam nas histórias que tenho para contar sobre meu trabalho. Alguns deles chegaram a fazer comentários sarcásticos: "Ah, você está trabalhando para o culto..."

Eu sabia o que eles queriam dizer; entre a linguagem interna compartilhada, nossa dedicação declarada aos chefes e nosso compromisso não convencional de cuidar uns dos outros, havia um sentimento um pouco

Lições sobre Hospitalidade Consciente

como de devoção sobre o USHG. Mas, desde então, percebi que um "culto" é como as pessoas que trabalham para empresas que não investiram o suficiente em suas culturas tendem a chamar as empresas que o fizeram.

O estilo de gestão de Danny tornava legal se importar, o que provavelmente parecia ridículo se você trabalhasse para um tipo diferente de empresa. Mas nós que trabalhamos para ele não conseguimos escapar das repercussões positivas da cultura que ele criou, que foi projetada para fazer as pessoas se sentirem bem.

Ficávamos felizes em trabalhar lá; nossos colegas ficavam felizes em trabalhar lá. Quando nossos chefes entravam na cozinha, nós nos apressávamos um pouco mais — mas não porque estávamos com medo; porque queríamos que eles vissem que estávamos em nosso auge. E todos os dias víamos clientes saindo satisfeitos, revigorados e restabelecidos. Eles mal podiam esperar para voltar, e nós também não.

Essa cultura era forte e estava funcionando. Chame isso de culto, se quiser! Eu estava orgulhoso de fazer parte disso, e nenhum xingamento me convenceria de que eu estava errado.

Então, quando Danny disse que estava abrindo um restaurante e clube de jazz no Flatiron chamado Blue Smoke e me pediu para ser o assistente do gerente-geral, fiquei emocionado. Fui músico durante toda a minha vida, e essa era uma grande oportunidade para um jovem de 22 anos.

O que levanta a questão: por que diabos eu disse não?

CAPÍTULO 5

INTELIGÊNCIA EM RESTAURANTE VS. INTELIGÊNCIA CORPORATIVA

"Antes de adotar totalmente esse jeito peculiar de fazer as coisas, certifique-se de entender que existem diferentes abordagens por aí."

Eu esperava que meu pai ficasse tão empolgado quanto eu quando liguei para ele durante minha caminhada noturna de volta para casa depois do trabalho no Tabla, para lhe dizer que me ofereceram o emprego de meus sonhos no Blue Smoke. Em vez disso, com seu jeito calmo e comedido, ele questionou se aquele seria o melhor caminho a seguir — e listou todos os motivos pelos quais poderia não ser. Costumo ouvir o que ele diz porque meu pai não só dá conselhos, ele sempre se dá ao trabalho de explicar *o motivo*, uma habilidade de liderança que passei a vida tentando imitar.

Ele sabia o quanto eu adorava trabalhar para Danny Meyer e afirmou que o que eu estava aprendendo lá não aprenderia em nenhum outro lugar. Mas, na época, a empresa de Danny tinha apenas quatro restaurantes. Mesmo que fossem quatro dos melhores restaurantes do país, meu pai estava me encorajando a pensar em trabalhar para um grupo de restaurantes maior — um com procedimentos e sistemas que o USHG ainda não tinha tido tempo de implementar.

Foi nessa ligação que ele me apresentou o conceito de empresa inteligente em restaurantes × empresa inteligente corporativa.

Inteligência em Restaurante vs. Inteligência Corporativa

Ele descreveu a diferença entre os dois. Em termos mais simples: onde as pessoas mais bem pagas da empresa trabalham? Nos próprios restaurantes ou nos escritórios corporativos? Isso diz muito sobre como a empresa é gerida.

Nas empresas inteligentes em restaurantes, os membros da equipe têm mais autonomia e maior liberdade para serem criativos. Como tendem a ter um maior senso de propriedade, dedicam-se mais ao trabalho. Muitas vezes, podem oferecer melhor hospitalidade porque são ágeis; não há muitas regras e sistemas atrapalhando a conexão humana. Mas esses restaurantes tendem a não ter muito suporte corporativo ou supervisão — os sistemas que fazem parte de grandes negócios.

As empresas inteligentes corporativas, por outro lado, possuem todos os sistemas e controles da estrutura de operação, como contabilidade, compras e recursos humanos, necessários para torná-las grandes empresas e, como resultado, geralmente são mais lucrativas. Mas os sistemas são, por definição, uma forma de controle — e quanto mais controle é imposto às pessoas que trabalham no local, menos criativas elas conseguem ser, e os clientes podem perceber isso.

As empresas inteligentes em restaurantes *podem* ser ótimas empresas, e as empresas inteligentes corporativas *podem* oferecer uma excelente hospitalidade. Mas suas prioridades são diferentes, o que pode afetar, basicamente, a experiência dos clientes.

Eu entendi o ponto de vista do meu pai. Danny era o cara mais inteligente no ramo de restaurantes, mas a empresa dele havia crescido de maneira orgânica, então tinha muito pouca infraestrutura de grande empresa no restaurante. Na época, o USHG nem sequer tinha um escritório corporativo; na verdade, o próprio escritório de Danny era uma sala no porão da Gramercy Tavern.

As pessoas que trabalhavam para Danny tinham muita autonomia, o que era fantástico para a criatividade — um chef não precisava justificar o uso de um ingrediente especial e caro ou preencher mil formulários para liberá-lo. Mas, às vezes, toda essa autonomia também significava algum desperdício de dinheiro. Se todos os chefs do grupo estivessem comprando detergente para lavar louça de fornecedores diferentes — o que, de fato, acontecia —, a empresa estaria perdendo uma oportunidade valiosa de ne-

Hospitalidade Irracional

gociar um preço melhor para a compra do mesmo item para todos os restaurantes, algo que não teria impacto sobre os clientes.

Meu pai reconheceu que eu estava recebendo uma educação incrível em inteligência em restaurante trabalhando com Danny. Mas ele queria que um dia eu gerisse uma empresa inteligente corporativa *e* inteligente em restaurantes.

Era hora de sair em busca da outra parte do meu aprendizado.

O Controle não Precisa Sufocar a Criatividade

O Tabla era um dos restaurantes mais badalados de Nova York quando saí de lá para trabalhar na Restaurant Associates, a antiga empresa de meu pai, como assistente de compras e controlador dos restaurantes no MetLife Building. Ou seja, saí do salão de um dos restaurantes mais glamorosos de Nova York direto para o porão de um dos menores.

Ken Jaskot, o comprador da RA, não precisava de um assistente em tempo integral, e o controlador, Hani Ichkhan, também não. Então, eu dividia meus dias entre ajudar ambos. Das seis da manhã ao meio-dia, aprendi a fazer o inventário dos produtos da geladeira, a receber entregas, a calcular os custos dos produtos vendidos e a encomendar comida e suprimentos. Após o almoço, eu tirava a roupa branca, vestia um blazer e uma gravata e começava a trabalhar com os números do departamento de contabilidade na parte superior da RA.

É impossível superestimar a importância de eu estar fazendo ambos os trabalhos simultaneamente. Alimentos e bebidas custam, em média, trinta centavos de cada dólar ganho em um restaurante, e a maior parte do que chega para nós não dura mais do que alguns dias. Para mim, as ostras, por exemplo, não existiam apenas no papel, como uma mercadoria de linha de luxo ou uma célula em uma planilha — eram aquelas pedrinhas valiosas, porém feias, que eu havia contado à mão no início do dia, embalado em gelo e agrupado em um grande tanque.

Todos os dias, no andar de cima, Hani me fazia elaborar relatórios administrativos relativos a todos os aspectos do negócio — contas a pagar e a receber, folhas de pagamento, custos de alimentação e estoque. Então, eu passava as manhãs tomando decisões práticas e o restante do dia monitorando o impacto que essas mesmas decisões teriam nos resultados da

Inteligência em Restaurante vs. Inteligência Corporativa

empresa. Era um campo de treinamento e uma escola de negócios em um só lugar.

A grande surpresa? Eu adorei!

Hani era tão antiquado que ainda usava um livro de couro. Em seu escritório, "no vermelho" não era uma expressão — era tinta de verdade. Observá-lo folhear um relatório era como assistir a Floyd experimentando especiarias no Tabla; pela primeira vez, vi alguém abordando o lado financeiro do negócio com a mesma paixão e engenhosidade irracionais que vi Danny colocando em sua hospitalidade consciente.

Foi emocionante ver o que era possível ali. Uma tarde, Hani sinalizou um de meus relatórios — ele notou que os custos com a alimentação em determinado restaurante estavam subindo pelo segundo mês consecutivo. Ele puxou outro relatório da pilha; o restaurante em questão vendia *muita* lagosta. Mais um relatório: os preços da lagosta dispararam. Uma ligação rápida para Ken para confirmar: sim — a demanda ultrapassou a oferta e os preços dispararam.

Uma ligação para o chef: estávamos cobrando menos pelo prato? Definitivamente, sim, em virtude do valor que estávamos pagando pelo ingrediente; mas ele não conseguiu aumentar o preço o suficiente para alinhar os custos sem surtir um efeito negativo sobre os clientes. Dessa forma, não havia o que fazer: o prato, mesmo sendo popular, teria que sair do cardápio, pelo menos até que o preço da lagosta caísse um pouco. Felizmente, o chef estava elaborando um prato de vieiras pelo qual poderia substituí-lo.

Enquanto isso, no escritório: "Will! Descubra quem mais na empresa está vendendo lagosta." Outra série de telefonemas... A temporada de lagostas no Restaurant Associates havia terminado.

A emoção da investigação era contagiante; assistir àquela análise se desenrolar foi tão emocionante que desejei ter um saco de pipoca ali na hora. Mas o episódio também foi uma exibição magistral do poder dos sistemas que Hani havia implantado. Assim que viu o número do custo dos alimentos, ele teve todos os recursos de que precisava — e a autoridade — para descobrir e resolver o problema. Ele economizou para a empresa uma quantia incalculável de dinheiro em vinte minutos e sem sair de sua mesa. De repente, meus pequenos relatórios não pareciam mais tão chatos.

Hospitalidade Irracional

Em uma empresa inteligente em restaurantes, esse telefonema provavelmente nunca teria acontecido. Se o controlador percebesse o erro (se é que a empresa tinha um controlador!) e entrasse em contato com o chef, provavelmente seria instruído a permanecer no seu quadrado.

Mas ouvir aquele telefonema me ensinou que alguém na empresa que exerce esse tipo de controle nem sempre é indesejável. O bônus do chef estava vinculado aos seus custos com alimentação e, se os números estivessem consistentemente abaixo da média, ele perderia o emprego. Isso explicava o alívio que ouvi em sua voz quando Hani lhe contou onde estava o problema com os custos. A eficiência da área administrativa do restaurante significava que aquele cara não precisava se preocupar com os números e poderia voltar a ser chef. Não estávamos roubando sua criatividade; estávamos devolvendo seu direito de aprimorá-la.

As pessoas falam sobre quão difícil é o negócio de restaurantes, e é verdade que não é fácil; os proprietários de restaurantes lidam com variáveis únicas e margens estreitas. Mas qualquer estatística assustadora que você tenha ouvido sobre quantos restaurantes quebram no primeiro ano tem muito mais a ver com as pessoas que abrem restaurantes sem entender a parte comercial do negócio.

Quando saí do Tabla para trabalhar na RA, eu pensava que queria ser como Danny quando crescesse. Depois das lagostas, eu queria ser como Hani.

Confie no Processo

Só porque eu estava me divertindo aprendendo com Hani não significava que ele não estava me deixando louco também.

Nas aulas de contabilidade na Cornell, eles nos disseram que tudo começa e termina com a demonstração de lucros e perdas. É a visão de dez mil metros, o grande quadro — uma imagem instantânea do negócio que mostra o que você está fazendo bem e o que requer mais atenção.

Então, o tempo todo em que trabalhei para Hani, estava desesperado para colocar minhas mãos em um P&L — demonstrativo de lucros e perdas — de um dos restaurantes que ele supervisionava. Mas ele protegia essas planilhas de lucros e perdas com unhas e dentes; eu não tinha permissão nem para olhar para elas.

Isso não me impediu de importuná-lo: "Posso ver uma planilha? Agora? E agora, posso? E agora?" Todos os dias, ele me dizia para fazer meus relatórios. Então, um dia, após seis longos meses, Hani jogou um P&L na minha frente. Eu mal tinha aberto e ele já começou a me encher de perguntas, mas ele tinha me preparado bem; fazer aqueles intermináveis relatórios significava que eu sabia como agir diante de todos os problemas que poderiam surgir.

E como eu trabalhava no andar de cima e no andar de baixo, tinha uma percepção quase sobrenatural do que as planilhas estavam me mostrando. Naturalmente, os números na linha de descartáveis estavam altos! Mas não por causa do desperdício ou do excesso de pedidos; a empresa havia nos enviado muitas sacolas impressas personalizadas para viagem, e os caras do andar de baixo as colocaram nas prateleiras antes que percebêssemos o erro. Então, sim, eles precisavam verificar o recibo antes de desembalar um pedido, mas pelo menos eu sabia por que aqueles números não pareciam certos.

Sou muito grato por ter tido um líder como Hani naquele momento da minha vida; há tantas coisas que eu não teria aprendido se tivesse pulado essas etapas. Mais tarde, durante minha carreira, quando gerenciava jovens sedentos por mais responsabilidades ou por um título maior, lembrei dele diversas vezes. Hani não estava me fazendo um desserviço ao me fazer esperar; ele estava me forçando a fortalecer meu alicerce, a formar uma base sólida que, depois, me manteve em pé por anos. A espera não diminuiu minha ambição nem prejudicou meu progresso; me ensinou a confiar no processo — uma lição cuja sabedoria eu veria quando estivesse mostrando à minha equipe que a maneira certa de fazer as coisas começa com o cuidado com que você segura uma taça de vinho.

Não há substituto para aprender um sistema desde o início.

Às Vezes, o Controle Sufoca a Criatividade

Depois de nove meses, a RA me transferiu do cargo híbrido de assistente de comprador e controlador e me deu outra função: assistente de gerente-geral e controlador do Nick + Stef's Steakhouse, no Madison Square Garden.

O Nick + Stef's é um restaurante incomum, porque, na maior parte do tempo, fica vazio — exceto um pouco antes de um jogo no MSG, quando

Hospitalidade Irracional

se transforma em um dos restaurantes mais populares de Nova York. Duas horas antes do jogo, as pessoas invadem o restaurante como gafanhotos, pedem pratos enormes de carne e belas garrafas de vinho — então, dez minutos antes do início do jogo, todos no restaurante se levantam e saem como um enxame novamente. Por causa dessa disparidade, todos que trabalhavam lá assumiam diversas funções — o que o tornava perfeito para mim.

Como assistente do gerente-geral, eu corria pelo salão durante o alvoroço pré-jogo, resolvendo problemas e ajudando os garçons. Fiquei emocionado por estar de volta ao salão, conversando com os clientes e aprimorando a experiência deles no local. Nas horas vagas, eu fazia a contabilidade do restaurante, colocando em prática tudo o que aprendi com Hani.

Após dois meses, as mudanças que fiz melhoraram a lucratividade do restaurante em dois pontos — e eu estava tão animado para fazer aquele relatório quanto na primeira vez em que enviei o cara da recepção para recarregar o parquímetro de um cliente no Tabla.

Então, uma tarde, enquanto ajudava atrás do bar, percebi que um arranjo de flores estava bloqueando a capacidade dos bartenders de fazer contato visual com os clientes sentados nos dois bancos no final do bar. Solução fácil: coloquei o vaso do outro lado do bar, onde também era um bom lugar. Como bônus, essa mudança ajudou a bloquear a visão dos clientes da área do bar onde os garçons paravam para pegar as bebidas que os bartenders preparavam para as mesas, que sempre estava movimentada e, por vezes, bagunçada.

Dois dias depois, no entanto, o arranjo estava de volta ao seu lugar de origem. Perguntei ao meu gerente-geral por quê. "O pessoal de Artes e Design do escritório corporativo passou por aqui e não gostou. Você não pode mover as coisas de lugar sem perguntar antes; esse não é o nosso trabalho, é o deles.

Espere, o quê? Eu não posso mover um *vaso* de lugar?

Eu até entendi um pouco o motivo. Quando você tem muitos restaurantes, precisa atribuir algum tipo de controle. Acontece que tenho bom senso em design, mas nem todos têm isso; você não pode ter pessoas aleatórias tomando decisões arbitrárias sobre a decoração de seu restaurante.

E tem mais. Como as pessoas em um escritório — que nunca estiveram atrás de *nenhum* balcão de bar, muito menos do nosso — poderiam pensar

Inteligência em Restaurante vs. Inteligência Corporativa

que sabiam melhor do que nós sobre onde aquele vaso deveria ser colocado? A pergunta me incomodava toda vez que eu olhava para o vaso — e para os bartenders esticando o pescoço para enxergar os clientes atrás dele. Aprendi com Hani que a inteligência corporativa não sufoca a criatividade por definição. Mas aquele vaso me ensinou que, se isso não fosse controlado, sufocaria.

Ainda assim, isso foi um acontecimento muito pequeno perto da excelente experiência que estava tendo, então não levei a questão adiante. Eu ainda estava me divertindo no salão nas noites de jogo e fazendo bastante coisa na parte de cima, no escritório.

No entanto, um ou dois meses depois, tive problemas com um garçom.

Vamos chamá-lo de Félix. As pessoas do tipo Félix são familiares para os gerentes em todos os tipos de negócios de atendimento ao cliente. São conhecidos por serem desrespeitosos com os colegas de trabalho e, muitas vezes, pessoas horríveis para se trabalhar, mas são considerados indestrutíveis porque são muito queridos pelos clientes.

Tenho fortes sentimentos sobre os Félixes do mundo. **Só porque alguns frequentadores regulares amam um funcionário, não significa que ele deva corroer a base de tudo o que você está tentando construir.** Por mais carismáticas e charmosas que essas pessoas possam ser com o público e por mais valiosas que possam parecer as relações que mantêm com os clientes, o dano colateral que os Félixes causam à cultura de uma empresa é terrível demais para ser tolerado.

Certa noite, Félix chegou ao trabalho no meio do turno do jantar, com duas horas de atraso. Isso foi um problema, porque o alvoroço durante o jantar no Nick + Stef's antes de um jogo não era brincadeira, mesmo quando estávamos com a equipe completa.

Ainda assim, quando ele entrou pela porta, adotei a suposição de caridade. "Ei, liguei para você. Você me deixou preocupado — está tudo bem?"

Sem se desculpar, Félix disse, de maneira casual, que havia "perdido a noção do tempo". Foi quando deixei a preocupação de lado e fiquei furioso. "Tivemos que nos matar para cobrir você. Onde você estava?"

"Não preciso explicar isso a você", zombou ele, passando por mim e indo em direção ao vestiário.

"Você não precisa se trocar", gritei para ele. "Você está demitido."

Hospitalidade Irracional

No dia seguinte, recebi uma ligação do departamento de recursos humanos. "Félix ligou. Sabemos que ele pode ser difícil, mas os frequentadores regulares o adoram e sua média de vendas é sempre alta, então tomamos a decisão de seguir em frente e recontratá-lo. Ele estará de volta ao trabalho amanhã; seria ótimo se você pudesse se desculpar com ele.

Mais uma vez — eu até entendo, de verdade: uma empresa grande não pode se dar ao luxo de ter um gerente de 23 anos demitindo todos que o irritam sem justa causa. Mas quem quer que estivesse sentado naquele escritório analisando uma planilha e contando a quantidade de comida e de vinho que Félix vendia não fazia ideia do impacto destrutivo que ele causava na equipe como um todo.

Eu sabia disso e fiquei furioso. A inteligência corporativa era ótima, mas até que ponto você precisa ter algum controle em troca de ter confiança nas pessoas que trabalham com você no dia a dia, as pessoas que estão ali o tempo todo, em contato com sua equipe e seus clientes?

O ex-capitão da marinha David Marquet diz que, em muitas organizações, as pessoas que estão no topo da hierarquia têm toda a autoridade e nenhuma informação, enquanto as pessoas na linha de frente têm todas as informações e nenhuma autoridade.[1] Eu estava aprendendo que, se levada longe demais, a inteligência corporativa pode ser burra em restaurantes.

Ainda mantenho minha decisão de demitir Félix. E ainda acho que o departamento de RH, ao reverter minha decisão sem me consultar — sem nem mesmo perguntar o meu lado da história — agiu de maneira inaceitável.

Pensei nessa experiência muitas vezes ao mediar disputas entre meus próprios funcionários. A frase "Colocamos os funcionários em primeiro lugar" deve significar *todos* os funcionários. Muitos entenderam mal o primeiro princípio da hospitalidade consciente de Danny Meyer. Quando disse "Cuidem uns dos outros primeiro", ele não quis dizer que era apenas o trabalho de um gerente cuidar dos funcionários horistas; era trabalho de todos cuidar de *todos*.

Os gerentes também são funcionários. Isso não significa que eles estão automaticamente certos ou devem ter permissão para demitir funcionários leais e antigos por capricho. **Mas se você cuidar de seus gerentes e lhes der o que eles precisam para serem bem-sucedidos, você os colocará em uma posição melhor para cuidar de sua equipe.**

Inteligência em Restaurante vs. Inteligência Corporativa

Depois de alguns resmungos, ignorei o incidente, descobri como trabalhar com Félix e segui em frente. Mas eu estaria mentindo se dissesse que aquele incidente não mudou minha relação com meu trabalho. Eu me senti impotente, porque foi o que aconteceu. E foi difícil, naquela posição sem poder, dar tudo de mim — passar de doze a quatorze horas por dia colocando em prática a visão de outra pessoa — sabendo que eles tinham tão pouca confiança em mim.

Uma tarde, alguns meses depois, em um dia de folga, almocei no Union Square Cafe, onde meu antigo chefe, Randy, era gerente-geral. (Eu não tinha muito dinheiro na época, e comer onde seus amigos trabalham geralmente resulta em alguns lanches grátis.) Ao sair do restaurante, encontrei Danny Meyer na Union Square. Ele não me conhecia bem, mas tivemos um bom relacionamento na época em que eu trabalhava no Tabla e paramos para conversar um pouco.

Eu queria manter contato com Danny porque ele era alguém que eu admirava. Então, um ou dois dias depois, enviei um e-mail para ele, contando o que eu tinha feito desde que saí do Tabla no ano anterior e tudo o que estava aprendendo sobre contabilidade e compras.

Danny escreveu de volta no dia seguinte; ele me contou em confidência que havia assinado um acordo para administrar os restaurantes do recém-reformado Museu de Arte Moderna. "Eu adoraria falar com você sobre isso algum dia."

Era 2004, e o MoMA estava reabrindo após uma reforma e expansão de US$450 milhões que durou dois anos. Danny abriria um restaurante sofisticado chamado Modern no andar térreo do museu, com vista para o lendário Sculpture Garden do MoMA. O chef era Gabriel Kreuther, uma estrela em ascensão da Alsácia que foi eleito um dos melhores novos chefs da *Food & Wine* em 2003, e o design do salão era impressionante — moderno e sereno. O Bar Room, uma área de design mais casual na parte da frente, serviria pequenos pratos e coquetéis no longo e luxuoso bar.

A inauguração do Modern seria, sem dúvida, uma das mais badaladas e esperadas do ano, mas não era isso que me interessava. Quando recebi o e-mail de Danny, meu primeiro pensamento foi: *Uau! Eles estão assumindo as operações do restaurante de um museu inteiro. Imagine o P&L deles!*

No nosso encontro, Danny começou a falar sobre me oferecer exatamente o emprego que eu queria: gerente-geral das operações de serviço de ali-

Hospitalidade Irracional

mentação casual no museu. Isso incluía dois cafés — nos quais os frequentadores do museu podiam comer uma salada para o almoço ou tomar uma xícara de café —, um refeitório para funcionários e uma equipe interna de bufê que poderia fazer o atendimento a grupos grandes ou pequenos que quisessem se reunir ali. Ou seja, eu seria responsável por tudo, exceto pelo restaurante requintado no andar de baixo.

Era perfeito. Adorei o tempo que passei trabalhando na Restaurant Associates e devo muito do meu sucesso ao que aprendi lá. Eu poderia ter permanecido facilmente naquela empresa e realizado grandes coisas com eles. Mas o que Danny estava me oferecendo era de fato único e perfeito para mim: a chance de descobrir se eu poderia trazer inteligência corporativa para a empresa mais inteligente em restaurantes do mundo.

Encontre Equilíbrio entre Controle e Criatividade

Eu adorava o MoMA.

A equipe do museu havia sido transferida para uma instalação satélite em Long Island City durante a extensa reforma, então fui o primeiro funcionário a ter um escritório no novo museu. Entrar no prédio vazio enquanto as últimas peças eram posicionadas foi a melhor experiência de bastidores que tive. Nas primeiras semanas, passei pelo *Water Lilies* de Monet todas as manhãs. A obra estava encostada na parede, como aquele pôster emoldurado do Pearl Jam que nunca pendurei na parede do dormitório da faculdade.

Meu primeiro escritório no MoMA ficava no quinto andar. Era enorme — provavelmente tinha uns 74 metros quadrados — e tinha vista para o Sculpture Garden. Antes que você fique muito animado, eu só fiquei alocado lá em cima porque eles estavam terminando os andares de cima para baixo. Quando a equipe do museu começou a voltar para o prédio, fui sistematicamente descendo, andar por andar, como Milton em *Office Space*, até acabar no subsolo. Isso mostra a alta prioridade do programa de alimentos e bebidas — pelo menos o programa de alimentos e bebidas pelo qual eu era responsável.

Isso era verdade, mesmo dentro de minha empresa. Todos no USHG estavam focados no que estava acontecendo no Modern e no Bar Room, ambos grandes sucessos desde o início; os dois tiveram sucesso instantâneo com a crítica e a multidão de frequentadores do museu.

Inteligência em Restaurante vs. Inteligência Corporativa

Os cafés do museu, por sua vez, eram os filhos bastardos do USHG, e eu adorava isso. Passávamos despercebidos, por isso tínhamos bastante liberdade criativa. Imediatamente comecei a implementar minha visão: tornar os cafés do MoMA inteligentes em empresas *e* restaurantes. Mas o que descobri logo no início é que seguir essa linha de gestão é extremamente difícil.

Cada decisão que tomei parecia expor as tensões naturais entre melhorar a qualidade da experiência para os clientes e fazer o que era melhor para os negócios. Inteligência em restaurantes significava liderar com confiança — inclusive permitir que as pessoas que trabalhavam para mim fizessem o que achavam que seria melhor para os clientes. Inteligência corporativa significava exercer um controle estrito e rigoroso sobre a equipe. Qual das duas maneira era a certa?

Um exemplo, entre muitos: os gastos com alimentação nas cafeterias eram altos, muito em virtude do desperdício; reabastecíamos as prateleiras de comida com produtos frescos até o horário de fechamento, o que significa que acabávamos jogando fora uma tonelada de comida ao final do dia. A solução óbvia era parar de reabastecer as prateleiras no final do dia, mas eu odiava a ideia de ter que oferecer às pessoas que chegassem mais tarde qualquer sanduíche ou salada que houvesse sobrado.

Hani provavelmente teria se sentado com a chef Meg Grace para explicar por que ela tinha que usar presunto cozido em vez de *prosciutto*. Mas esse não era o relacionamento que eu tinha com Meg, e também não era o que nenhum de nós queria oferecer aos clientes.

Meg e eu chegamos a um acordo bom o suficiente para as duas partes: ela continuaria usando ingredientes caros e pararíamos de encher as prateleiras mais ou menos uma hora antes de fecharmos — em vez disso, faríamos todas as saladas e os sanduíches no menu para servir às pessoas que chegassem durante aquela hora final. Os custos de mão de obra foram mais do que recompensados pelo que economizamos em desperdício de comida.

Foi um passo na direção certa, e eu até diria que foi uma solução perfeita. Senti falta da abundância ordenada de um balcão totalmente reabastecido, mas a experiência me mostrou que a criatividade seria o principal ingrediente para encontrar um verdadeiro equilíbrio entre a inteligência em restaurante e a inteligência corporativa.

Hospitalidade Irracional

A Regra do 95/5

O Sculpture Garden do MoMa é um espaço único em Nova York. Originalmente inaugurado em 1939, foi redesenhado em 1953 por Philip Johnson (que também projetou o Four Seasons) como um "ambiente sem teto" — uma galeria ao ar livre em constante mudança que combinaria natureza, arquitetura e arte de uma maneira totalmente nova. Esculturas enormes ocupam áreas com traços graciosos e assimétricos de mármore, enquanto pássaros cantam nas plantações como se não soubessem que estão no meio de Midtown.

Não há nada remotamente parecido na cidade.

Com cerca de um ano de trabalho no MoMA, eu estava começando a ficar um pouco inquieto. Senti falta da energia da abertura; há algo mágico em dar vida a uma nova ideia, e eu queria ter essa experiência novamente.

Então, fiquei completamente obcecado em projetar um carrinho de sorvete italiano para o Sculpture Garden. Como o carrinho dividiria espaço com obras de arte de Henry Moore, Pablo Picasso e Henri Matisse, sem falar nas instalações rotativas de artistas contemporâneos como Richard Serra, tudo nele teria que ser perfeito.

Eu precisava do parceiro certo, então procurei outro notório perfeccionista: Jon Snyder, dono do *il laboratorio del gelato*, uma empresa no Lower East Side que produz pequenos lotes de sorvete denso e de primeira, feito com ingredientes de chef.

Jon aproveitou a chance para se tornar o sorvete oficial do Sculpture Garden do MoMA. Dada a natureza da posição de destaque que essa oportunidade oferecia a seu produto, eu o convenci a pagar pelo carrinho e a fazer um acordo conosco, negociando o preço de seu sorvete italiano normalmente muito caro. (Nesse volume, ele ainda tiraria um bom lucro.)

Nós mergulhamos de cabeça no projeto. Jon provou ser um coconspirador extremamente perigoso. Por exemplo, ele encontrou uma empresa na Itália que fabricava colheres azuis minúsculas e incríveis. Quão incrível poderia ser uma colher de plástico? Você terá que confiar em mim: elas tinham o formato de um remo, eram extraordinariamente bem desenhadas e totalmente exclusivas. Também eram absurdamente caras.

Inteligência em Restaurante vs. Inteligência Corporativa

Mas eu precisava delas; o Sculpture Garden as *merecia*. Nada mais serviria.

A primeira vez que minha chefe viu uma daquelas colheres, ela estreitou os olhos e me perguntou quanto custaram. Eu disse a ela o preço, e seus olhos ficaram ainda mais estreitos: "Falaremos sobre isso mais tarde." Um mês depois, porém, sentamos para revisar o primeiro P&L do carrinho de sorvete e nunca mais ouvi uma palavra sobre aquelas colheres.

Gerenciei 95% do meu orçamento de maneira incisiva, aproveitando a marca do MoMA para obter um excelente sorvete italiano com um grande desconto e o lindo carrinho de graça. Ganhei o direito de gastar com aquelas colheres, o único pequeno detalhe que eu acreditava que transformaria drasticamente a experiência de comprar sorvete em um carrinho.

Isso é o que eu chamaria, mais tarde, de Regra de 95/5: **administre 95% de seu negócio até o último centavo; gaste os últimos 5% "de maneira tola".** Parece algo irresponsável; na verdade, é tudo menos isso. Como os últimos 5% têm um impacto enorme na experiência do cliente, é o gasto mais inteligente que você fará.

Isso foi confirmado para mim numa tarde, quando observei Glenn Lowry, o diretor do museu, comprar sorvete para um grupo de curadores visitantes. Cada um deles passou um ou dois segundos admirando as colheres. Eu gostaria de pensar que alguns frequentadores do museu observaram o carrinho por alguns segundos só porque adoraram aquela colher.

A Regra de 95/5 se tornou um dos meus princípios operacionais centrais no Eleven Madison Park. Combinações de vinhos são comuns em jantares requintados — uma degustação de vinhos para acompanhar cada prato em um menu de degustação. E, como em todas as coisas, havia um orçamento para o que poderíamos gastar nessas combinações. Mas, em vez de dividir esse orçamento igualmente entre todos os vinhos que servíamos, como é comum, pedi ao nosso sommelier que selecionasse vinhos um pouco mais baratos para a maioria dos pratos (não menos excelentes, porque nosso sommelier tinha bastante experiência e nossa adega era muito diversificada). Então, no final, poderíamos gastar com uma taça de um vinho especial, raro e mais caro.

Se você gosta de vinho, é sempre uma emoção beber um Grand Cru Burgundy. Mas a chance de fazer isso raramente acontece durante combinações comuns de vinhos — então imagine como os clientes ficaram

Hospitalidade Irracional

entusiasmados quando isso aconteceu! A Regra de 95/5 nos permitiu surpreender e encantar todos os clientes que pediram essas combinações, tornando-as uma experiência que eles nunca esqueceriam.

A Regra de 95/5 também se estendia à forma como gerenciávamos as despesas de pessoal. Nunca esqueci minha experiência no escritório de Hani; sempre lembrava dele ao lidar com o pessoal; sempre que podíamos, trabalhávamos para minimizar a dispendiosa rotatividade e as temidas horas extras. Mas então, algumas vezes por ano, eu gastava uma quantia verdadeiramente considerável em uma experiência para a equipe, independentemente de ter que fechar o restaurante por um dia para que pudéssemos organizar um retiro de formação de equipe ou contratar um DJ e comprar algumas caixas de Dom Pérignon para as espetaculares festas dos funcionários pelas quais éramos conhecidos. A Regra de 95/5 garantia que eu não estourasse o orçamento; eu podia pagar essas gratificações porque fui muito disciplinado durante o restante do ano.

E quando lançamos o conceito de hospitalidade irracional no EMP, esses 5% funcionaram mais do que nunca. Um de meus exemplos favoritos: uma família da Espanha, composta por quatro pessoas, jantou conosco na última noite de suas férias em Nova York. As crianças à mesa estavam radiantes de empolgação e pelo motivo mais maravilhoso: uma espessa neve caía sobre nossas enormes janelas, e elas nunca tinham visto neve de verdade antes.

No impulso do momento, mandei alguém comprar quatro trenós novinhos em folha. Depois que eles terminaram a refeição, um SUV com motorista levou toda a família para o Central Park para uma despedida especial: algumas horas de diversão na neve recém-caída. Esses 5% gastos "de maneira tola" (na verdade, com uma tremenda intenção) permitiram que criássemos memórias especiais para esses clientes.

Essa regra desempenhou um papel enorme em meu sucesso, e sua linhagem pode ser rastreada diretamente até o incrível aprendizado que recebi nos porões e nos escritórios administrativos da Restaurant Associates. Meu pai, como sempre, estava certo; estou tão feliz por ele ter me incentivado a dar esse salto. Minha experiência no MoMA me mostrou que *era* possível ter inteligência em restaurantes e empresas ao mesmo tempo. A equipe estava fortalecida, os clientes estavam felizes e nós estávamos administrando um negócio enxuto, médio e lucrativo.

Foi quando Danny pediu para se encontrar comigo novamente.

BUSCANDO UMA PARCERIA VERDADEIRA

Todo mundo que era alguém em Hollywood almoçava no Spago, a joia da coroa de um império presidido pelo chef Wolfgang Puck, que revolucionou a gastronomia norte-americana ao popularizar a culinária californiana.

Entre o ensino médio e a faculdade, trabalhei lá durante o verão como auxiliar de garçom. Meio auxiliar, na verdade. O sistema do Spago funcionava a todo vapor e os auxiliares de garçom eram incrivelmente rápidos, limpos e eficientes. Como eu jamais conseguiria acompanhá-los, eles me deram meio salão; todos os outros eram responsáveis por quatorze mesas, enquanto eu, por sete. Eu fazia metade do trabalho paralelo — a tarefa necessária para manter os bastidores em ordem para que o restaurante funcione sem problemas, como polir taças e dobrar guardanapos — e recebia metade das gorjetas.

Consegui esse emprego graças ao meu pai, então a equipe tinha todo o direito de revirar os olhos enquanto zombavam de mim, mas eu estava tão animado por estar lá e trabalhei tanto que todos me tratavam como um irmão mais novo.

Então, uma tarde, durante um horário de almoço movimentado, abri a porta do aparador no salão onde eram guardados os talheres, os guardanapos e os pratos limpos. O armário estava tão abarrotado que uma pilha alta de pratos de pão e manteiga ficou apoiada contra a porta fechada, pronta

Hospitalidade Irracional

para cair; assim que abri a porta, os pratos escorregaram, caindo no chão e se quebrando em um milhão de pedaços.

O estrondo foi ensurdecedor, e o movimentado restaurante ficou em silêncio por um segundo ou dois. Algumas pessoas bateram palmas.

O barulho, o desperdício, a bagunça, o erro — fiquei mortificado. Eu certamente não precisava que mais ninguém ficasse com raiva de mim. No entanto, as portas da cozinha se abriram e o chef de cozinha veio correndo aos gritos em minha direção. Ali na frente de todos — meus colegas e todos os clientes — ele me disse, a plenos pulmões, exatamente o que pensava sobre minha falta de jeito.

Sempre me lembrarei da vergonha e da raiva que senti naquele dia quando lido com um erro cometido por alguém de minha equipe. Nunca me esqueço do impacto — para o bem ou para o mal — que o gesto de um líder pode ter. E a mensagem geral que o chef de cozinha estava enviando era muito clara: ele não respeitava a mim nem a ninguém que trabalhava no salão. Na opinião dele, para que um bom jantar fosse considerado bom, apenas a comida importava; nós estávamos lá apenas a serviço de qualquer mágica que ele estivesse fazendo na cozinha.

Achei aquilo péssimo.

O pato que comi naquele jantar com meu pai no Four Seasons estava delicioso, mas fazia parte de um quadro muito maior — o ambiente espetacular, as obras de arte, a iluminação, os arranjos florais, as toalhas de mesa, os talheres, os uniformes impecáveis da equipe — e a maneira como eles fizeram com que eu, aos 12 anos, me sentisse a pessoa mais importante do lugar. Essa combinação criou uma atmosfera de pura magia. A comida fazia parte dessa magia, mas não era tudo.

Durante a maior parte do século XX, ao sair para jantar, você ia para ver e ser visto; o nome do chef não estava no cardápio. A partir da década de 1980, no entanto, com o advento do chef famoso, as atenções se voltaram para a cozinha. As pessoas estavam comendo melhor do que nunca, porém a hospitalidade havia sofrido um golpe. Pessoalmente, não gosto do meu bife bem passado, mas defenderei seu direito de pedir o seu assim sem ser alvo de um sorriso desdenhoso — ou, em alguns lugares, da recusa total da cozinha em prepará-lo dessa maneira.

Buscando uma Parceria verdadeira

Eu adorava restaurantes e queria trabalhar com uma equipe que cuidasse muito bem das pessoas a quem servíamos. Mas aceitei que a alta gastronomia não era para mim.

Então, quando Danny perguntou, em nossa reunião, o que eu achava de me tornar o gerente-geral do Eleven Madison Park, eu não soube o que responder.

Nunca Diga Nunca

O Eleven Madison Park ficava no mesmo prédio que meu antigo refúgio, o Tabla, mas não poderia ser mais diferente dele.

O histórico edifício Art Deco foi projetado como uma casa para a Agência de Seguros de Vida Metropolitan Life. Se tivesse sido construído conforme planejado, teria sido o arranha-céu mais alto do mundo. Mas a Grande Depressão atingiu os Estados Unidos logo após o início da construção, em 1929, e somente trinta dos mais de cem andares projetados foram construídos. Com isso, os ambientes do saguão no andar térreo, onde ficavam os restaurantes, eram escandalosamente grandiosos — a ideia era construir um prédio três vezes maior.

No Tabla, esse espaço vertical foi dividido ao meio. Mas o Eleven Madison Park foi projetado para causar impacto; nele, o teto era elevado.

A palavra a que sempre remeto quando descrevo o ambiente do EMP é *significativa*. Outra maneira de dizer isso é: quando você entra no salão pela primeira vez, fica de queixo caído.

A escala é impressionante: teto com nove metros de altura, piso de tijoleira estendendo-se à sua frente por dias e enormes janelas de dois andares com vista para o Madison Square Park. Ao cruzar a soleira, você sente que está de volta ao passado vibrante de Nova York, em um ambiente que captura o espírito de uma era perdida. Um espaço como esse não será — não pode ser — recriado atualmente; algo parecido jamais será construído novamente.

Danny havia construído uma brasserie de sucesso lá, o tipo de restaurante francês alegre e divertido onde você sabia que seu martíni estaria gelado e que as batatas fritas seriam deliciosas. Ele equipou o salão com banquetas de couro preto e contratou o artista Stephen Hannock para fazer

Hospitalidade Irracional

uma peça enorme para a parede dos fundos. Arranjos florais gigantescos ancoravam os dois salões e os garçons passavam por eles carregando pratos clássicos, robustos e de borda vermelha, carregados com côte de boeuf e outras refeições do cardápio francês.

As pessoas adoravam aquela versão do Eleven Madison Park, mas Danny sempre sentiu uma incômoda desconexão entre o ambiente e o propósito que dera a ele. Os clientes também sentiam isso. Eles reservavam mesas para comemorar aniversários e datas importantes; muitos pedidos de casamento aconteciam ali. Isso era estranho, porque, na época, o EMP não era um restaurante voltado para ocasiões especiais — mas *parecia que era*. A magnificência do salão e o drama exagerado do ambiente pareciam exigir determinada vestimenta e a comemoração de uma ocasião especial; não era um lugar onde você ia para comer um hambúrguer.

O EMP foi aberto em 1998 com uma crítica de duas estrelas do *New York Times*. Após receber outra crítica mediana de duas estrelas em 2006, Danny decidiu reconsiderar uma ideia que o incomodava há muito tempo e pediu a Richard Coraine que viajasse pelo país para encontrar um chef que pudesse elaborar uma refeição refinada o suficiente para combinar com aquele ambiente espetacular.

Daniel Humm tinha apenas 29 anos, mas começou a cozinhar profissionalmente em alguns dos melhores hotéis e restaurantes suíços aos 14 anos, ganhando sua primeira estrela Michelin aos 24 anos. Sua culinária em Campton Place rendeu ao restaurante quatro estrelas do *San Francisco Chronicle* em uma crítica que elogiou sua abordagem contemporânea da culinária europeia voltada para a técnica.

A história é que Richard saiu do Campton Place para ligar para Danny mesmo antes de terminar sua refeição: "Acho que encontrei o nosso cara."

Daniel começou com o pé direito no EMP, sua comida era ótima e melhorava a cada dia. Mas o restaurante como um todo não estava funcionando. O gerente-geral havia sido contratado por outro grupo de restaurantes, e a abordagem dele não combinava bem com a equipe que trabalhava ali, com o novo chef ou com a cultura do Union Square Hospitality Group. Então, alguns meses depois, Daniel disse a Danny que achava que o restaurante precisava de um novo gerente-geral.

Danny concordou, desde que fosse alguém de dentro da empresa.

Buscando uma Parceria verdadeira

Ao que Daniel respondeu: "Tudo bem. Que tal o Will?"

Nós dois ainda não nos conhecíamos bem, mas toda semana os gerentes-gerais e os chefs do USHG se reuniam em torno de uma grande mesa na sala de reuniões dos escritórios do Union Square. Ao final de cada reunião, todos compartilhavam os projetos em que estavam interessados, e embora eu fosse o mais novo da sala, estava tão empolgado com tudo o que estávamos fazendo no MoMA que falava mais do que qualquer pessoa: "Pessoal, conseguimos esta *incrível* cafeteira BUNN preta fosca!"; "Estou lançando uma competição em toda a empresa para escolher o melhor barista. Monte sua equipe, porque convenci uma empresa de café a patrocinar uma viagem à Itália como prêmio!"; "Vocês precisam ouvir o que tenho a dizer sobre este carrinho de sorvete italiano — sério, vocês já viram algo tão perfeito quanto esta colherzinha azul?"

Daniel provavelmente ficou irritado com minha tagarelice nessas reuniões, mas conseguiu sentir minha paixão, o que o fez pensar que eu poderia ser um bom candidato para a tarefa que tinha pela frente.

Enquanto isso, fui pego de surpresa pela oferta de Danny — e não fiquei imediatamente empolgado. Eu nem sequer sabia muito sobre jantares finos, e ele estava propondo me mandar para o restaurante que ele estava tentando transformar no melhor restaurante da empresa?

Liguei para meu pai.

"Não sei", eu disse a ele. "Não importa quão incrível seja um chef, não quero trabalhar para um. Tem que ser uma parceria: não consigo trabalhar com uma pessoa que não respeita o que estamos fazendo no salão."

Meu pai sempre disse: **corra em direção ao que você quer em vez de fugir do que você não quer.** Então ele me perguntou diretamente: "Qual é o emprego dos seus sonhos?"

Minha resposta estava na ponta da língua. "Quero comandar o Shake Shack."

Na época, só havia um, mas eu era obcecado por ele. Adorava o conceito e a comida (ShackBurger, batatas fritas com queijo ao lado e uma Coca-Cola. Ainda *sou* obcecado pelo Shake Shack.)

Meu pai disse: "Você adora trabalhar para o Union Square Hospitality Group. Você quer crescer junto com a empresa?"

Eu disse a ele que sim.

Hospitalidade Irracional

"Bem, se você quer que eles estejam lá quando precisar deles, então precisa estar lá quando eles precisam de você."

Voltei para Danny com uma proposta. "Serei o gerente-geral do Eleven Madison Park por um ano — se no final desse ano eu puder trabalhar no Shake Shack."

Ele concordou.

Tomando Decisões Juntos

O próximo passo foi um encontro entre Daniel e eu, e eu estava bastante nervoso com isso. Eu tinha me distanciado de um certo nível da alta gastronomia por causa da supremacia do chef. Minha experiência não foi única: naquele mundo, parecia haver uma divisão inerente entre as pessoas que cozinhavam a comida e aquelas que a serviam. Fazíamos todos parte do mesmo time, mas geralmente não parecia ser assim. Parecia uma disputa de cabo de guerra entre um lado e outro — e em jantares finos, o vencedor geralmente era o chef. Se eu fosse para o Eleven Madison Park, precisava saber que Daniel estava disposto a abordar nossa parceria de uma maneira nova.

Nos conhecemos no Crispo, um animado restaurante italiano na Fourteenth Street, onde descobrimos um amor mútuo por massas e Barolo. Havia algumas semelhanças entre nós. Eu trabalhava em restaurantes desde os 14 anos; ele também. Ambos éramos perfeccionistas, apaixonados pelo que fazíamos e não tínhamos vergonha de ser ambiciosos.

Também havia algumas diferenças importantes. Daniel cresceu na Europa, trabalhando em restaurantes extremamente clássicos com três estrelas Michelin, enquanto eu conferia os refrigeradores na Restaurant Associates e aprendia uma forma mais calorosa e descontraída de hospitalidade com Danny Meyer. Então tínhamos visões de mundo — especialmente do mundo da hospitalidade — muito diferentes. No entanto, em última análise, sentimos que essas diferenças seriam complementares.

Terminamos a noite em um bar dominicano, a duas portas do Crispo, bebendo cerveja até tarde. Foi lá que abri meu coração com Daniel e contei por que me sentia tão desconfortável com o conceito de jantares finos.

Buscando uma Parceria verdadeira

"Eu amo a hospitalidade", disse a ele. "Quero fazer as pessoas felizes. Não quero passar a vida inteira convencendo você de que o que eu faço é tão importante quanto o que você faz. Se isso não for uma parceria — se o que acontece no salão não importa tanto quanto o que acontece na cozinha — prefiro nem começar."

Uma comunicação mais aberta entre a cozinha e o salão também fazia sentido para Daniel. Ele havia trabalhado em um restaurante europeu onde a equipe de culinária *era proibida de entrar no salão*. Em outro lugar, instalou-se uma janela de acrílico na área de passagem de pratos (a área da cozinha em que a comida é preparada e finalizada antes de ser levada para as mesas), de modo que a equipe de atendimento não pudesse falar com as pessoas que trabalhavam na cozinha; em vez disso, eles se comunicavam por meio de anotações.

Isso é doloroso. A equipe de cozinha não vê o rosto dos clientes se iluminarem de expectativa e apreço quando a comida chega à mesa, como fazem os garçons e os atendentes; eles não veem o cliente se deleitar de prazer com a primeira mordida perfeita. Um chef não deveria ter que verificar os pratos voltando para a estação de lavagem para saber se as pessoas de determinada mesa gostaram de sua comida.

Assim que Daniel e eu fomos para nossas respectivas casas naquela noite, mais para lá do que para cá, ambos tomamos uma decisão que guiaria a trajetória de nossa empresa ao longo de sua existência: decidimos que seríamos um restaurante administrado por ambos os lados do muro.

Um restaurante comandado pelo chef sempre fará o que for melhor para a comida, enquanto um dirigido pelo gerente do restaurante sempre fará o que é melhor para o serviço. Mas ao optarmos por tomar decisões juntos, acabaríamos fazendo o que fosse melhor para o restaurante como um todo.

DEFININDO EXPECTATIVAS

"Ser o restaurante quatro estrelas da próxima geração."

Essa foi nossa primeira declaração de missão no Eleven Madison Park e aquela que Daniel e eu criamos de maneira mais orgânica durante aquelas primeiras cervejas no bar dominicano e em várias noites depois disso.

Na época, a cena gastronômica em Nova York estava florescendo. Muitos dos estabelecimentos clássicos de alta cozinha da velha guarda de Nova York, como o Lutèce e o La Caravelle, haviam fechado. As pessoas, principalmente os mais jovens, não queriam mais aquele tipo de formalidade monótona.

Alguns restaurantes sofisticados estavam prosperando, mas mesmo aqueles que adorávamos, como o Jean-Georges, o Daniel, o Per Se e o Le Bernardin, pertenciam e eram administrados por pessoas 20 e tantos anos mais velhas do que nós. Embora tivessem legiões de frequentadores devotados, esses restaurantes eram rígidos e não vanguardistas. Como eram muito apreciados, não estavam no foco da conversa.

Enquanto isso, Daniel e eu estávamos na casa dos 20 anos, e as pessoas da nossa idade eram as que mais se empolgavam com lugares caracterizados pela irreverência e informalidade. A massa do Babbo era impecável — e você podia comer ao som de *Led Zeppelin IV* bem alto. No Ssäm Bar, a primeira coisa que você via ao entrar era uma fotografia em tamanho real do combativo tenista John McEnroe — e essa foto era a única decoração do ambiente. A área de jantar do Prune era do tamanho do quar-

Definindo Expectativas

to de um apartamento em Nova York, e a cozinha aberta ficava tão perto das mesas que um cozinheiro de linha podia e, inclusive chegava a, estender a mão para colocar uma tigela de azeitonas na mesa. E os coquetéis mais perfeitos e inovadores do mundo podiam ser encontrados em um bar clandestino no qual você entrava por uma cabine telefônica em uma lanchonete de cachorro-quente no East Village.

Esses restaurantes abriram caminho para o que viria alguns anos depois: o Kung Pao Pastrami, no Mission Chinese, e a torta Cheezus Christ, no Roberta's, um antigo armazém mal convertido, com piso de concreto e grafite Bushwick. Esses restaurantes serviam a melhor comida que os Estados Unidos tinham a oferecer e mudaram completamente a culinária norte-americana. Os donos gastavam dinheiro com os ingredientes, não com itens sofisticados de cristal, e os garçons que eles contratavam eram mais propensos a ter piercings e tatuagens do que parecerem franceses vestindo smokings.

Mas, por mais maravilhosa que fosse a comida desses lugares, faltava uma grande parte da experiência de hospitalidade. O *bo ssäm*, no Momofuku, era uma paleta de porco cozida por horas que você embrulhava em alface em uma tábua com ostras. Esse era, sem dúvida, um dos pratos mais deliciosos que você poderia comer em Nova York. Mas o restaurante não aceitava reservas e não havia espaço para esperar lá dentro caso estivesse lotado. Então, se você quisesse comer aquela carne de porco assada lentamente, tinha que ficar em pé por uma hora lá fora no frio de fevereiro — e o lugar que tinha para sentar era em um banquinho de madeira compensada sem almofada ou encosto.

Daniel e eu imaginávamos um restaurante requintado onde pudéssemos nos divertir e que não parecesse que algum adulto bateria em nossos dedos por não estarmos sentados direito. Mas queríamos fazer isso sem sacrificar nenhuma das comodidades excepcionais e as gloriosas tradições de serviço que fazem com que uma refeição seja requintada, memorável e especial. Queríamos unir o cuidado e a atenção, assim como a excelência e o luxo, de um clássico jantar quatro estrelas com a surpresa e o deleite — a *diversão* — de uma experiência mais casual.

Queríamos fazer com que as refeições requintadas fossem bacanas.

De qualquer maneira, esse era o sonho. Na realidade, tínhamos um longo caminho a percorrer.

Reconhecimento Importa

Nunca se deve desperdiçar uma oportunidade de reunir informações antes do primeiro dia de trabalho.

Felizmente, eu tinha uma equipe que conhecia bem trabalhando no EMP. Sam Lipp, um cara entusiasmado com uma paixão incomparável por fazer as pessoas felizes, havia ido para o EMP alguns meses antes, junto com nossa colega Laura Wagstaff; os dois estavam entre meus melhores gerentes no MoMA. Então, antes de começar, convidei Laura para tomar um drinque.

Laura é implacavelmente determinada, uma solucionadora de problemas brilhante e uma defensora incansável das pessoas que trabalham para ela, e é por isso que me sinto mais feliz quando ela está ao meu lado, sussurrando em meu ouvido. É Laura quem me diz quando um membro da equipe precisa de um pouco de TLC (Ternura, Amor e Cuidado), quando estou sendo muito crítico e quando estou analisando as coisas a partir da perspectiva errada. É ela quem bate em meu ombro e diz: "Ei, isso precisa de um pouco de refinamento" ou "Você precisa relaxar um pouco". (Se ainda não estiver claro, acho que todo líder deveria ter uma Laura — alguém que se sinta à vontade para dizer quando você não está agindo de acordo com a melhor versão de si mesmo.)

A outra coisa sobre Laura? Ela nunca reclama. Nunca. Então, quando ela balançava a cabeça durante o coquetel, dizendo que o que estava acontecendo no EMP era ruim, eu sabia que era ruim.

Ou, em suas palavras: "ruim *demais*".

O primeiro problema, ela disse, foi que as pessoas que trabalhavam lá se dividiram em dois grupos.

Um era a velha guarda, os garçons e os gerentes que trabalhavam no restaurante há anos. O EMP tinha apenas duas estrelas naqueles primeiros anos, mas como era um restaurante popular e muito movimentado, tinha uma tonelada de frequentadores assíduos; por isso, os garçons que trabalhavam lá conseguiam ter uma vida tranquila. E o estilo de atendimento condizia com a comida, ou seja, simpático e descontraído, sem grande ênfase no rigor ou no requinte.

O outro grupo era o esquadrão dos restaurantes finos, os gerentes que haviam entrado com Daniel. Eles vinham de restaurantes de prestígio em todo o país e sabiam que o EMP poderia ser excepcional. Infelizmente, não estavam

Definindo Expectativas

fazendo um bom trabalho em trazer a equipe existente para seu estilo de serviço ou em ajudar as pessoas que não eram adequadas para esse tipo de serviço a encontrar outra função. Eles queriam que a equipe fizesse as coisas do jeito deles — do jeito "certo" — e ficavam constantemente irritados porque todos não estavam cumprindo seus padrões exigentes.

Com isso, os garçons e os gerentes que administravam o restaurante há anos e se orgulhavam de tudo o que tinham construído estavam inquietos e se sentindo desrespeitados, enquanto a equipe de restaurantes finos estava frustrada com a falta de progresso em direção à excelência.

Em suma, todo mundo estava irritado.

O atrito dentro da equipe era agravado pelo fato de o restaurante estar muito desorganizado. Havia muitos padrões em vigor, mas nenhum sistema de verdade para mediar a comunicação. Não é de surpreender que isso tenha levado a *muita* inconsistência.

Na minha primeira semana lá, observei um gerente de salão corrigir a maneira como um garçom carregava uma bandeja. O pobre rapaz não tinha dado mais de dez passos antes que outro gerente o parasse e dissesse para ele segurar a bandeja do jeito que ele estava segurando antes. Uma pequena inconsistência, tudo bem — mas se os dois não conseguissem entrar em um acordo sobre como queriam que uma bandeja fosse transportada e comunicar isso às pessoas que as carregavam, que esperança poderia haver para um ajuste mais amplo?

Enquanto isso, um cardápio que era mais ou menos igual há anos agora mudava o tempo todo. Muitos dos fornecedores eram especiais e novos, e o tipo de cliente que estava entusiasmado com a comida de Daniel *fazia questão* de saber de qual fazenda do interior vinha o *chèvre* e quais ervas da encosta os cabritinhos comiam na primavera. Mas eram muitas informações chegando a todo momento — e havia uma tonelada delas, incluindo uma lista de vinhos enorme que aumentava cada vez mais; então ninguém seria capaz de absorver tudo tão rápido, principalmente vinte minutos antes de compartilhar toda essa informação encantadora com os clientes.

Além disso, o salão tinha o mesmo número de lugares de quando o EMP servia bife com batatas fritas. Não é incomum, mesmo em um restaurante mais bem administrado, haver um momento de verdadeira agitação no horário mais badalado da noite de sábado; isso é parte do que torna o restaurante tão divertido. Mas também há uma razão para não haver restaurantes

Hospitalidade Irracional

quatro estrelas com 140 lugares; você simplesmente não consegue servir esse tipo de comida — ou oferecer esse nível de serviço — no volume de uma brasserie.

Portanto, o serviço básico, preto no branco, havia falhado. Os convidados tinham que esperar além do horário de reserva e, após finalmente se sentarem, aguardavam muito tempo para comer. Durante as piores noites, o bar ficava lotado de pessoas já sem paciência.

Em um fim de semana, houve uma disparidade entre o número de reservas que o restaurante estava aceitando e o que a cozinha era capaz de oferecer; a equipe começou a cantarolar a música do Guns N' Roses, "Welcome to the Jungle", quando se encontravam na estação de serviço. Eles deveriam estar oferecendo uma experiência elegante e graciosa, mas um gerente de salão virou-se para Laura e disse categoricamente: "Poderíamos muito bem estar trabalhando no Denny's".

Por ser um restaurante de Danny Meyer, a equipe respondeu rapidamente com champanhe de cortesia, junto com desculpas generosas pela espera. Mas havia tantas taças que era mais fácil derramar do que beber. As pessoas vinham jantar no novo EMP porque adoravam os restaurantes de Danny Meyer ou porque tinham ouvido falar muito bem da comida de Daniel. Em ambos os casos, elas estavam saindo desapontadas. O restaurante estava deixando as pessoas mais frustradas do que felizes.

Leve sua Equipe com Você

Há uma vantagem fascinante e possivelmente negligenciada que as empresas com culturas fortes têm: quando um novo funcionário chega na empresa, qualquer outra maneira de fazer as coisas parece errada.

E *errado* é o clima que se instalou no EMP no meu primeiro dia de trabalho lá.

Em retrospecto, agora consigo nomear tudo o que estava sendo feito de forma inadequada e dizer o que fiz para corrigir. Na versão heroica dessa história, fiz uma pose magistral e enumerei uma série de princípios inspiradores de gerenciamento que transformaram o restaurante em uma semana.

Mas a verdade é que a maneira de Danny fazer as coisas — a maneira como ele tratava os funcionários e os clientes — estava tão impregnada em minha mente que, nos primeiros meses, eu apenas agi por instinto.

Definindo Expectativas

E a equipe precisava ser trazida junto. Eles precisavam se sentir vistos e apreciados. Precisavam que as expectativas fossem claramente definidas e explicadas. Precisavam de disciplina para ser consistentes. Precisavam se sentir como parte vital e importante de uma emocionante mudança radical, não como obstáculos para que isso acontecesse.

Do ponto de vista administrativo, precisávamos voltar aos princípios básicos e, no Union Square Hospitality Group, o princípio básico é *cuidar uns dos outros*. O esquadrão que antes trabalhava em restaurantes finos não vinha do USHG — e mesmo que eles fossem capazes de absorver esse aspecto crucial da cultura voltada para o funcionário, eles estavam tão focados em deixar sua marca no restaurante que deixaram o princípio central cair no esquecimento. É por isso que Danny insistiu que o próximo gerente-geral fosse de dentro da empresa; para ele, esse aspecto da cultura não era negociável.

Para preencher a lacuna entre os dois grupos distintos que se formaram, era fundamental melhorar a comunicação. Ao mesmo tempo, precisávamos de sistemas para que todos soubessem o que deveriam fazer e como deveria ser feito.

Minha esperança era que ambas as soluções fizessem a equipe inteira se sentir mais segura — e a inspirasse a participar de nossa missão. Havia muito a ser feito para melhorar o restaurante, mas não faria sentido fazer nada disso se as pessoas que trabalhavam lá não gostassem de ir para o trabalho. Se eu não conseguisse reunir corações e mentes para um projeto maior, então a grande perspectiva de um impulso em direção à excelência já estaria morta quando a alcançássemos.

Líderes Ouvem

Eu tinha ouvido boatos de que, alguns anos antes, um cara chamado Christopher Russell havia causado uma grande impressão em sua equipe com o primeiro discurso como gerente-geral no Union Square Cafe. (Eu não estava lá, então vou parafrasear.)

Ele disse: "Estou muito animado por estar aqui; acredito e gosto deste restaurante com todo o meu coração. Também tenho clareza sobre qual é meu papel, que é fazer o que é melhor para o restaurante, não o que é melhor para qualquer um de vocês. Na maioria das vezes, o que é melhor para

Hospitalidade Irracional

o restaurante inclui fazer o que é melhor para vocês também. Mas a única maneira de cuidar de todos como indivíduos é sempre colocar o restaurante em primeiro lugar."

Eu *adorei* isso. Foi uma demonstração de liderança profundamente confiante — tanto um grito de guerra quanto uma maneira de dizer à equipe, de cara, exatamente o que poderiam esperar dele como líder.

Fui inspirado a usar essa mesma abordagem como modelo para meu discurso de primeiro dia. Exceto que Christopher havia trabalhado como garçom e gerente no Union Square Cafe por anos antes dessa promoção. Ele conhecia cada centímetro do restaurante e cada uma das pessoas naquela sala, até os coquetéis favoritos e o nome dos animais de estimação delas. As pessoas confiavam nele. Ele ganhou o direito de fazer aquele discurso. Eu não.

Um dos melhores conselhos que já recebi sobre começar em uma nova empresa é: **não queira chegar arrasando. Adapte-se aos poucos à nova situação.** Passei esse conselho para aqueles que se juntaram a mim: não importa quão talentoso você seja ou quanto você tem a agregar, reserve um tempo para entender como a empresa funciona antes de tentar causar algum impacto.

Ter pessoas que eu já conhecia na equipe, principalmente aquelas em quem eu confiava tanto, como Laura e Sam, foi uma bênção. Mas, além dos insights que eles me deram, eu não sabia de mais *nada*. Então, embora eu estivesse tentado a fazer um daqueles discursos empolgantes no primeiro dia a respeito do que estávamos pretendendo para o restaurante, primeiro eu precisava saber em que pé ele estava.

Uma das partes mais difíceis de chegar em um ambiente novo é que cada um conta uma história diferente. Você precisa se conectar com todos e aceitar que pode levar um minuto para identificar se aquele gerente é realmente uma pessoa horrível ou se o modo como ele pensa apenas difere do modo como quem está reclamando pensa. **Você nem sempre concordará com tudo o que ouvir, mas precisa começar por aí.**

Naqueles primeiros meses no EMP, houve muitas acusações e muita culpa sobrando para todos; nunca estive em uma situação em que ficasse tão claro que todos estavam errados *e* certos ao mesmo tempo. Alguns da velha guarda *estavam* reclamando bastante — mesmo assim, não era difícil

Definindo Expectativas

enxergar por que tantos deles achavam que a equipe do jantar requintado precisava relaxar.

Não importava quem estava certo e quem estava errado, porque *ninguém* estava se comunicando de maneira eficaz. A equipe da linha de frente não se falava porque ninguém falava com eles e não escutavam uns aos outros porque sentiam que ninguém os ouvia. Então, nas primeiras semanas lá, conversei com cada membro da equipe para ouvi-los.

Isso foi um aprendizado em si; consegui obter muitas informações sobre o restaurante que, de outra forma, levaria muito tempo para descobrir. Essas conversas também me ensinaram que o tempo gasto vale muito a pena. Sentar-se para conversar com as pessoas mostra a elas que você se preocupa com o que pensam e como se sentem e torna muito mais fácil fazer com que elas confiem que você tem o melhor interesse em mente.

Por isso, mais tarde eu pediria aos gerentes que parassem de sentar juntos durante a refeição da equipe que os funcionários compartilham antes de o restaurante abrir. Se eles se misturassem com os outros, aprenderiam, assim como eu, que a refeição é a oportunidade perfeita para trocar ideias e ter outras perspectivas que, de outro modo, poderiam passar despercebidas.

Encontre os Tesouros Escondidos

Meu pai tinha o próprio pelotão no Vietnã. Ele era o primeiro a dizer que sua equipe não era das melhores e, provavelmente, acabou ficando com aquele pelotão porque nenhum outro queria.

Um dos soldados, apelidado de Kentucky em referência ao seu estado natal, era preguiçoso, não estava em boa forma, não tinha coordenação motora e sua mira era terrível. Ele também não era o mais esperto; nos primeiros dias, meu pai chegou a duvidar se Kentucky estava conectado com o mundo real.

Meu pai direcionou sua frustração inicial na tarefa de conhecer a equipe. Conversando com Kentucky, descobriu que o garoto havia passado a vida inteira no interior denso e escuro do sul rural, o que havia desenvolvido nele um senso de direção quase sobrenatural. Isso também significava que, não importa quão escuro estivesse nas selvas do Vietnã, não importa quão densa fosse a folhagem ou quão confuso fosse o terreno, Kentucky sempre conseguia encontrar o caminho — ao contrário de meu pai e de todos os

Hospitalidade Irracional

outros do pelotão, que vinham da cidade e estavam experienciando essas condições pela primeira vez.

Com base nisso, meu pai mudou a posição de Kentucky do meio do pelotão, onde foi colocado para controle de danos, para a frente, onde se destacou durante o restante da missão. Ao conhecê-lo melhor, meu pai transformou um dos piores soldados do pelotão em um de seus homens mais fortes.

Ele me dizia que, nos negócios, você escolhe sua equipe; mesmo que a herde, é você quem decide se quer continuar trabalhando com ela ou não. Na guerra, sua equipe é atribuída a você e não há como demitir ninguém; muitos deles nem querem estar lá. As consequências de uma má decisão no Vietnã eram consideravelmente mais severas do que um prato de comida que acabava na mesa do cliente errado.

A responsabilidade de um líder é identificar os pontos fortes das pessoas em sua equipe, não importa quão escondidos esses pontos possam estar.

Pensei muito nisso enquanto conversava com a nova equipe do EMP. Era tentador demitir todos que tivessem a reputação de serem funcionários menos do que incríveis; por fim, algumas pessoas *precisariam* ser dispensadas. Mas, primeiro, eu precisava ter certeza de que não havia nenhum talento oculto por trás de seu desempenho inferior.

Eliazar Cervantes estava tendo problemas em seu papel de garçom da cozinha; os gerentes reclamaram diversas vezes que ele não se importava. O que, de certa forma, era verdade, porque Eliazar não estava particularmente interessado em aprender sobre a comida. É claro que ele não conseguia se lembrar quantos anos tinha determinado vinagre balsâmico; ele não era apaixonado por isso.

Após passar um tempo com ele, descobri algo que os outros não tinham. Ele era incrivelmente organizado e um líder natural, o tipo de pessoa que assumia autoridade com facilidade e conseguia se manter firme mesmo quando parecia que tudo estava saindo dos trilhos. A solução não foi repreendê-lo ou demiti-lo, mas dar-lhe uma função diferente.

Eliazar se tornou um expedidor de alimentos na cozinha. O expedidor é a pessoa que diz aos cozinheiros quando começar a preparar os alimentos e garante que cada prato chegue à pessoa certa na mesa certa em tempo hábil. Um bom expedidor saberá exatamente qual é o pedido de uma mesa, se as pessoas já estão terminando o prato anterior e quanto tempo levará

Definindo Expectativas

para cozinhar as entradas. Em um restaurante como o EMP, ele pode ter que memorizar os pedidos de trinta mesas diferentes a qualquer momento.

Ou seja, o expedidor rege uma sinfonia todas as noites e garante que os aviões não colidam no ar. É um dos trabalhos mais importantes em qualquer restaurante e também um dos mais difíceis.

Ver Eliazar fazer isso era como ver alguém jogando xadrez em três dimensões. Após passar de uma posição sem nenhum componente organizacional ou oportunidade de liderança para outra que dependia dessas habilidades, Eliazar rapidamente incorporou sua função, e todo o restaurante pôde ver sua genialidade.

Ele passou a brilhar como expedidor-chefe no Eleven Madison Park por anos, tornando-se parte essencial de nosso sucesso. Encontrar seus dons ocultos e os de outras pessoas da equipe foi um passo importante. As peças estavam começando a se encaixar.

Mantenha as Emoções Longe da Crítica

Sabe quando um dos seus amigos não está mais amando, mas não consegue se recompor para ter uma conversa difícil com a parceira sobre por que o relacionamento não está funcionando? E então ele age como um perfeito idiota, na esperança de que a outra pessoa se canse e dê o fora? Havia muito disso acontecendo, gerencialmente falando, sob o regime anterior do EMP.

Então, informei à equipe que não tinha medo de ter conversas difíceis — ouvir coisas difíceis ou dizê-las também.

A aula mais valiosa que fiz em Cornell foi espanhol, e a segunda mais valiosa foi aquela em que aprendi a mexer no Excel. Mas também devo dar algum crédito a uma aula chamada Comportamento Organizacional — principalmente porque nos fizeram ler *O Novo Gerente-Minuto*, de Ken Blanchard e Spencer Johnson.

Eu ainda dou *O Novo Gerente-Minuto* de presente a todas as pessoas que promovo. É um recurso incrível, em particular sobre como dar feedback. Minhas maiores conclusões foram: **critique o comportamento, não a pessoa. Elogie em público; critique em particular. Elogie com emoção, critique sem emoção.**

Hospitalidade Irracional

Quando alguém que trabalhava para mim executava bem uma tarefa, eu fazia questão de encontrar uma maneira de elogiar essa pessoa na frente de tantos colegas quanto possível. Receber elogios, especialmente na frente dos colegas, é viciante. Você sempre quer mais.

Para garantir que estávamos fazendo isso de maneira consistente, instituímos o prêmio mensal Made Nice, em que toda a equipe de gerenciamento votava em uma pessoa da cozinha e em uma pessoa do salão que tivesse ido além das expectativas — seja com clientes ou com colegas.

Isso foi inspirado nos prêmios de Funcionário do Mês que você encontra em lugares como o McDonald's. As pessoas geralmente não gostam muito desses prêmios, pois ficam desatualizados após quatro meses e pendurados em uma moldura cafona do lado de fora do banheiro. No entanto, é maravilhoso **estabelecer um ritmo regular para elogiar as pessoas.**

Colocamos o prêmio Made Nice com a foto do funcionário acima do relógio de ponto, para que tivessem o reconhecimento dos colegas. Também demos um vale-presente de US$100 para usar no próprio restaurante, como uma maneira de eles mostrarem seu local de trabalho a amigos e familiares.

Estávamos preocupados tanto com as críticas quanto com os elogios. Convidei as pessoas da equipe a virem até mim se achassem que poderíamos estar fazendo algo melhor e a fazer isso muito antes que suas frustrações atingissem o ponto máximo. Da mesma forma, encorajei os gerentes a abordar os próprios problemas com a equipe assim que eles surgissem — antes que o problema se tornasse algo muito maior e, portanto, carregado emocionalmente.

Quando jovens gerentes assumem as rédeas do poder — e a maioria dos gerentes em nosso negócio é jovem quando começa, por causa do pouco dinheiro que ganha — eles querem ter aprovação. Eles trabalham com pessoas quatorze horas por dia e, muitas vezes, acabam saindo para beber depois do trabalho. É normal querer ser visto como parte do grupo.

Assim, quando um garçom chega com uma camisa sem passar, você deixa passar essa pequena infração no intuito de criar um ambiente amigável tanto para ele quanto — sejamos francos — para você. Você não diz nada. E não diz nada quando percebe que a camisa não está passada no dia seguinte, e no dia seguinte, e no outro.

Definindo Expectativas

No vigésimo dia, você começa a levar essa roupa amassada para o lado pessoal. A realidade é que esse cara não passou a camisa porque ninguém mandou. Mas, em sua cabeça, ele não está passando a camisa porque não o respeita como gerente, nem o restaurante em que trabalha, nem os outros membros da equipe. A camisa amarrotada é como um sinal de néon piscando para você: esse cara não dá a mínima para a organização incrível que você está tentando construir.

Seu ressentimento aumenta e, então, quando você finalmente consegue resolver esse problema da camisa amarrotada com o funcionário, parece algo pessoal — e emocional. Alerta de spoiler: a conversa que você finalmente terá com ele dará errado.

Em nossas reuniões entre os gerentes, conversamos sobre como evitar momentos como esse. Muitos desses confrontos poderiam ser evitados com correções antecipadas, claras e sem drama — como puxar aquele cara com a camisa amarrotada para o canto no primeiro dia e dizer: "Ei! É bom ver você aqui esta manhã. Essa camisa parece um pouco amarrotada; por que não sobe e dá uma passada nela com o ferro antes de nos sentarmos para nossa refeição em equipe?"

Todo gerente acha que a equipe consegue ler sua mente. No entanto, é importante deixar suas expectativas claras para que a equipe possa alcançar os padrões que você definiu. A responsabilização é fundamental para a excelência da equipe, e as correções devem ser feitas rapidamente sempre que necessário, a fim de normalizar esses padrões.

E corrija os erros *em particular*. Ainda posso sentir o rubor de vergonha e horror que subiu pelo meu colarinho quando o chef de cozinha do Spago gritou comigo no salão. Lembrarei disso pelo resto da vida. E embora tenha sido uma experiência terrível, também serviu para que eu prestasse atenção a um erro que nunca mais quis cometer.

Corrigir um funcionário na frente dos colegas pode resultar em ele nunca perdoá-lo. Na verdade, o muro da vergonha que se levanta pode significar que ele nem conseguiu absorver o que você disse. Se, em vez disso, você falar com ele em particular, haverá uma troca diferente entre vocês.

Seja para crítica ou elogio, é função do líder dar feedback à equipe *o tempo todo*. Mas as pessoas da equipe devem ouvir mais sobre o que fizeram bem do que sobre o que poderiam fazer melhor, caso contrário, podem se sentir desanimadas e desmotivadas. E se você não consegue pensar em

Hospitalidade Irracional

mais elogios do que críticas, isso é uma falha de liderança — ou você não está treinando a pessoa o suficiente, ou tentou e não está funcionando, o que significa que ela não deveria mais estar na equipe.

Essas regras ajudam a equipe a se sentir segura, especialmente se você as praticar de maneira consistente. A consistência é um dos aspectos mais importantes e subestimados de ser um líder. Uma pessoa não pode se sentir segura no trabalho se estiver apreensiva sobre qual versão de seu gerente encontrará em determinado dia. Portanto, se você é o chefe, precisa ser firme e controlar seu humor para não acabar descontando a briga daquela manhã com o cônjuge em um garçom que chegou com a camisa amarrotada.

Esse é o ideal, mas sejamos honestos: **de vez em quando, você vai estragar tudo. Quando fizer isso, peça desculpas.** Existe uma intensidade inerente à paixão pelo que você faz e, às vezes, isso pode levar a melhor sobre você. Certamente, já expressei exasperação e desapontamento de maneiras que não exemplificavam como lidar com um puxão de orelha no local de trabalho. Mas, todas as vezes, fiz questão de pedir desculpas — não pelo feedback em si, mas pela maneira como o transmiti.

Trinta Minutos por Dia Podem Transformar uma Cultura

Apesar dessa conversa piegas sobre ouvir e aprender, no fundo, sou um cara sistemático. Em 2006, o EMP precisava desesperadamente que implantássemos alguns sistemas.

Ao iniciar uma mudança, procuro a melhor alavanca, aquela que me permite transmitir o máximo de força com o mínimo de energia. E não há melhor alavanca do que uma reunião diária de trinta minutos com sua equipe.

A maioria dos restaurantes faz uma reunião diária antes do serviço. Chama-se line-up, ou pré-refeição, e é um momento para apresentar e revisar novos itens do menu, novos vinhos servidos na taça e novas etapas de serviço.

Mas pode ser muito mais do que isso: **uma reunião diária de trinta minutos é o momento no qual um grupo de indivíduos se transforma em uma equipe.** Na verdade, acredito firmemente que, se todo consultório de dentis-

Definindo Expectativas

ta, toda seguradora, toda empresa de mudanças tivesse uma reunião diária de trinta minutos com sua equipe, o atendimento ao cliente como o conhecemos sofreria uma mudança profunda.

No EMP, a maneira como conduzíamos nossas reuniões pré-refeição dava um tom que era pelo menos tão importante quanto aquilo que falávamos. A presença era obrigatória. As reuniões começavam pontualmente às 11h05 e duravam exatamente trinta minutos. No primeiro ano, eu mesmo conduzi todas as reuniões, tanto no almoço quanto no jantar, de segunda a sexta-feira. Eu queria que eles me vissem e soubessem que eu era acessível, responsável por eles e consistente — que faria exatamente o que disse que faria e quando disse que faria.

Nas antigas reuniões do restaurante, os minutos que precediam a refeição eram dedicados exclusivamente aos itens de comida e bebida que seriam servidos no almoço ou no jantar: este será o ingrediente principal, esta é a safra do vinho, ele será servido com este prato e é desta maneira que você deve servir o molho à mesa.

Essa transferência básica de informações era de importância crucial, principalmente porque muita coisa estava mudando. Nos outros restaurantes de Danny Meyer, os gerentes ofereciam notas impressas sobre essas definições, incluindo novos itens do cardápio, novos vinhos e informações sobre novas fazendas e produtores, para que o material pudesse ser levado para casa para ser estudado. Mas, talvez em virtude de sua rápida ascensão, essa prática caiu em esquecimento no EMP.

Então eu imediatamente a reinstituí: não haveria mais ambiguidade sobre o que esperávamos que os garçons soubessem. Todas as descrições do cardápio e dos vinhos tinham que ser cuidadosamente escritas, editadas e revisadas pelos gerentes, que deveriam estar com seus blocos prontos a tempo para a reunião, para que os garçons pudessem fazer anotações durante as apresentações verbais feitas pela equipe da cozinha e pelo sommelier.

Fiquei até tarde todas as noites naquela primeira semana desenhando um modelo para essas notas de alinhamento entre a equipe, para que ficassem bonitas, claras e bem organizadas. Isso não era razoável, mas **a maneira como você faz uma coisa é a maneira como você faz tudo**, e eu queria que essas notas fossem tão bem pensadas e bem apresentadas quanto o pato maturado com cobertura de mel e lavanda que fazemos para nossos clientes. Nesse caso, as

Hospitalidade Irracional

pessoas da equipe receberam minha hospitalidade, e eu não me levantaria e falaria sobre excelência sem estruturá-la eu mesmo.

Quando bem feita, uma reunião pré-refeição enche as pessoas que trabalham para você de energia antes que você peça a elas que saiam e encham as pessoas que elas estão servindo com um pouco dessa energia.

Era importante comunicar padrões consistentes com muita repetição. Um bom gerente certifica-se de que todos saibam o que devem fazer e, em seguida, certifica-se de que o fizeram bem — essa é a parte preto no branco de ser um líder. Mas uma grande parte da liderança envolve reservar um tempo para dizer à sua equipe *por que* eles estão fazendo esse trabalho, e usei os minutos antes da refeição para abordar esse porquê.

Falei sobre qual era o espírito do restaurante e sobre a cultura que estávamos tentando construir ali. Usei essas reuniões para inspirar e incentivar a equipe e para lembrá-los do que estávamos buscando. Aqueles trinta minutos eram nosso momento de comemorar as vitórias, mesmo as pequenas, um momento de reconhecer publicamente quando alguém da equipe estava arrasando.

Nossas reuniões seguiam o mesmo modelo todos os dias, então todos sabiam exatamente o que esperar. Começaríamos com as tarefas domésticas ("Quinta-feira é o último dia para fazer alterações em seu plano de saúde; ligue para a Angie se tiver dúvidas"). Então eu falava rapidamente sobre algo que me inspirou. Podia ser um artigo que li sobre outra empresa ou uma experiência de serviço que tive em outro lugar.

A inspiração estava por toda parte. Um dia, o lugar onde eu normalmente cortava o cabelo estava lotado, então parei em uma barbearia clássica da cidade de Nova York, completa com um Barber Pole e pentes mergulhados em enormes potes azuis de Barbicide e tudo mais. Enquanto eu pagava pelo meu corte de cabelo, o barbeiro me perguntou de maneira um pouco rude: "O que você quer?"

Olhei para cima, confuso; ele estava apontando para três enormes torneiras cheias de gim, vodca e uísque. "Uísque!", eu disse sorrindo, e ele me deu um shot em um pequeno copo descartável, do tipo que o dentista lhe dá para enxaguar a boca, antes de me mandar embora.

Contei essa história naquela tarde antes da refeição da equipe. Quem diabos tinha pensado naquele minishot? Era ridículo, irrelevante, um capricho. Uma pequena dose de generosidade destinada a… o quê? Para superar

Definindo Expectativas

suas expectativas, para mudar de canal, talvez apenas colocar um sorriso no rosto ao sair pela porta. Foi maravilhoso, e eu queria que a equipe se inspirasse nessa história tanto quanto eu.

O início de cada uma dessa refeições começava com uma chamada e uma resposta: "Boa quarta-feira!"; "Feliz quarta-feira!" Elas terminavam com uma também; eu diria à equipe "Bom trabalho a todos!", e eles me respondiam de acordo com a tradição da cozinha francesa: "Oui!"

Você sabia quando tinha sido uma boa reunião pré-refeição pela maneira como eles diziam "Oui!", e eu tive uma dessas naquele dia.

Roubar trinta minutos preciosos antes da refeição de um dia que já seria superlotado era pedir muito; às vezes, minha insistência em fazer essas reuniões era como querer reorganizar as cadeiras do convés do *Titanic*, principalmente porque os gerentes imediatamente me informaram que tomar todos os trinta minutos para a reunião implicaria menos tempo para realizar o trabalho paralelo, que já estava espremido em uma agenda bastante apertada para que tudo ficasse pronto antes de o restaurante abrir.

A resposta, para mim, foi fácil. "Então, vamos reduzir um pouco desse trabalho paralelo para ganhar tempo."

Para nos tornarmos uma equipe, precisávamos parar, respirar fundo e nos comunicarmos uns com os outros. Se isso significasse fazer uma dobra de guardanapo mais básica ou simplificar a apresentação da manteiga para que todos tivessem tempo de se reunir, então era uma troca que eu estava disposto a aceitar. Para mim, nossa conexão como equipe era mais importante do que qualquer outra coisa.

Treine-os para o Sucesso

Naqueles primeiros dias, eu me sentei para conversar com um garçom, um cara inteligente e bem-apessoado que parecia ser perfeitamente adequado para nossa nova missão. No entanto, durante a conversa, ele parecia esgotado e sobrecarregado.

Quando perguntei o que estava acontecendo, ele empurrou um bloco gigante de papel sobre a mesa — as anotações que havia recebido na carta de vinhos. "Acho que não vou conseguir decorar isso", ele disse, e não pude culpá-lo; eu já comecei a me embananar na página três.

Hospitalidade Irracional

Os funcionários que não estão se saindo bem tendem a se enquadrar em dois grupos: os que não estão tentando e os que estão. O resultado final pode ser semelhante, mas os dois precisam ser tratados de maneira diferente: você precisa fazer de tudo para ajudar as pessoas que estão tentando.

Esse era um desses momentos. Sim, eu queria que o EMP tivesse uma das melhores cartas de vinhos do mundo e garçons experientes que pudessem ajudar os clientes a entendê-la com habilidade, mas afogá-los em detalhes não era o caminho para chegar lá. As expectativas eram altas demais. Precisávamos solidificar nossa base antes de adicionar mais histórias. Precisávamos desacelerar para acelerar.

Mais tarde, isso se tornaria um de nossos bordões. Eu lembrava à equipe: "Vocês estão ocupados e há mil coisas que precisam fazer para suas mesas. Mas reservem dez segundos para verificar novamente o pedido que enviaram para a cozinha, porque enviar o pedido errado pode arruinar toda a noite de vocês — e a dos clientes! Se vocês tiverem pressa, podem acabar atrasando todo o funcionamento do restaurante."

Não havia como interromper o progresso em direção a uma experiência de serviço mais refinada e sofisticada; havia muitas pessoas ali, Daniel e eu incluídos, com grandes aspirações para o restaurante. Se parássemos no meio do caminho, aquele grupo sentiria que estávamos desperdiçando nosso ritmo.

Mas já estávamos desperdiçando o ritmo tentando fazer muito em pouco tempo. Tivemos que reconstruir o motor antes de podermos passar para a quinta marcha.

Então, cortei drasticamente o que estávamos pedindo à equipe do salão para aprender. O fato de eu não ter muito conhecimento sobre o tipo de comida e vinho que estávamos servindo ajudou. Como eu estava aprendendo o material junto com minha equipe, tive uma noção melhor do que precisávamos saber — e de quão detalhadas essas informações poderiam ser, enquanto ainda permaneciam digeríveis.

Por fim, sim: conheceríamos todos os sete microclimas de determinado vinhedo e encantaríamos os clientes com as histórias do avô do enólogo e o que o trabalho dele na Resistência Francesa tinha a ver com a imagem enigmática do rótulo da garrafa. Primeiro, porém, o básico: "Este é um chardonnay 2005 feito por Au Bon Climat, na Califórnia, envelhecido em carvalho fran-

Definindo Expectativas

cês neutro. É brilhante e mineral, com acidez, firme e combina perfeitamente com o salmão escocês com daikon, alho-poró e frutas cítricas."

Começamos a dar aos garçons um teste de comida e vinho a cada duas semanas. Provavelmente, alguns membros da velha guarda consideraram isso uma punição, mas fazia parte do movimento em direção à clareza das informações: agora que estávamos comunicando claramente o que esperávamos que as pessoas aprendessem, fazia sentido responsabilizá-las.

No entanto, rejeitei abertamente o primeiro teste de comida e vinho que os gerentes me apresentaram; era muito difícil. "Ninguém vai passar nesse teste! *Eu* mesmo não passaria." O objetivo desses testes não era reprovar as pessoas ou chamar a atenção de ninguém; era garantir que elas se sentissem confiantes e soubessem o que precisavam saber. No fim das contas, uma das maiores responsabilidades de um gerente é **garantir que as pessoas que estão tentando e trabalhando duro tenham o que precisam para ser bem-sucedidas naquilo que fazem.**

Não demorou muito para que finalmente fizesse meu discurso empolgante no estilo de Christopher Russell. Não foi na minha primeira reunião pré-refeição, nem mesmo na trigésima, mas naquela em que finalmente comecei a me sentir confiante de que todos estavam conectados entre si e comigo, e sabiam o que esperávamos deles.

"Vamos fazer deste restaurante um dos melhores de Nova York", eu disse à equipe reunida. "Não será fácil, porque ser o melhor nunca é fácil, mas vamos tentar fazer com que seja divertido. Se isso não for a coisa certa para vocês, eu entendo completamente; vamos ajudá-los a encontrar um lugar em que se encaixem melhor. Mas se a ideia de trabalhar em um dos restaurantes mais empolgantes de Nova York anima vocês, espero que fiquem por aqui, porque estamos prestes a decolar.

"Prometo que tentarei ser consistente, fazer o que é justo e o que é certo." Então citei Christopher: "Também tenho clareza sobre qual é meu papel, que é fazer o que é melhor para o restaurante, não o que é melhor para qualquer um de vocês. Na maioria das vezes, o que é melhor para o restaurante inclui fazer o que é melhor para vocês. Mas a única maneira de cuidar de todos como indivíduos é sempre colocar o restaurante em primeiro lugar."

Terminei com minhas próprias palavras: "Vamos criar o tipo de lugar no qual *nós* queremos comer; vamos criar o restaurante de quatro estrelas para a próxima geração. É isso que almejamos. Vocês estão comigo?"

CAPÍTULO 8

QUEBRANDO REGRAS E MONTANDO UMA EQUIPE

"Hum, Will? Posso falar com você por um momento?"

Aparentemente, eu tinha feito algo errado. Enquanto eu andava pelo salão antes de começar a servir as mesas, reconheci um bom frequentador do Tabla. Foi ótimo vê-lo novamente, então passei alguns minutos na mesa conversando animadamente e colocando o papo em dia.

Alguns minutos depois, o maître, firme em sua função de respeitar as regras de restaurantes finos, veio ao meu encontro. "Você se apoiou na mesa? Quando você estava falando com o cara na mesa 42? Isso não é aceitável em um restaurante como este. Não colocamos as mãos na mesa. Nós nunca fazemos isso." Eu senti a pressão: é estranho retrucar alguém quando essa pessoa também é seu chefe.

"Por quê?" Eu não estava tentando ser um idiota; estava genuinamente curioso.

Pensei que a cabeça dele fosse explodir. "É uma regra clássica de bons restaurantes que você não toque na mesa."

"Mas por quê?"

"Não sei por quê; apenas não fazemos. *Nós simplesmente não fazemos isso.*"

Quebrando Regras e Montando uma Equipe

Foi um momento breve e estranho em um período cheio deles, mas para mim, teve um significado enorme e determinou minha abordagem sobre como avançar.

Antes de entrar no EMP, fiz um breve treinamento no Modern, o restaurante mais formal da empresa de Danny na época. Foi desconfortável. Eu conhecia muitas das pessoas que trabalhavam lá, mas sempre fui o cara casual do café, e eles não se incomodaram em esconder seu ceticismo em relação à minha nova função no Eleven Madison Park. Uma das gerentes seniores chegou a me perguntar: "Por que você acha que vai conseguir se dar bem lá? Você nunca trabalhou em um restaurante quatro estrelas." Ela não estava sendo má; considerando minha formação e meus interesses pessoais, eu não era a opção mais óbvia.

Ao longo dos anos, porém, passei a ver minha inexperiência em restaurantes quatro estrelas não como uma fraqueza, mas como um superpoder. Minha inexperiência me permitiu ter um olhar crítico sobre cada etapa do serviço e interrogar a única coisa que importava: a experiência dos clientes. Determinada regra nos aproximou de nosso objetivo final, que era nos conectar com as pessoas? Ou nos deixou mais distantes disso?

Na maioria das vezes, um treinamento excelente o torna melhor naquilo que faz. Os atletas praticam o dia inteiro, todos os dias, para que a memória muscular do corpo deles assuma o controle assim que a bola ou a raquete estiver em suas mãos. Por definição, um treinamento impecável permite que você execute suas tarefas sem precisar pensar no motivo pelo qual está fazendo isso — o que é fantástico se o seu trabalho é ter uma porcentagem astronômica de lances livres.

Mas a memória muscular nem sempre é uma coisa boa; a experiência de um treinamento como esse também pode ser equiparada a colocar uma venda nos olhos. As pessoas que são meticulosamente preparadas para atuar em jantares refinados estavam fazendo o que sempre fizeram; elas não estavam pensando nas regras que impunham de maneira crítica. Não estavam em posição de determinar se eram regras boas ou não para o funcionamento do restaurante.

Quando você pergunta "Por que fazemos isso dessa maneira?" e a única resposta é "Porque sempre foi assim", essa regra merece ser analisada sob outro ponto de vista.

Hospitalidade Irracional

Saber menos geralmente é uma oportunidade de fazer mais. Não sou inimigo da tradição — na verdade, acredito que grande parte do nosso sucesso no EMP está enraizado em nosso profundo amor pela história dos restaurantes e no respeito pelos diversos rituais clássicos associados a refeições requintadas, mesmo quando estávamos determinados a atualizar esse modelo. Mas uma regra oriunda da tradição que não atende ao cliente — ou pior, que impede que um funcionário cultive um relacionamento genuíno com a pessoa que está servindo? Isso não funcionaria.

Na verdade, eu suspeitava que a fidelidade cega a essas regras era o motivo pelo qual muitos desses restaurantes quatro estrelas bem estabelecidos e muito apreciados tinham fechado.

Os gostos mudam. Minha bisavó não teria reconhecido quase nada nas paredes do MoMA como arte; já eu, que sou de duas gerações depois da dela, adorei. Seguindo esse mesmo raciocínio, meus amigos e eu não queríamos comer no tipo de lugar onde o garçom ficava imóvel como uma estátua ao lado da mesa, com as mãos cruzadas atrás das costas (e, sim, estou usando "garçom" deliberadamente). Eu queria comemorar em um restaurante onde as pessoas que me serviam se sentissem confortáveis o suficiente para se inclinar e conversar — mesmo que isso significasse colocar as mãos na toalha de mesa branca como a neve na minha frente.

No fim das contas, a regra sobre colocar as mãos na mesa foi a primeira de muitas das quais nos livraríamos no Eleven Madison Park.

Em pouco tempo, também começamos a servir nossos suflês "errado". Vou poupá-lo dos detalhes técnicos, mas, na apresentação clássica, o garçom vira o corpo para longe do cliente, terminando com o cotovelo próximo ao rosto dele. *Meu* jeito — o jeito "errado" — permitia que o garçom mantivesse contato visual e conversasse com a pessoa que estava servindo, o que claramente era minha prioridade.

Mais tarde, eram os cozinheiros, em seus uniformes brancos, que levariam a comida para as mesas — e, se eles se sentissem à vontade, eram encorajados a se ajoelharem no chão para servir o prato. Eles nunca tinham feito *isso* no Le Pavillon.

Minha heterodoxia enlouqueceu o grupo de restaurantes finos; como diabos conseguiríamos outra estrela do *New York Times* se não conseguíamos nem mesmo acertar o básico? Mas eu não estava sugerindo que você pudesse

Quebrando Regras e Montando uma Equipe

servir um suflê de qualquer maneira; eu simplesmente queria que fosse feito de modo que a tradição não interferisse na hospitalidade.

Era um tipo diferente de correção.

Do mesmo modo, quando cheguei ao Eleven Madison Park, oferecíamos aos clientes um mimo na saída — um saquinho de canelés. Todos sabem que esses doces escuros, aromatizados com rum e baunilha e assados em moldes especiais de cobre revestidos com manteiga e cera de abelha, são difíceis de fazer, então o mimo era uma última boa impressão quando o cliente estava saindo pela porta.

Para mim, isso parecia desnecessário. Se não os tivéssemos impressionado com tudo o que experimentaram durante a refeição, não era isso que faria a diferença. Na melhor das hipóteses, esses doces seriam devorados no táxi a caminho de casa; e na pior, acabariam estragando em cima do balcão da cozinha da casa de alguém. Os canelés eram muito sobre o que *nós* queríamos servir e não tanto sobre o que os clientes poderiam, de fato, querer comer.

Quando você fica muito envolvido em mostrar sua proeza — "Veja o que podemos fazer!" —, acaba perdendo o foco na única coisa que importa, que é o que deixará o cliente feliz. Então cancelamos os canelés e começamos a oferecer um pote de granola na saída. Porque a maioria das pessoas não come doces franceses obscuros no café da manhã, mas todos se empolgam em sentar e comer uma tigela de granola com iogurte.

Era uma granola de coco e pistache deliciosa, colocada em um potinho com nosso carimbo de quatro folhas. (A granola matinal costumava ser a última foto na postagem sobre a refeição de um cliente do restaurante no Instagram.) Mas também foi um toque final intencionalmente humilde, elaborado para fazer os clientes sentirem que, mesmo depois de todo o luxo suntuoso, eles foram bem recebidos na casa de alguém.

Em restaurantes — e em todas as outras profissões que envolvem o atendimento ao cliente —, o objetivo é se conectar com as pessoas. Hospitalidade significa derrubar barreiras, não erguê-las! Passaríamos os próximos dez anos criando maneiras sistemáticas e intencionais de quebrar essas barreiras. Algumas delas eram complexas, mas a primeira foi fácil: crie um relacionamento genuíno e faça o que for necessário para se conectar com as pessoas a quem você atende.

Contrate a Pessoa, Não o Currículo

Nos primeiros dias no EMP, eu ficava no restaurante o tempo todo.

Foi bom para as pessoas que trabalhavam para mim ver que eu estava nas trincheiras com eles. Eu não hesitava em ajudar, quer isso significasse limpar uma mesa ou atender a um cliente insatisfeito.

O fato é que eu estava lá todos os dias para que um dia eu não precisasse mais estar.

No fim das contas, não importa quão bom *eu* seja em cuidar das pessoas. Isso é pura matemática; mesmo em um restaurante de tamanho modesto, não há como um gerente estar em todos os lugares ou se conectar com todos os clientes de todas as mesas. Um líder precisa ser capaz de confiar em sua equipe para que ela possa performar no mesmo nível que ele. Isso significava que, se eu fosse fazer qualquer tipo de mudança significativa, teria que me cercar de uma grande equipe.

Mas, quando me propus a fazer isso, tomei a decisão consciente de não buscar garçons que tivessem experiência em restaurantes finos. Nossa intenção era inaugurar um estilo de serviço mais elegante, mas descobri que, se contratasse pessoas que trabalhavam em restaurantes finos, elas já viriam com muitos maus hábitos. Então começamos a procurar pessoas com a atitude certa e a filosofia da hospitalidade.

Estávamos procurando o tipo de pessoa que corre atrás de um estranho na rua para devolver um cachecol que ele deixou cair, que aparece com um prato de biscoitos para dar as boas-vindas a uma nova família na vizinhança ou que se oferece para ajudar a carregar o carrinho pesado de um estranho ao subir as escadas do metrô. O tipo de pessoa verdadeiramente hospitaleira, isto é, que deseja fazer coisas boas não por ganho financeiro nem algum tipo de aumento cármico, mas porque a ideia de conceder bondade aos outros faz com que seu dia seja melhor.

Portanto, não importava se os novos contratados não sabiam muito sobre vinho ou como pronunciar *turbot*. Se eles estivessem entusiasmados com o que estávamos fazendo, poderíamos ensiná-los tudo o que precisavam saber.

Logo tratei de implementar uma nova política: todos os contratados começariam servindo, levando a comida da cozinha para o salão. Isso significava que eles começariam na posição mais baixa no salão, mesmo que sua posição anterior em outro restaurante fosse a de gerente-geral.

Na prática, isso ajudou no processo de remoção de ervas daninhas; se alguém hesitasse em começar como garçom da cozinha, provavelmente não seria uma boa opção. E esse sistema nos ajudou a treinar as pessoas de um modo muito mais abrangente, porque o que precisávamos que elas soubessem era muito maior do que a maneira correta de abrir uma garrafa de vinho.

Dizem que a cultura não pode ser ensinada; aprende-se na prática. E que melhor maneira de apreciar a natureza requintada da comida de Daniel do que passar seis meses levando os pratos da cozinha até as mesas? O mais importante é que, embora estivéssemos ensinando às pessoas os pontos técnicos aos poucos, isso lhes daria a oportunidade de absorver totalmente a cultura que estávamos criando muito antes de começarem a aplicá-la no atendimento a um cliente.

E a forma que adotamos para escolher quais pessoas fariam parte da equipe tornou-se fundamental para nosso sucesso.

Cada Contratação Passa uma Mensagem

Sabe quando, nos filmes, o soldado grita "Me dê cobertura" e corre pelo campo enquanto o esquadrão o protege com uma rajada de fogo sobre o inimigo? Tudo bem, é um pouco dramático para uma metáfora sobre trabalhar em restaurantes, mas se você não confiar nas pessoas que vêm atrás de você, nunca realizará aquele grande e heroico gesto de hospitalidade (ou mesmo um minúsculo) que acaba salvando o dia.

Quando o EMP estava funcionando, eu me senti confiante de que toda a equipe estava ao meu lado — literalmente. Digamos que eu estava limpando uma mesa e um cliente começasse a conversar comigo. Não é muito adequado ficar conversando enquanto se segura uma pilha de pratos sujos, mas eu nunca quis desperdiçar uma oportunidade de me conectar com um cliente. Então eu levava o braço com os pratos para trás das costas, sabendo que não importava quanto meus pulsos estivessem tensionados, e após um segundo ou dois, um de meus colegas notaria e viria pegá-los para mim.

Esse é um pequeno exemplo, de milhares que podem acontecer ao longo de uma noite, de como uma equipe de confiança opera. E é por isso que a contratação é uma grande responsabilidade. Quando você está contratan-

Hospitalidade Irracional

do alguém para sua equipe, está contratando não apenas a pessoa que o representará e apoiará, mas também a pessoa que representará e apoiará o restante da equipe que já trabalha para você.

O moral é inconstante, e basta uma pessoa para gerar um impacto descomunal e assimétrico na equipe, em qualquer direção. Traga alguém que seja otimista, entusiasmado e que realmente se importe, e essa pessoa pode inspirar aqueles ao seu redor a se importarem mais e fazerem melhor. Contrate alguém preguiçoso e isso significará que os melhores membros da equipe serão punidos por sua excelência, compensando a falha para que a qualidade geral não caia.

No fim das contas, a melhor maneira de respeitar e recompensar os jogadores A de seu time é cercá-los de outros jogadores A. É assim que você atrai mais desses jogadores. Isso significa que você deve investir tanta energia na contratação quanto espera que a equipe invista em seu trabalho. Você não pode esperar que alguém continue dando tudo de si se colocar uma pessoa que não está disposta a fazer o mesmo ao seu lado. **Você precisa ser tão irracional no modo como forma sua equipe quanto no modo como cria um produto ou uma experiência.**

É também por isso que você não precisa ter pressa em contratar. É tão terrível ficar sem pessoal na equipe que os gerentes têm a tendência de correr e encontrar qualquer pessoa que seja para preencher o vazio. Eu sei como é pensar *"Precisamos de alguém tão desesperadamente — quão ruim essa pessoa pode ser?"*

Eu também (infelizmente) estive na posição de descobrir a resposta a essa pergunta. É mais prejudicial colocar você e sua equipe com a pessoa errada, sofrer o dano que ela causa e terminar exatamente no mesmo lugar três semanas depois. Todos prefeririam trabalhar alguns turnos extras por semana até encontrar a pessoa certa.

Alguém muito sábio me disse uma vez: "Ao contratar, você deve se perguntar: essa pessoa poderia se tornar uma das duas ou três melhores da equipe? Ela não precisa necessariamente ter alcançado esse nível ainda, mas deve ter potencial para isso."

Estávamos nos preparando para um grande crescimento. Eu precisava ter certeza de que, se qualquer pessoa da equipe gritasse "Me dê cobertura", o restante daria um jeito de cobrir.

Construa uma Fogueira Cultural

Muitas pessoas trabalham em restaurantes porque costumam ter horários flexíveis, que permitem que elas dediquem tempo e energia ao que realmente desejam fazer. É também um jeito divertido de pagar as contas. No antigo EMP, um garçom podia bater o ponto, cumprir suas horas e não pensar mais no trabalho depois que saísse de lá; era um ótimo trabalho para alguém que também estivesse cursando uma escola de arte ou planejando estrear na Broadway.

Mas foi rapidamente tornando-se o tipo de restaurante que exige mais de seus funcionários, e uma maneira eficiente de descobrir quem estava à altura do desafio e quem precisava sair era por meio dos testes de comida e vinho. Algumas pessoas, de ambos os grupos, entenderam o que estávamos tentando fazer e decidiram que queriam pegar carona conosco. Outras decidiram que ficariam mais felizes com menos compromisso, o que significava que precisávamos substituí-las.

Na verdade, antes de termos a cultura do restaurante totalmente estabelecida, era mais difícil contratar. Quando abríamos vaga e eu encontrava alguém bom para se juntar à equipe — não necessariamente com treinamento impecável, mas enérgico e entusiasmado com a missão —, mesmo que essa pessoa fosse carregada de positividade quando foi contratada, a negatividade que alguns dos funcionários ainda carregavam acabaria por infectá-la. A tripulação requintada ainda estava sendo esnobe, e alguns dos membros remanescentes da velha guarda nunca embarcariam.

Três ou quatro vezes, contratei alguém que achei promissor, mas durou apenas um mês antes que a chama do entusiasmo diminuísse e morresse, e a pessoa desistisse.

Quando outra vaga era aberta, não me apressava em preenchê-la. Em vez disso, esperava até que surgisse mais uma vaga, e depois outra, e então contratava três pessoas excelentes de uma vez. Em vez de ter apenas uma pessoa nova se esforçando para proteger a pequena chama de seu entusiasmo, aquela pequena equipe acendia uma fogueira que ninguém conseguia apagar.

Nos anos seguintes, passei a dizer a cada pessoa dessas pequenas equipes na reunião de novos contratados: "Vocês fazem parte de uma turma,

Hospitalidade Irracional

como se fossem calouros em uma faculdade. Ajudem-se entre si; apoiem uns aos outros." Mas a primeira vez que fiz esse discurso foi para aquelas três pessoas. Eu queria que elas soubessem que, se compartilhassem sua experiência como equipe, o impacto que poderiam causar no restaurante seria profundo.

Faça com que Seja Legal se Importar

No ensino médio, os garotos legais tendem a ser os que fracassam. Crianças legais não estudam; elas não se importam com o que os professores pensam delas. Nessa idade, é mais esperto segurar, manter suas cartas para si, a fim de que nunca pareça que você está se esforçando demais.

Mas quando você cresce um pouco, percebe que as pessoas que tiram o máximo proveito da vida são aquelas que usam o coração como carta na manga, aquelas que se permitem ser apaixonadas, abertas e vulneráveis e que mergulham de cabeça em tudo o que amam, com curiosidade, deleite e entusiasmo desmedidos.

Resumidamente, esse foi o caso do meu amigo Brian Canlis.

Costumo dizer que tive dois grupos de amigos na faculdade: um com quem toquei música e me diverti, e o outro grupo era Brian. Ele tinha uma lagartixa, adorava jogar xadrez, usava um tênis Converse roxo e sempre estava com um ioiô na mão. Ele era o completo oposto de todos os meus outros amigos — e era mais confiante do que qualquer um.

Mesmo durante nosso primeiro ano na faculdade, quando a maioria dos jovens está tentando descobrir quem são — e muitas vezes fingindo ser algo que não tem nada a ver com eles —, Brian tinha uma personalidade única. Ele investia seu tempo somente nas coisas com as quais se importava e nunca permitia que o cinismo de outras pessoas ou uma atitude idiota o distraísse. Ele deixava que sua energia desse o tom, o que o tornava a pessoa mais legal que eu conhecia, apesar do fato de que nada nele era objetivamente legal.

Nós nos encontramos já nos primeiros dias de aula e logo descobrimos que havíamos crescido em restaurantes. Em 1950, o avô de Brian construiu o sofisticado restaurante Canlis, que o *New York Times* mais tarde chamou de "o restaurante mais sofisticado e requintado de Seattle por mais

Quebrando Regras e Montando uma Equipe

de sessenta anos". Seu pai, Chris Canlis, administrou o restaurante por trinta anos antes de finalmente entregá-lo a Brian e seu irmão Mark. (Se você precisar de um excelente estudo de caso sobre como uma empresa foi capaz criar lealdade e fortalecer a comunidade em meio a uma pandemia global que foi devastadora para o ramo de restaurantes, confira a conta do Instagram do Canlis no ano de 2020.)

Fora isso, Brian e eu não poderíamos ser mais diferentes. No entanto, sentávamos juntos em todas as aulas e trabalhávamos juntos em todos os trabalhos de grupo, incluindo um que envolvia um conceito de teste de restaurante verdadeiramente horrendo chamado Agave, que apresentava sua lagartixa, Milo, sentada orgulhosamente em cima do balcão da recepção.

Sempre fui um bom aluno, mas nunca tive um parceiro no crime antes. Com Brian, eu não precisava me preocupar em ser esforçado ou superdotado — eu poderia fazer isso me envolvendo completamente no que estava estudando. Logo meus outros amigos começaram a nos rodear, curiosos para ver se os convidaríamos a participar de nossas sessões de estudo — não apenas porque tirávamos ótimas notas, mas porque estávamos nos divertindo muito enquanto fazíamos isso.

Brian fez com que fosse legal se importar.

É por isso que pensei nele no dia em que percebi que se importar havia se tornado legal no EMP. Havia um prato de sopa que fazíamos naqueles primeiros dias que precisava de três pessoas para ser servido em uma mesa com seis lugares. Se fizessem tudo certo, os três garçons chegariam à mesa ao mesmo tempo, colocariam as tigelas que seguravam na mão esquerda sobre a mesa, dariam um passo para o lado, trocariam a tigela que estava na mão direita para a esquerda e colocariam essa tigela na mesa também. Então, em absoluta sincronia, levantariam a tampa de todas as seis tigelas simultaneamente.

Muitos restaurantes finos oferecem serviço sincronizado, e a maioria deles garante que os pratos saiam ao mesmo tempo. Mas, muitas vezes, observei dois garçons dando a volta na mesa para esperar o terceiro chegar, de modo que o que deveria ser elegante ficou parecendo estranho.

Não é o fim do mundo, talvez — mas também não é perfeito.

Para mim isso era importante. Se déssemos atenção a esse detalhe específico do serviço, deveríamos fazê-lo corretamente. Os dançarinos aprendem

Hospitalidade Irracional

a coreografia para que seus movimentos sejam coordenados com precisão com as pessoas que estão em ambos os lados, e isso era tudo — coreografia. Os garçons que vinham atrás teriam que se mover um pouco mais rápido para chegar à mesa ao mesmo tempo que os colegas da frente, que, por sua vez, se moveriam um pouco mais devagar, para dar tempo de os companheiros alcançá-los. Vire-se, coloque o primeiro prato na mesa, dê um passo, troque, coloque o segundo prato na mesa, tire a tampa.

Nós praticamos esses passos diversas vezes.

Um dia, fiz esse serviço com outras duas pessoas da equipe e nós arrasamos. Nossa entrega foi tão perfeita que poderia ter sido filmada de cima, como em um daqueles filmes dos anos 1950, em que a coreografia dos dançarinos imita uma flor desabrochando.

Quando voltamos para a cozinha, um dos outros caras se virou para mim, com um sorriso alegre no rosto, e me deu o high five mais estalado que já recebi. Nós fizemos direitinho, e ele teve a mesma descarga de dopamina que eu tive. Éramos brilhantes — nos importávamos — e estávamos orgulhosos disso.

As conversas que comecei a ouvir durante a refeição com toda a equipe também estavam mudando. As pessoas falavam animadamente, não sobre o novo bar ou o encontro mais recente, mas sobre uma mesa que atenderam na noite anterior e como conseguiram deixar os clientes felizes.

Elas estavam falando sobre hospitalidade — dar e receber. (Fiquei quase mais empolgado ao ouvi-las compartilhar detalhes sobre as refeições que fizeram em outros lugares — não há incentivo mais poderoso para oferecer grande hospitalidade do que recebê-la.) E todos estavam atentos a cada palavra. Quando você encontra um grupo que se preocupa com as mesmas coisas que você, não há necessidade de esconder suas paixões — você pode gritar para que todos ouçam. E quando as pessoas com quem você trabalha não estão ficando para trás, mas estão acompanhando o ritmo, você entra em sintonia com elas; e você não precisa diminuir sua luz para ter sucesso.

No EMP, passou a ser legal se importar.

TRABALHANDO COM PROPÓSITO E NO PROPÓSITO

"O lugar precisava de um pouco de Miles Davis."

Lembro-me de ter lido isso em voz alta para Daniel no escritório sem janelas que compartilhávamos. Ele franziu a testa e, com seu forte sotaque suíço, me perguntou: "Que diabos isso significa?"

Eu não fazia ideia, mas queria descobrir.

Eu estava lendo uma crítica antiga do Eleven Madison Park, escrita por Moira Hodgson para o *New York Observer*. A crítica, publicada em abril de 2006 — poucos meses antes de eu chegar ao EMP e alguns meses depois de Daniel chegar lá — foi positiva. Das quatro estrelas, Hodgson dera ao restaurante três e meia, o que poderia ter sido melhor do que eles mereciam, visto que ainda estavam tendo problemas para entregar a comida nas mesas certas.

Mas eu não estava lendo aquela crítica antiga para descobrir o que poderíamos fazer melhor; acabei encontrando-a porque, na época, estávamos buscando uma forma de articular em palavras qual era a nossa visão para a equipe. Ficamos satisfeitos com nossa declaração de missão — ser o restaurante quatro estrelas para a próxima geração —, mas precisávamos saber como fazer isso.

Não Tente Ser Tudo para Todos

Falando em resenhas e críticas, eu li todas. Cada palavra (com exceção da maioria das seções de comentários).

Sempre me interessei no que os outros, e não apenas o estimado crítico do *New York Times*, pensam sobre o que estamos fazendo. **Se o seu negócio envolve fazer as pessoas felizes, você não pode ser bom nisso sem se importar com o que as pessoas pensam.** O dia em que você parar de ler as críticas que recebe será o dia em que ficará complacente, e a irrelevância não estará muito distante de você.

Mas eu não mudo algo toda vez que uma ou duas pessoas dizem que não gostam daquilo — talvez nem mesmo se muitas delas não gostarem! Se você tenta ser tudo para todos, isso só é prova de que não tem um ponto de vista — e se quiser causar impacto, você precisa ter um.

Administrar um restaurante é uma atividade criativa. Como na maioria dos empreendimentos criativos, não existe certo ou errado. As escolhas que você faz *sempre* serão subjetivas, uma questão de ponto de vista.

O que a crítica oferece a você, então, é um convite para que sua perspectiva seja desafiada — ou pelo menos para que ela cresça, considerando-a de fato. Você pode optar por uma escolha pela qual foi criticado ou acabar em um lugar completamente diferente. O objetivo não é chegar ao fim do jogo; o que mais importa é o processo: você cresce quando se envolve com uma perspectiva diferente da sua e opta por tomar outra decisão.

Articule suas Intenções

Ao contrário de seus colegas Dizzy Gillespie ou Duke Ellington, que desenvolveram sons característicos e passaram toda a carreira refinando-os, Miles Davis se reinventou — radical e drasticamente — a cada álbum lançado. Essas reinvenções, muitas vezes, alienaram os fãs e enfureceram os críticos — e, com a mesma frequência, desafiaram e mudaram a música moderna.

As influências de Davis foram incrivelmente ecléticas e abrangentes. Ele dialogava com o rock, o pop, o flamenco e a música clássica do mundo ocidental, bem como com ideias musicais indianas e árabes — tudo isso enquanto reinventava o jazz, a forma de arte norte-americana por excelência.

Trabalhando com Propósito e no Propósito

Ele pode ter sido uma pessoa difícil. Costumava gritar com repórteres que faziam perguntas estúpidas e era conhecido por virar as costas para o público. (Nota: *não* me inspirei em Miles Davis em relação à hospitalidade.) Mesmo assim, Davis também foi um colaborador fantástico. Ele se esforçou para trabalhar e promover alguns dos músicos mais incríveis do século XX — grandes nomes como John Coltrane, Bill Evans, Cannonball Adderley, Wayne Shorter, Red Garland, Paul Chambers, Wynton Kelly e muitos outros. Ele não apenas fez parceria livre e abertamente com esses músicos em seu trabalho no estúdio, como também os encorajou a encontrar as próprias vozes, perseguir seus próprios projetos e prosperar em suas próprias carreiras.

Até hoje, não sei ao certo o que Moira Hodgson estava tentando nos dizer. Mas quanto mais aprendíamos sobre Miles e a abordagem que ele adotou em seu trabalho, mais inspirados ficávamos sobre como queríamos abordar o nosso. Essa referência descartável acabou sendo o maior presente que alguém poderia nos dar. Estávamos procurando uma maneira de colocar nossas ambições e nossos valores em forma de linguagem, para encontrar palavras para o que queríamos ser. A pesquisa de Miles nos rendeu onze delas.

Aprendi com meu pai a importância da intencionalidade — saber o que você está tentando fazer e garantir que tudo o que faz esteja a serviço desse objetivo. Com Danny, aprendi a importância de articular essa intenção para a equipe.

Mas Daniel e eu ainda não tínhamos feito isso no EMP. Passamos horas juntos, conversando, planejando e sonhando. Estávamos fundamentalmente alinhados de maneira intuitiva. Ainda assim, 150 pessoas trabalhavam para nós no EMP, e todas tinham que estar alinhadas com a missão do restaurante. Precisávamos de uma linguagem. **A linguagem é como você dá intenção à sua intuição e como compartilha sua visão com outras pessoas. A linguagem é como você cria uma cultura.**

Foi uma sorte a crítica de Hodgson ter feito referência a um músico, porque eu amo música e toquei instrumentos durante toda minha vida. Depois que li a crítica, comecei a ouvir mais Miles Davis, tanto dentro quanto fora do restaurante. Quando já sabia o suficiente sobre sua música, li tudo o que pude encontrar sobre ele e seu processo criativo — principalmente sobre o que outros músicos disseram a respeito da abordagem que ele adotou para fazer música e como esse processo resultou no enorme impacto que ele teve.

Hospitalidade Irracional

Nos dois meses seguintes, trabalhei com a equipe para criar uma lista das palavras que se repetiram em minha mente quando os críticos e outros músicos falavam sobre Miles:

Diversão

Reinvenção sem fim

Inspiração

Avanço

Frescor

Colaboração

Espontaneidade

Vibração

Aventura

Leveza

Inovação

Isso ressoou em nós e se tornou uma espécie de roteiro. (A lista era longa, mas queríamos onze.) A crítica estava certa: se nosso restaurante evoluiria, ele *precisava* de mais Miles Davis.

Imprimimos uma placa com essas palavras e o nosso logotipo na parte superior e a penduramos na cozinha. As palavras dessa placa se tornaram nossos princípios orientadores, uma forma de nos responsabilizarmos pelo que estávamos fazendo. Sempre que rabiscávamos algumas ideias ou estivéssemos passando por uma decisão difícil, recorríamos àquela lista. O restaurante mudaria radicalmente ao longo dos anos seguintes, mas estávamos confiantes de que o que estávamos fazendo faria sentido, desde que permanecêssemos fiéis aos princípios daquela lista.

"Diversão" era a primeira palavra. Parecia certo, pois já havíamos articulado a importância desse conceito para nós mesmos: se quiséssemos construir um restaurante quatro estrelas para a próxima geração, ele teria que ser divertido.

Trabalhando com Propósito e no Propósito

Nos anos seguintes, muitos disseram que a "reinvenção sem fim" era a característica que definia o nosso restaurante, porque estávamos mudando a todo momento — nunca pela mudança em si, mas porque, para ser o melhor do mundo, precisávamos ser autênticos. Para nós, isso significava servir aos outros o que gostaríamos de receber e, à medida que crescíamos, amadurecíamos e evoluíamos, as coisas que *nós* gostaríamos de receber também mudaram, assim como o que servíamos às pessoas.

De todas as palavras da lista, no entanto, "colaboração" foi a que escolhemos como a primeira a perseguir. Ela chamou mais nossa atenção, quase como se tivesse sido destacada: era a palavra que nos daria a chave para todas as outras da lista.

Estratégia é para Todos

O fato de termos encontrado inspiração com base em uma crítica de restaurantes que falava sobre um trompetista de jazz nos deu a ideia de que pode haver mérito em procurar orientação em lugares inesperados — especialmente aqueles fora das paredes metafóricas do mundo dos restaurantes.

Quando as empresas se expandem, as pessoas costumam dizer: "Quanto maiores ficamos, mais temos que atuar como se fôssemos pequenos." (Esse era um mantra no Shake Shack.) No início do nosso trabalho no EMP, seguimos por um caminho diferente. Éramos um único restaurante — parte de uma empresa maior, mas administrado como se não fôssemos, e tínhamos bastante autonomia. Éramos pequenos, mas queríamos atuar como grandes.

Buscamos analisar como organizações conhecidas por culturas empresariais extraordinárias agiam — grandes empresas como a Nordstrom, a Apple e a JetBlue. Todas realizavam sessões de planejamento estratégico ou longas reuniões nas quais equipes de toda a organização se juntavam para debater maneiras de a empresa crescer. (Muito relacionado ao conceito de empresas inteligentes.)

Isso foi uma revelação para nós. Essa prática ainda é quase inédita no mundo dos restaurantes. Também foi um alívio. Até então, Daniel e eu estávamos tomando todas as decisões e estabelecendo as metas sozinhos. Por que fazíamos isso se tínhamos uma equipe de jovens vibrantes e brilhantes que adoravam restaurantes, boa comida e hospitalidade? Não importa quão

Hospitalidade Irracional

ambiciosos ou inovadores fôssemos, nunca poderíamos esperar igualar a capacidade intelectual combinada de toda a nossa equipe.

Imediatamente, arrumamos um jeito de convidar nossa equipe para participar da identificação e da nomeação dos objetivos da empresa, aumentando a probabilidade de atingirmos esses objetivos juntos. É claro que seríamos capazes de apresentar mais (e melhores!) ideias se eles estivessem envolvidos, sem mencionar a noção de propriedade que eles adquiririam ao fazer essas contribuições.

Com o tempo, as reuniões de planejamento estratégico se transformaram em sessões de brainstorming, nas quais decidíamos coletivamente o que queríamos fazer no ano seguinte. Mas, naquele primeiro ano, fizemos apenas uma pergunta: o que queríamos incorporar ao restaurante?

Queríamos ser um dos melhores restaurantes de Nova York. Queríamos ser um restaurante excelente sem sacrificar a hospitalidade e ser contemporâneo sem comprometer os padrões. Mas, antes de iniciarmos essa jornada, precisávamos saber como seria nossa descrição, tanto como indivíduos quanto como equipe.

A primeira reunião de planejamento estratégico aconteceu em 2007. O restaurante não abriu naquele dia — reconhecidamente irracional — e convidamos todos os que trabalhavam no EMP a se reunir e traçar estratégias em equipe sobre nosso futuro.

Essa inclusão foi importante. Em muitas das empresas que estudamos, o planejamento estratégico era reservado para a alta administração, mas incluímos todos da equipe, desde o assistente de gerente-geral e o chef de cozinha até os lavadores de pratos, cozinheiros preparatórios e auxiliares de garçom.

Tivemos sorte de sermos um grupo pequeno o suficiente para que isso fosse possível, porque um auxiliar de garçom vê todos os tipos de coisas que um gerente geral nunca consegue ver. Se levássemos a sério cada detalhe, a perspectiva e o ponto de vista de todos seriam valiosos.

No mesmo dia, apresentei o conceito da reunião, expliquei o que esperávamos dela e depois dei espaço para que a equipe falasse.

Eles se organizaram em dez grupos, espalhados pelo restaurante, cada um discutindo ideias e anotando tudo em um caderno. Passei o dia indo de grupo em grupo, observando como as pessoas estavam animadas, discu-

Trabalhando com Propósito e no Propósito

tindo e rindo umas com as outras. Participei, mas tomei cuidado para não contribuir. Esse era o momento deles.

Como eu não queria que ninguém sentisse que não podia falar livremente, pedimos aos gerentes de salão e da cozinha que fizessem seu planejamento estratégico no dia anterior. No dia da reunião de equipe, os gerentes tiveram um papel diferente: os subchefs foram até o refeitório e receberam os pedidos de sanduíches personalizados da equipe, enquanto os gerentes de salão cuidavam da cozinha, preparando os pedidos. (Dê às pessoas um espaço seguro para provocar seus chefes e algumas delas o farão — eu me lembro de um pedido de sanduíche de peru com uma fatia de pão de trigo não torrado, uma fatia de pão de centeio torrado e três gotas de maionese.) Ao trocarem de papéis, esses dois grupos tiveram a oportunidade de enxergar as dificuldades pelas quais seus colegas passavam todas as noites.

À tarde, os dez grupos se levantaram para apresentar o que haviam feito e vimos como estávamos alinhados. Por fim, foram escolhidas as quatro palavras mais citadas pelos grupos. Nenhuma delas era particularmente inovadora, mas determinamos que poderiam ser — se conseguíssemos incorporá-las simultaneamente.

Educação

Paixão

Excelência

Hospitalidade

Educação era moleza. Sempre soubemos que queríamos criar uma cultura baseada no ensino e na aprendizagem, além de contratar pessoas que fossem curiosas sobre o que não sabiam e generosas com o que faziam. Da mesma forma, queríamos pessoas apaixonadas pela missão, tão empolgadas quanto nós com o que estávamos tentando realizar.

Mas foram as duas últimas palavras da lista — e o conflito inerente entre elas — que ditariam tudo o que faríamos daqui para a frente.

Escolha Metas Conflitantes

Hospitalidade e excelência. Esses dois conceitos não combinavam!

Hospitalidade Irracional

É fácil ter uma cultura tenra de hospitalidade se você não for maníaco por perfeição e detalhes. Quem se importa se a garçonete do restaurante se esqueceu de trazer sua Coca-Cola? O que é um pouco de desleixo se todos somos amigos?

E é muito fácil assustar sua equipe para que eles quase nunca cometam um erro técnico no salão. Deixando de lado todas as objeções éticas, no entanto, se o pessoal da equipe viver com medo constante de ser pego ao cometer um erro, você não conseguirá fazê-los se sentirem realizados e serem mais relaxados ao interagir com os clientes.

Na verdade, pude ouvir a tensão entre esses dois conceitos quando andei entre os grupos naquela primeira reunião de planejamento estratégico. Algumas pessoas estavam discutindo bastante empolgadas sobre a importância das boas-vindas, do calor e da conexão com as pessoas, enquanto outras estavam convencidas de que nada era mais importante do que ter uma equipe impecavelmente treinada e apresentar cada aspecto formal do restaurante com um brilho perfeito.

Colocar a hospitalidade e a excelência em nossa lista foi uma forma de reconhecer que o sucesso viria da abordagem do problema hospitalidade versus excelência da maneira mais difícil possível: para ter sucesso, precisávamos ser bons em ambas as coisas. Não era uma questão de escolher uma ou outra, mas sim de ambas. Mais tarde, eu aprenderia que o guru da administração, Roger Martin, chama isso de "pensamento integrativo". Em seu livro *When More Is Not Better* [Quando Mais não é Melhor, sem publicação no Brasil], ele argumenta que os líderes devem, propositalmente, buscar escolher objetivos conflitantes.

A Southwest Airlines, por exemplo, pretendia ser a companhia aérea de menor custo dos Estados Unidos *e* a número um em satisfação de clientes e funcionários. Esses objetivos parecem contraditórios, e talvez sejam. Mas, na maioria das vezes, eles tiveram sucesso em todos os três. Certamente, os esforços que fizeram para alcançar esses objetivos contraditórios produziram resultados maravilhosos: no último meio século, a Southwest foi a companhia aérea mais lucrativa do país.

Como Martin diz, diversos objetivos conflitantes forçam a inovação. Nós vivenciamos isso no EMP. Quando cheguei, parte do pessoal sacrificava a hospitalidade em nome da perfeição e da excelência, enquanto a outra oferecia um serviço mais caloroso com menos requinte. Aqueles que sobreviveram e prosperaram conosco puderam ver o mérito nas prioridades do outro grupo.

Ao colocar a hospitalidade e a excelência em nossa lista, sabíamos que precisaríamos reconhecer o atrito inerente entre essas duas abordagens. Teríamos que explorar essa contradição e abraçá-la — integrando duas ideias opostas e incorporando ambas simultaneamente.

Saiba Por Que seu Trabalho é Importante

Quando eu estava começando no ramo de hospitalidade, era muito comum os pais lamentarem a decisão dos filhos de seguir carreira em restaurantes. Eles queriam que seus filhos fossem médicos, advogados ou banqueiros; não queriam que trabalhassem servindo a outras pessoas — principalmente não como carreira.

Eu tinha um ponto de vista diferente. Queria que os membros de nossa equipe entendessem que a hospitalidade eleva o serviço não só para a pessoa que o recebe, mas também para a pessoa que o presta. Servir a outros seres humanos pode parecer humilhante, a menos que você primeiro pare e reconheça a importância do trabalho e o impacto que pode ter sobre os outros ao fazê-lo.

Encerrei aquela primeira reunião de planejamento estratégico dizendo à equipe: "No momento em que você começa a enxergar o ato de servir pelas lentes da hospitalidade, entende que há nobreza nisso. Podemos não estar salvando vidas, mas temos a capacidade de tornar sua vida melhor ao criar um mundo mágico para o qual as pessoas podem escapar por algumas horas — e vejo isso não como uma oportunidade, mas como uma responsabilidade e um motivo de orgulho."

Recentemente, recebi uma ligação de um recém-graduado da escola de hotelaria de Cornell buscando conselhos sobre carreira. A primeira coisa que ele disse foi: "Estou tentando descobrir se quero ou não permanecer nesse ramo horrível." Foi uma ligação curta; dei a ele uma resposta rápida: que talvez ele não devesse.

Não importa o que você faça, é difícil se destacar se você não ama o que faz. Assim como todos, já tive dias e semanas ruins, mas sempre consegui

Hospitalidade Irracional

dizer: "Não consigo me imaginar fazendo outra coisa", porque sempre consegui explorar o que é importante em meu trabalho. Acredito de verdade que, no ramo de restaurantes, conseguimos proporcionar às pessoas uma pausa da realidade, mesmo que só por algumas horas — e, por mais cafona que possa parecer, com isso, podemos ser capazes de tornar o mundo um lugar melhor. Porque quando você é extremamente legal com as pessoas, elas serão muito legais com os outros, e todos passarão isso adiante. Isso me dá mais energia, mesmo quando estou esgotado.

Assumi como missão ajudar as pessoas que trabalham para mim a identificar o que é importante no trabalho que fazem. Mesmo no MoMA, não víamos os clientes como um bando de pessoas procurando o que comer; nós os víamos como frequentadores do museu — pessoas em busca de uma aventura, realizando o sonho de se inspirar em um dos maiores museus de arte moderna do mundo. Essa simples mudança de pensamento teve um impacto automático e profundo na forma como a equipe atuou e na hospitalidade que oferecemos aos clientes.

Falo com pessoas em todos os departamentos e de diferentes ramos. Quando encontro alguém que pensa que seu trabalho não importa, geralmente é porque essa pessoa não se aprofundou o suficiente para reconhecer a importância do papel que desempenha. Quando dei uma palestra em uma conferência do ramo imobiliário, foi fácil para mim dizer quando alguém estava trabalhando com paixão e propósito. Muitos me disseram que vendiam casas; os melhores entenderam que estavam vendendo lares para as pessoas.

Isso se aplica a todos os setores que você possa imaginar. Você pode dizer que trabalha no ramo de serviços financeiros, ou que elabora planos de aposentadoria para que as pessoas consigam proporcionar um futuro melhor para suas famílias. Você pode dizer que trabalha no ramo de seguros, ou que oferece às pessoas o conforto de saber que elas e seus entes queridos estão cobertos, seguros e protegidos, não importa o que aconteça. Essa é a diferença entre trabalhar para ter uma função e trabalhar para fazer parte de algo maior do que você.

Sem exceção, não importa qual seja a sua função, você pode fazer a diferença na vida de alguém. **Você deve ser capaz de dizer por si mesmo por que seu trabalho é importante.** E se você é um líder, precisa encorajar todos na equipe a fazer o mesmo.

CAPÍTULO 10

CRIANDO UMA CULTURA DE COLABORAÇÃO

No dia seguinte à reunião de planejamento estratégico, o ar no restaurante estava carregado de promessas e empolgação — e nas semanas seguintes, essa energia ainda não tinha se dissipado. Nossa equipe apaixonada e criativa tinha algo a dizer sobre o destino do restaurante e estava disposta a trabalhar ainda mais porque estava participando das decisões.

Aquele único dia havia sido muito bem aproveitado; eu mal podia esperar para implementar as ideias consistentes e criativas de criar uma cultura de colaboração de maneira mais completa. Tínhamos encontrado ouro, e eu estava descaradamente querendo mais.

Eu queria que *todos* pudessem colaborar, todos os dias.

Escolha Rivais Dignos

No livro *O Jogo Infinito*, Simon Sinek escreve sobre a escolha de um rival digno: outra empresa que faz uma ou mais coisas melhor do que você, cujos pontos fortes revelam suas fraquezas e o colocam em um caminho de melhoria constante.

Quando li isso, pensei imediatamente em um jantar que Daniel e eu tivemos no Per Se no final de 2006 — ou, mais especificamente, na bebida que tomei mais tarde.

Hospitalidade Irracional

Antes de me casar e ter minha filha, eu terminava a maioria das noites em meu apartamento com uma taça de vinho e um caderno aberto. Essas sessões de diário — parte diário, parte mea culpa, parte quadro de visão, parte lista de tarefas — foram de onde vieram minhas ideias mais inspiradoras.

Daniel e eu passamos muito tempo estudando outros restaurantes finos já estabelecidos e bem-sucedidos. O que eles estavam fazendo melhor do que nós? O que poderíamos aprender com eles? O que poderíamos pegar emprestado e usar no nosso restaurante?

Na cidade de Nova York, o Per Se era o melhor entre os melhores.

Eu tinha ido ao famoso restaurante californiano de Thomas Keller, o French Laundry, com uma namorada anos antes, e o considerei — junto com aquele primeiro jantar no Four Seasons e a refeição com meu pai no Skybox na cozinha de Daniel Boulud — uma das experiências gastronômicas mais memoráveis da minha vida. E nem sequer estava interessado em jantares finos na época, mas nossa refeição foi tão extraordinária que superou todas as minhas expectativas. Toda a experiência foi tão *maravilhosa*, em todos os sentidos, que parecia algo totalmente novo.

O French Laundry é um dos melhores restaurantes do mundo, então ninguém ficou surpreso quando a estreia de Keller em Nova York se tornou instantaneamente um porta-estandarte de excelência em jantares finos. Enquanto o EMP estava longe de alcançar o nível do Per Se, Daniel e eu estávamos prestando muita atenção a cada coisa que eles faziam.

Então, após aquele jantar no Per Se, anotei detalhadamente a experiência que tivemos lá, que foi espetacular!

Cada prato tinha sido uma inspiração. Adorei a brincadeira com os famosos cones de tartar de salmão, uma referência à casquinha de sorvete de criança, e fui arrebatado pelo luxo das apresentações, incluindo pratos de porcelana em cascata, feitos sob medida em tamanhos crescentes. Fiquei impressionado com a facilidade com que Thomas Keller parecia capaz de transformar uma ideia humilde, como café com rosquinhas, em uma surpresa opulenta.

A precisão por trás de toda aquela elegância não passou despercebida por nós. Um pequeno exemplo: fomos convidados para um tour pela cozinha, repleta de equipamentos de última geração e tão meticulosa e linda-

Criando uma Cultura de Colaboração

mente projetada que pensei que Daniel fosse chorar. Durante o tour, notamos que a fita azul usada para prender a toalha de mesa à parte de baixo não estava rasgada, mas muito bem cortada com uma tesoura. A atenção a cada detalhe quase invisível nos deixou admirados.

Então, no final da nossa refeição, quando já estávamos estupefatos de prazer, o garçom nos presenteou com algo digno de aplausos: uma tábua com 24 trufas de chocolate diferentes em três fileiras — amargo, ao leite e branco — e, como se estivesse apenas conversando conosco, apresentou uma descrição detalhada de *cada uma delas*. Lembrar-se de cada detalhe, de memória, foi uma façanha tão audaciosa e sobre-humana que poderia muito bem ter sido um truque de mágica.

Anotei tudo freneticamente. Por fim, peguei a xícara de café filtrado servida após o jantar. Era uma xícara de café perfeitamente boa, mas como tudo naquela refeição tinha sido tão incrivelmente *perfeito*, aquela xícara de café destoou.

E isso fez eu me lembrar de Jim Betz.

Explore as Paixões das Pessoas — Depois lhes Entregue o Segredo

Jim Betz era um fanático irredutível por café que trabalhou comigo no EMP.

Na época em que administrava as cafeterias no MoMA, eu gostava um pouco de café, além de ter a sorte de morar na esquina do Ninth Street Espresso, um dos primeiros bares do verdadeiro café expresso da cidade. O proprietário, Ken Nye, era conhecido por ser exigente: ele ajustava a aspereza da moagem do café ao longo do dia de acordo com a umidade externa do ar e jogava fora qualquer dose que achasse que não estava boa.

Jim era sobrinho de Ken e tão apaixonado e experiente quanto seu tio. Ele também estava totalmente comprometido com nosso restaurante. Ele apareceu para a entrevista com uma enorme barba estilo lenhador, à la hipster de Williamsburg, que eu disse que ele teria que cortar se quisesse o emprego. Ele chegou no dia seguinte com o queixo nu pela primeira vez em anos; não sei se existe um sinal de compromisso tão grande quanto esse.

Jim tinha muito (muito) mais conhecimento de café do que eu, mas eu sabia o suficiente para conseguir conversar com ele sobre o assunto, e nós

93

Hospitalidade Irracional

dois frequentemente sentávamos juntos nas refeições em equipe para conversar sobre uma nova cafeteria com padrões elevados ou alguns grãos excelentes que experimentamos. Embora Jim tivesse apenas 20 e poucos anos, aprendi muito com ele durante essas trocas. Portanto, quando lhe contei sobre aquela xícara de café no Per Se, eu já sabia que ele ficaria decepcionado.

A verdade é que, embora aquela xícara de café "perfeitamente boa" tenha sido um pouco chocante no contexto de toda a refeição ter sido extraordinária, não foi surpreendente, dado o serviço de café presente em restaurantes finos na época.

Você ia a esses restaurantes esperando ver uma culinária e uma carta de vinhos incríveis. Isso era considerado fundamental, era por esse serviço que os clientes pagavam. Os serviços auxiliares, no entanto — o coquetel antes da refeição, a xícara de chá ou café no final —, eram medíocres. E isso permaneceu assim, embora estivesse ocorrendo uma revolução completa nessas áreas fora daquelas paredes sagradas.

Há tempos, por exemplo, que cerveja significava a pálida e insípida lager industrial que dominou o comércio na década de 1950. Milhares de pequenas cervejarias independentes em todo o mundo estavam elaborando cervejas com sabores complexos que poderiam muito bem acompanhar uma refeição excelente. Portanto, podia não existir uma combinação de cerveja e refeição boa em um restaurante quatro estrelas nos anos 1980 — mas, em 2006, deveria ser inconcebível imaginar um restaurante quatro estrelas para a próxima geração não apresentar uma combinação dessas.

O mesmo valia para os coquetéis: se a maioria das pessoas que se importam com comida sabia que a maneira certa de preparar um coquetel Manhattan deveria ser mexendo o líquido e não chacoalhando, por que tantos lugares ainda faziam bebidas com a qualidade de um lounge de aeroporto? E por que uma refeição de US\$1 mil terminaria com um serviço de café genérico, filtrado em máquina, quando, a caminho do trabalho, eu poderia parar e tomar uma dose gloriosa, de alta qualidade e de origem única, feita por um barista profissional em um café de rua como o Ninth Street?

Esses serviços foram deixados de lado porque ninguém estava prestando atenção neles. Ainda hoje, na maioria dos restaurantes requintados, quem dirige todos os programas de bebidas é o sommelier. Essa pessoa é, por definição, fanática por vinhos e dedicou a vida a estudá-los; a maior parte

Criando uma Cultura de Colaboração

de suas viagens, leituras e educação profissional foi em vinho — não em cerveja, café expresso, coquetéis ou chá.

Mesmo que seu sommelier fosse um dos melhores do mundo, isso era fato — e eu sabia disso porque o sommelier do EMP, John Ragan, *era* um dos melhores do mundo. Um sommelier não tinha tempo para se tornar especialista em outras bebidas ao mesmo tempo em que fazia a curadoria de uma carta de vinhos para um dos melhores restaurantes da cidade.

Minha equipe, por outro lado, estava repleta de jovens entusiasmados a respeito dos mais diversos aspectos de comida e bebida. Um grupo deles pegava o trem até o Queens em seus dias de folga para visitar cervejarias ao ar livre, com sessenta cervejas artesanais escuras à disposição. Outro grupo ia todos os dias até um edifício de escritórios meio obscuro em Midtown para provar uma xícara de Gyokuro linha premium — um chá verde cultivado na sombra e preparado com água a 18° abaixo do ponto de fervura. E, claro, havia Jim, que mais parecia uma enciclopédia sobre as regiões éticas de cultivo de café e chaleiras de precisão.

A paixão era um dos valores fundamentais que nos comprometemos a perseguir durante nossa reunião de planejamento estratégico. Assim, a última coisa que escrevi em meu diário após aquele jantar épico no Per Se foi: "Jim deveria estar no comando de nosso programa de café."

Assim nasceu o programa de propriedade do Eleven Madison Park. Kirk Kelewae era um graduado da Cornell que entrou no restaurante todo empolgado com o que estávamos fazendo. Ficou claro que ele iria longe, mas, como todo novo contratado, ele começou como garçom da cozinha, levando os pratos de comida da cozinha para o salão.

Kirk também adorava cerveja, e eu tinha certeza de que ele seria o gestor perfeito para nosso programa. No entanto, quando me sentei com ele pela primeira vez, ele estava nervoso — como a maioria dos jovens de 22 anos ficaria — em virtude de ficar com essa responsabilidade, até que o convenci de que o apoiaríamos a cada passo do caminho.

Nós o apresentamos a todos os nossos fornecedores, sabendo que ele logo nos apresentaria a novos. Adorei ver os distribuidores de cerveja chegarem ao salão, esperando dar ao sommelier do Eleven Madison Park uma prova de uma nova cerveja sensacional, apenas para se verem sentados em frente a um garçom com cara de bebê que acabara de completar a maioridade.

Hospitalidade Irracional

Demos um orçamento a Kirk e mostramos a ele como administrá-lo. Ele aprendeu a fazer o inventário e os pedidos. Então lhe dissemos: "Agora é seu. Faça com que seja incrível."

Não precisamos dizer duas vezes. Ele se aprofundou em todos os aspectos de nosso serviço de cerveja — desde como fazíamos o armazenamento das garrafas até os tipos de copos que usávamos e a técnica para servir a bebida. Ele lia todas as publicações comerciais sobre cerveja e caçava as cervejas mais raras e diferentes. Todo esse trabalho extra foi impulsionado por sua paixão, e essa ânsia juvenil encantou os produtores, que encontravam maneiras de lhe dar algumas de suas melhores cervejas, das quais haviam feito apenas algumas dezenas de garrafas.

Fiquei emocionado, mas não muito surpreso, quando, um ano após o reinado de Kirk, o Eleven Madison Park foi listado como um dos melhores programas de cerveja dos Estados Unidos em diversas publicações diferentes.

Não apenas o nosso programa de cerveja melhorou exponencialmente, como o fervor de Kirk se tornou contagiante; todos entramos na onda da cerveja porque ninguém queria decepcioná-lo. Ele faria você aprimorar o paladar e o perseguiria pelos corredores: "Ei, você precisa provar esse gruit!" (Sabe o que é isso? Nem eu. Graças a Kirk, agora posso dizer que é uma cerveja de estilo medieval fabricada com botânicos amargos em vez de lúpulo. Aparentemente, isso faz toda a diferença!)

Da mesma forma, Sambath Seng, outra garçonete da cozinha, assumiu o nosso programa de chá. Ela voou para Las Vegas para participar da World Tea Expo e se apresentou a distribuidores que compravam chá diretamente de jardins na Índia, China, Tailândia, Taiwan, Coreia e Japão. Ela nos ensinou sobre os chás torrados, assim como outros processados a vapor. Como se importava bastante com a pureza da água, em medir com precisão os tempos de infusão e com as combinações de temperatura e a forma como os utensílios de chá deveriam ser aquecidos e manuseados, nós também começamos a nos importar.

Os próximos foram os coquetéis. Reuni nossa equipe de bar e disse: "Quero ter um programa de coquetéis tão bom quanto o PDT." O PDT era um bar de coquetéis no East Village, administrado por meu amigo Jim Meehan. As iniciais faziam referência a Please Don't Tell [Por favor, não Conte, em tradução livre], uma alusão ao local secreto do minúsculo bar que você acessava, no esti-

Criando uma Cultura de Colaboração

lo *speakeasy*, por meio de uma cabine telefônica na Crif Dogs, uma lanchonete de cachorro-quente com um buraco na parede. Era amplamente reconhecido como um dos melhores bares do mundo.

Um de nossos bartenders disse: "Isso é ridículo; não é possível." Um bartender em bares de coquetéis sofisticados pode levar dez minutos para fazer uma bebida. Seria difícil entregar esse tipo de serviço em um ambiente de restaurante com 140 lugares para servir em vez de seis.

Mas, como qualquer pessoa que já trabalhou para mim pode dizer, "não é possível" não é minha frase favorita. Digo isso honestamente. Em determinada época de minha juventude, cometi o erro de contar a meu pai sobre algo que não conseguia fazer. Na manhã seguinte, nossa casa estava coberta de pedaços de papel impressos do tamanho de biscoitos da sorte: "O sucesso vem quando se diz que é possível; o fracasso vem quando se diz que não é possível." Eu nunca mais disse isso na frente dele.

Eu também tinha muita fé no cara com quem estava conversando. Seu nome era Leo Robitschek. Talvez você já tenha ouvido falar dele — atualmente ele é um dos principais mixologistas do mundo. Mas, na época, ele estava trabalhando no EMP enquanto estudava medicina.

Leo sempre teve ótimas ideias, mas também era o funcionário mais reclamão, a pessoa da equipe que nunca deixava de alertar por que o que você estava fazendo estava errado desde a base e por isso nunca dava certo. Ele se transformou completamente quando recebeu aquela responsabilidade, como se não quisesse se comprometer com a grandeza até estar no comando. Foi aí que ele deixou de ser o crítico interno mais franco para se tornar um verdadeiro embaixador do restaurante — e um guru absoluto no mundo dos coquetéis de qualidade.

Depois, é claro, havia Jim. No comando do café, ele imediatamente mudou nosso fornecedor para a Intelligentsia, uma das melhores torrefadoras da época. Ele começou fazendo café ao lado da mesa, dando aos clientes a escolha entre um método coado clássico Chemex ou um método de sifão a vácuo, que combinava os melhores atributos dos métodos de imersão e de filtro e tinha o benefício adicional de ser empolgante de assistir em ação.

Graças a Jim (e, indiretamente, ao Per Se), no EMP, tomar uma xícara de café após o jantar deixou de ser algo sem graça e de pouca importância para se tornar uma experiência muito divertida, realizada de maneira requintada, educativa e teatral. E o mais importante: você tomaria uma xícara de um café excelente.

Alcance sua Tripla Conquista

Steve Ells, o fundador da Chipotle Mexican Grill, falou eloquentemente na Welcome Conference sobre o impacto positivo de dar mais responsabilidade à sua equipe.

A maioria das empresas fast-food processa ingredientes em uma fábrica porque não confia nas equipes das lojas para fazê-lo; não é de se surpreender que a comida chegue com gosto de comida congelada, por ter passado dias em um caminhão. Ells acreditava que, com o treinamento adequado, os funcionários internos poderiam preparar alimentos melhores e mais frescos.

Ele descobriu que, ao dar responsabilidade às equipes, elas se tornaram *mais* responsáveis; infladas por sua confiança nelas, elas assumiram o papel. A equipe ganhou poder, a comida ficou mais saborosa e os clientes se sentiram melhor com a comida que estavam comprando porque podiam ver essas pessoas cortando os tomates e grelhando o frango.

Foi uma tripla conquista.

Também foi para nós. Nossa equipe adorou os programas de propriedade. Como todas as pessoas que trabalhavam para nós começaram como garçons da cozinha, algumas delas fizeram isso por três anos antes de se tornarem gerentes de programa. Esses programas de propriedade deram a essas pessoas motivadas e criativas um projeto no qual se engajar, enquanto tinham a oportunidade de se firmar no cargo.

O investimento de tempo, confiança e treinamento quase sempre valia a pena, porque, quando orientamos alguém para assumir o controle total, nosso trabalho se torna mais fácil a longo prazo. Enquanto Leo era o responsável pelos coquetéis e Kirk pela cerveja, o sommelier, John Ragan, não precisava mais pensar nessas bebidas, nem no café ou no chá. Nosso já estelar programa de vinhos melhorou porque John tinha mais tempo, energia e capacidade para se dedicar a ele, enquanto todos os outros programas, tão inerentemente medíocres em tantos outros restaurantes finos, tornaram-se absolutamente os melhores da categoria.

Todos no restaurante, quer estivessem trabalhando ou comendo lá, se beneficiaram da maravilhosa alquimia que surgiu quando as ideias ganha-

Criando uma Cultura de Colaboração

ram espaço para se desenvolver. Kirk acabou se aproximando de Garrett Oliver, o gênio louco que gerencia a Brooklyn Brewery. E quando Leo, por meio de sua amizade com Julian Van Winkle, conseguiu um barril vazio de Pappy da lendária destilaria de Kentucky, nós o enviamos para a Brooklyn Brewery, e Garrett envelheceu uma cerveja personalizada para nós nele. O resultado foi extraordinário — uma colaboração genuinamente especial e divertida que nunca teria acontecido se o sommelier tivesse continuado no comando do programa de cerveja.

Quando percebemos o tremendo sucesso que estávamos tendo com os programas de bebidas, nossa equipe de gestão elaborou uma lista de todos os aspectos do restaurante que poderiam se beneficiar de alguma atenção, incluindo toalhas de mesa, trabalho secundário e treinamento instrucional. Investimos menos tempo nesses aspectos, mas eles poderiam fazer uma diferença real na experiência daqueles que trabalhavam lá e nos nossos resultados.

Um exemplo é o cara que assumiu o PVS (que significa "porcelana, vidros e prata" — não soa sexy?). Ele se dedicou a reduzir o número de perdas por quebra. Descobriu que as prateleiras na sala das louças eram 1,27cm mais curtas, fazendo com que as hastes das taças ficassem acima do topo quando passavam pela máquina de lavar louça. Ele conseguiu eliminar a perda em 30% após instalar algumas prateleiras de vidro novas. Isso significa muito dinheiro e um fator muito impulsionador, pois também significa que não ficamos mais sem taças de água no meio do serviço.

Em seguida, ele solicitou ao faz-tudo que instalasse um tapete de borracha grosso na mesa de aço inoxidável onde ficavam os pratos sujos a serem lavados, e bingo — também não havia mais lascas na borda dos pratos caros de cerâmica feitos à mão.

Esses não eram itens de linha perdidos na lista de tarefas de um gerente, repleta de milhares de outras coisas, mas pequenas correções baratas implementadas por um jovem que prestava muita atenção. Essas pequenas mudanças economizaram milhares de dólares para o restaurante nos primeiros meses. E, embora alguns desses programas afetassem alguns clientes mais diretamente do que outros, você não precisava saber como eram os armários de toalhas de mesa ou as prateleiras de vidro para sentir os efeitos.

Esses programas de propriedade não foram atribuídos a ninguém e a participação era estritamente voluntária. Embora muitos dos que avançaram

Hospitalidade Irracional

tivessem conhecimento da área que escolheram, eles não precisavam começar como especialistas. Tudo o que pedimos foi que demonstrassem interesse e curiosidade e apresentassem os primeiros indícios de uma paixão.

"Pode não Funcionar" é um Motivo Terrível para não Tentar

Não vou mentir: é muito mais fácil não compartilhar a responsabilidade — pelo menos no começo. (Esse é o problema do "é mais rápido fazer isso sozinho".) Mas recusar-se a delegar porque pode demorar muito para treinar alguém só atrapalhará seu crescimento.

No início, os jovens que administravam esses programas de propriedade exigiam muita supervisão, encorajamento e conselhos. Fazer essa mentoria deu muito trabalho. E *tivemos* alguns percalços no caminho. Sim, montamos grades de proteção para que Kirk não perdesse US\$1 milhão em cerveja, mas um garoto recém-saído da faculdade de hotelaria naturalmente cometerá mais erros do que alguém com dez anos de experiência em um programa de bebidas.

Embora leve mais tempo para consertar o erro de outra pessoa do que fazê-lo você mesmo, é um investimento de tempo de curto prazo com ganhos de longo prazo. Se você insistir em ter um gerente com experiência anterior, nunca conseguirá promover um garçom promissor para a função. Dessa forma, torna-se impossível promover alguém da equipe interna se você esperar até que um funcionário tenha a experiência de que precisa. **Muitas vezes, o momento perfeito para dar mais responsabilidade a alguém é *antes* que essa pessoa esteja pronta.** Dê uma chance, e essa pessoa quase sempre trabalhará muito para provar que você está certo. Visto que acabei promovendo Kirk ao cargo de gerente geral do EMP, pode-se dizer que o investimento valeu a pena.

Enquanto estou sendo sincero, há outro motivo pelo qual é mais fácil não fazer isso: pode não funcionar. Aprendemos da maneira mais difícil, por exemplo, que seria melhor se a pessoa que dirigisse o programa de aluguel de uniformes e toalhas de mesa fosse um dínamo organizacional obstinado que tivesse capacidade de controlar o estoque, gerenciar as despesas e ter prazer em manter um armário arrumado e funcionalmente eficiente — não um sonhador visionário.

Mas se estivéssemos buscando encorajar as pessoas a tentar, não podíamos penalizá-las se não fossem bem-sucedidas; nós simplesmente encontrávamos outra área em que elas poderiam investir seu tempo. Sempre acreditei que "talvez não funcione" é um motivo horrível para não tentar algo, especialmente quando existe a real possibilidade de deixar as pessoas que trabalham para você mais engajadas com sua missão.

A Melhor Forma de Aprender é Ensinando

Meu pai diz que a melhor forma de aprender é ensinando, e ele me ensinou a estudar para as provas como se eu fosse dar uma aula. Descobri que, se estudasse o material como se tivesse que prepará-lo para ensinar a alguém, aprenderia muito mais do que se tivesse feito de outra forma.

No EMP, fiz do ensino parte de nossa cultura.

O espírito de colaboração que surgiu do programa de propriedade foi inspirador para todos nós, mas pedir a alguém para assumir um setor inteiro foi um enorme compromisso. Então, quando John Ragan iniciou uma reunião semanal chamada Happy Hour, dedicada aos vinhos, às cervejas e aos coquetéis de nosso cardápio, incentivamos a equipe a intervir e a fazer as próprias apresentações.

Uma apresentação única soava muito menos como uma obrigação do que assumir um programa de propriedade — e era divertido porque as pessoas que trabalhavam para nós *adoravam* comida e vinho. Se elas tivessem um momento iluminado ao provar uma taça de vinho de Borgonha em um bar de vinhos e quisessem saber mais sobre a história da região ou, por fim, se provassem um xerez que não tinha gosto de coisa velha, apresentado no Happy Hour, isso se tornava uma desculpa para pesquisar sobre outras bebidas e, depois, compartilhar o aprendizado com a equipe.

Rapidamente, os tópicos do Happy Hour começaram a transcender vinhos e destilados. O Madison Square Park ficava do lado de fora de nossas enormes janelas; um dos garçons fez uma apresentação sobre a história do parque, para que tivéssemos fatos interessantes para compartilhar com os clientes. (As regras do beisebol haviam sido criadas lá; a tocha da Estátua da Liberdade fora exibida lá; e aquele foi o local da primeira iluminação comunitária da árvore de Natal do país em 1912.) Isso nos levou a entrar em contato com Kenneth T. Jackson, um professor da Columbia e maior autori-

Hospitalidade Irracional

dade mundial na história de Nova York; ele levou toda a equipe para um tour pelo parque e pelos quarteirões ao redor dele.

Jeff Taylor era nosso residente que adorava contar a história dos restaurantes. Uma vez por mês, ele mergulhava fundo em um restaurante icônico da velha escola, como o Le Pavillon, que estreou na Feira Mundial de 1939, lançou chefs como Jacques Pépin e definiu a comida francesa e a alta gastronomia para os nova-iorquinos na segunda metade do século XX.

Billy Peelle, um garçom da cozinha, mergulhou no vasto arquivo histórico de cardápios da Biblioteca Pública de Nova York, terminando com uma apresentação impressionante sobre o design de cardápios e sua evolução na segunda metade do século XX e do XXI. O design do menu estava totalmente fora do escopo do papel de Billy; foi um projeto que eu mesmo desenvolvi, em colaboração com nosso designer gráfico. Mas ele sabia que sua apresentação nos conectaria à nossa herança — o legado que nos encarregamos de defender e estender. Talvez não seja uma surpresa que, anos depois, Billy também tenha se tornado gerente-geral.

Deixe-os Liderar

Essas Happy Hours tiveram um importante benefício colateral. Normalmente, as aulas em um restaurante são ministradas pelos gerentes, não pela equipe. Mas à medida que mais membros da equipe horista conduziam as aulas, mais eles agiam como líderes.

Eu queria levar isso um passo adiante.

Já disse que acredito que o momento mais importante de liderança em um restaurante é a reunião pré-refeição, quando o gerente entra em ação para ensinar, inspirar e alinhar a equipe antes do atendimento. Uma vez por semana, aos sábados, retirávamos a responsabilidade de conduzir aquela reunião dos gerentes e a passávamos para um membro da equipe.

Liderar a reunião pré-refeição significava atuar como mestre de cerimônias, seguindo o modelo que estabeleci: um esclarecimento básico sobre coisas como folha de pagamento e seguro de saúde, seguido por um breve discurso sobre uma experiência de serviço que você teve e achou emocionante ou inspiradora. No final, você entregaria a reunião a um sommelier ou a um subchef para falar sobre a carta de vinhos e mudanças no cardápio.

Criando uma Cultura de Colaboração

A parte do meio era o desafio, especialmente se você ficava nervoso em falar para um grupo. Muitas pessoas contaram histórias sobre mesas que serviram no EMP ou experiências de serviço que tiveram em outros lugares, boas e ruins. Também era possível contar uma aventura que teve fora do mundo da gastronomia e dos restaurantes, como o shot que tomei após meu corte de cabelo. Desde que a experiência tenha lhe ensinado uma lição sobre como fazer as pessoas se sentirem vistas, bem-vindas e apreciadas, estava dentro das regras.

Liderar a reunião pré-refeição de sábado deu aos funcionários horistas a chance de assumir uma função normalmente desempenhada por gerentes. Eles estavam contribuindo não apenas para o aprendizado da equipe, mas para sua inspiração. E pedir à equipe para conduzir essas reuniões e apresentar-se no Happy Hour trouxe outro benefício inesperado: todos ficaram mais à vontade para falar em público.

Sempre me senti confortável ao falar para diversas pessoas. No ensino médio, fiz teatro e também participei do conselho estudantil. Seguindo o conselho de meu pai para desenvolver meus pontos fortes e fracos, fiz um curso de oratória na Cornell. Esse curso teve um impacto duradouro em mim e foi onde aprendi um dos princípios mais importantes de falar em público, que sigo até hoje: diga a eles o que você vai dizer, fale e depois diga a eles o que acabou de dizer.

Outra importante lição daquela aula foi que **falar em público é uma habilidade de liderança**. Ser capaz de comunicar sua empolgação é uma maneira poderosa de envolver as pessoas que trabalham para você e com você e contagiá-las com energia e senso de propósito.

Vimos uma diferença enorme na equipe nos meses seguintes após eles começarem a liderar as reuniões de Happy Hours e pré-refeição aos sábados. Adorei a maneira como eles conversavam com os clientes: afinal, anotar um pedido, ajudar um cliente a escolher um vinho ou explicar como um prato é elaborado são formas de falar em público. Eles também tinham mais propriedade ao dar instruções aos colegas durante o atendimento.

Mas a mudança real era intangível; eles começaram a se comportar de maneira diferente.

Torne Obrigatório

Nos dias atuais, "obrigatório" é um palavrão no local de trabalho.

Os líderes tendem a tornar os programas enriquecedores voluntários, presumindo que todos ficarão tão entusiasmados com eles quanto eles próprios. Contudo, conseguir que as pessoas mudem seu comportamento é difícil; e às vezes é preciso incentivá-las para que participem.

Isso não significa explorar as pessoas — é importante pagá-las por seu tempo. Mas não tenha medo de tornar a participação em um programa obrigatória.

Havia muitas oportunidades estruturadas disponíveis para quem queria colaborar no EMP. Mas algumas pessoas precisam contribuir para saber como é bom fazê-lo, então desenvolvi alguns truques para incentivar a participação. Um deles foi tornar a colaboração obrigatória para alguns dos novos contratados.

Em todos os restaurantes em que já trabalhei, a sala de reservas era um caos. O salão parecia perfeito, a cozinha deveria estar impecável e a sala do gerente costumava ser bastante organizada. Caso contrário, fica difícil encontrar o que se precisa na hora que se precisa, e é bom manter os vestiários arrumados e limpos, porque esses espaços são importantes para o moral da equipe.

Portanto, qualquer coisa que não tivesse um destino certo, mas que precisasse ser tirada do salão, era enfiada na sala de reservas. Copos promocionais de um distribuidor de bebidas? Uma caixa extra de decorações de Natal? Um livro de receitas que a equipe estava distribuindo? Tudo era empilhado na sala de reservas, o equivalente a uma lata de lixo no restaurante. E sempre havia um quadro de avisos na parede, negligenciado e desorganizado, repleto de anúncios e lembretes desatualizados.

A melhor maneira de introduzir um novo funcionário à sua cultura de trabalho é fazê-lo trabalhar lado a lado com alguém que acredite nela. Mas as pessoas na recepção tendem a trabalhar sozinhas ou com mais uma pessoa apenas, e elas precisavam estar atentas ao telefone em vez de comparecer à reunião pré-refeição, o que as mantinha um pouco por fora do circuito cultural. No entanto, como eram as primeiras pessoas com quem os clientes interagiam, queríamos que fossem bons embaixadores.

Assim, usamos um ato de colaboração obrigatória para trazê-las para o rebanho. Quando um novo recepcionista era contratado no Eleven Madison Park, pedíamos que imediatamente fizesse algo para melhorar a aparência da sala de reservas. Era uma ordem, não um convite, embora fosse possível decidir o que fazer e quão grande ou pequena seria a mudança.

Tínhamos que mostrar às pessoas, logo de cara, que estávamos falando sério quando dizíamos que a colaboração era bem-vinda. Caso contrário, até mesmo um verdadeiro iniciante poderia hesitar antes de entrar para a equipe: *eu me pergunto... no pé de quem eu estaria pisando se arrumasse aquele pesadelo que era o quadro de avisos?*

O programa foi útil tanto para eles quanto para nós. As pessoas novas tinham o dom de estar vendo tudo pela primeira vez e podiam enxergar todas as falhas a que o restante de nós já estava acostumado.

Isso também os ajudou a quebrar o gelo com os novos colegas; queríamos que as pessoas se sentissem à vontade para pedir ajuda ou esclarecimento sobre alguma coisa, e atribuir uma colaboração dava início ao seguinte: "Será que um quadro de avisos adicional seria útil aqui? Se sim, com quem eu falo sobre o orçamento para pequenas despesas?" Sem falar que os agradecimentos inevitáveis — "Como conseguimos viver assim por tanto tempo?" — viriam tanto dos novos colegas quanto do chefe.

Atribuir uma colaboração vai contra o conselho de "Não chegue arrasando com tudo" que costumo dar a jovens gerentes, eu sei, mas há uma diferença importante: recepcionista é uma posição de nível básico. Ao capacitar a equipe mais jovem, podemos colher muitas coisas boas.

Depois que as pessoas sentiam como era bom fazer uma contribuição, elas começavam a procurar, de forma mais ativa, uma maneira de fazê-la novamente. Foi também uma forma de nos comunicarmos, logo no primeiro dia de uma pessoa nova: *contratamos você por um motivo. Sabemos que você tem algo a contribuir e não queremos esperar para ver o que é.*

Ouça Cada Ideia

Quando você gasta tempo incentivando a equipe a contribuir, é melhor garantir que ela saiba que as portas estão sempre abertas para novas ideias. Existe sempre uma maneira melhor de fazer algo, e deixei claro: se você

Hospitalidade Irracional

tivesse uma ideia de como poderíamos melhorar, eu estava interessado em ouvi-la.

A primeira vez que alguém vier até você com uma ideia, ouça-a com atenção, porque a forma como você lida com ela ditará como os outros escolherão contribuir no futuro. Descarte-as de primeira e você apagará uma chama difícil de reacender.

Alguém pode abordá-lo com uma ideia que você já ouviu antes ou que já experimentou; não a rejeite automaticamente. Talvez a pessoa tenha pensado nisso de uma maneira que você não pensou antes, ou as circunstâncias mudaram e você não está mais tão à frente de tudo para saber se pode funcionar.

Alguém pode vir até você com uma ideia que é simplesmente idiota. Essa é uma oportunidade de ensinar — de ouvir e depois explicar, de maneira respeitosa, por que é improvável que a ideia funcione, para que a pessoa saia encorajada e instruída. Lembre-se: muitas vezes, logo atrás de uma ideia ruim, há uma ideia brilhante.

Grandes Líderes Criam Líderes

Os gerentes nem sempre ficavam entusiasmados com essa ênfase na colaboração, principalmente se tivessem subido na hierarquia. Isso pode ser um problema em culturas de "promoção interna"; com o poder vem uma responsabilidade maior, e renunciar a essas responsabilidades — especialmente se forem novas e conquistadas a duras penas — pode parecer um rebaixamento.

Então nós os lembramos disto: grandes líderes criam líderes. **Você não quer ter cem chaves; você ganha quando tem somente uma — a chave da porta da frente.** Assim que entregassem algumas dessas responsabilidades, eles teriam mais tempo para fazer suas próprias contribuições.

Não há como superestimar o crédito que dou a essa abordagem mais colaborativa para nosso sucesso final: a meu ver, a colaboração é a base sobre a qual a hospitalidade irracional foi construída. Aos trancos e barrancos, cada um dos programas melhorou de maneiras que nos surpreenderam. As ideias que estávamos desenvolvendo eram mais novas e frescas; na verdade, muitas das ideias pelas quais viríamos a ser mais celebrados nasceram nes-

Criando uma Cultura de Colaboração

ses programas. E havia mais delas, porque não éramos apenas eu, Daniel e alguns gerentes apresentando um plano.

Dar à equipe mais responsabilidade do que o esperado teve um impacto incrível — quanto mais responsabilidade confiávamos a eles, mais responsáveis eles se tornavam. Quanto mais ensinavam, mais compreendiam a importância de tudo o que pedíamos que aprendessem. Quanto mais lideravam reuniões como pré-refeição e Happy Hour, mais começavam a agir como líderes. Quanto mais prática tinham em falar em público, mais confiantes ficavam.

E porque cada pessoa na equipe sabia que a missão foi criada coletivamente, todos estavam dispostos a trabalhar ainda mais para atingir nossos objetivos.

CAPÍTULO 11
UM EMPURRÃO EM DIREÇÃO À EXCELÊNCIA

"Will! Tenho certeza de que acabei de acompanhar Frank Bruni até uma mesa."

Era final de 2006 quando nosso maître ofegante e de olhos arregalados chegou até mim na estação de serviço para me dizer que o crítico gastronômico do *New York Times* acabara de entrar no restaurante. O *Times* geralmente exige o período de alguns anos entre uma crítica e outra, e não estávamos nem perto do prazo. Mas a contratação de um novo chef empolgante às vezes pode desencadear uma nova crítica, e esperávamos que nosso trabalho árduo, sem mencionar o burburinho que estávamos criando, o inspirasse a dar outra olhada em nosso restaurante.

Se Bruni estava ali, era sinal de que nossa temporada de críticas havia começado.

Dizer que a equipe estava focada no que o *Times* teria a dizer sobre as mudanças que fizemos no Eleven Madison Park é um eufemismo. "Obcecada" provavelmente é a palavra mais adequada.

Para ser justo, as apostas eram altas. O Eleven Madison Park era, francamente, o tipo de restaurante Danny Meyer que deveria ter três estrelas. O Union Square Cafe tinha três estrelas. O Gramercy Tavern tinha três estrelas. O Tabla tinha três estrelas.

108

Um Empurrão em Direção à Excelência

Mas o EMP ganhou duas estrelas do *Times* em sua estreia e novamente quando foi reavaliado em fevereiro de 2005. Esta última crítica enfadonha de duas estrelas foi o catalisador para a contratação de Daniel e a minha. Portanto, embora nós dois estivéssemos sonhando com quatro estrelas no futuro, a fim de garantir que tivéssemos um emprego — para não falar de sanidade — *precisávamos* de três agora.

Era hora de agir.

A Excelência é o Ponto Culminante de Milhares de Detalhes Executados com Perfeição

Uma confissão: sou uma pessoa perfeccionista.

Se minha mulher estaciona o carro torto, eu o estaciono novamente; se ela deixar um livro ligeiramente torto na mesa de cabeceira, eu o endireito para que fique alinhado com a borda. Toda vez que ela arruma a cama, eu a refaço. (Felizmente, ela leva isso com bom humor.) Não consigo deixar de notar essas imperfeições e é quase impossível me impedir de corrigi-las. Para que eu me sinta em paz, preciso que as coisas ao meu redor estejam perfeitas — excessivamente organizadas e em seu devido lugar.

Já não peço desculpas por isso, mas nem sempre foi assim; passei toda a minha vida sendo criticado por ser muito meticuloso e, por diversas vezes, me senti envergonhado. Meus amigos da faculdade entravam escondidos em meu quarto para mover os objetos em minha cômoda alguns centímetros do lugar, e depois esperavam para ver quanto tempo eu levaria para perceber e arrumá-los de volta. Eu veria imediatamente, é claro, e tentaria colocar tudo de volta no lugar de forma casual, sem que ninguém percebesse. Essa provocação, embora afetuosa, era impiedosa.

Foi somente no Eleven Madison Park que vim a reconhecer minha atenção fanática aos detalhes como um superpoder. E embora não seja meu único superpoder, definitivamente foi o que entrou em ação enquanto nos preparávamos para a nossa primeira crítica.

O setor de restaurantes — na verdade, qualquer negócio relacionado a serviços — é difícil para um perfeccionista, pois são organizações administradas por humanos. E, por mais que tentemos, nós cometemos erros.

Há duas opções de resposta quando você percebe que a perfeição é algo inatingível: desistir completamente ou tentar chegar o mais próximo possí-

Hospitalidade Irracional

vel dela. No EMP, optamos pela segunda. **Pode não ser possível fazer *tudo* perfeitamente, mas é possível fazer *muitas coisas* de maneira perfeita.** Essa é a própria definição de excelência: acertar o máximo de detalhes possível.

Sir David Brailsford foi um treinador contratado para revitalizar o ciclismo britânico. Ele fez isso comprometendo-se com o que chamou de "agregação de ganhos marginais", ou uma pequena melhoria em diversas áreas. Nas palavras dele: "Todo o princípio veio da ideia de que, se você desmembrar tudo o que possa imaginar que envolve andar de bicicleta e depois melhorar tudo em 1%, obterá um aumento significativo quando juntar esse aprendizado novamente."

Isso ressoa profundamente em mim e é uma descrição bastante precisa de como abordamos aquela temporada de críticas. A perfeição como meta geral era avassaladora, para não dizer inatingível — nós sabíamos disso. Mas queríamos chegar o mais próximo da perfeição possível, e estávamos agindo dessa maneira muito antes de o maître me dizer que Frank Bruni estava sentado na mesa 32.

Cada vestiário e cozinha de restaurante na cidade de Nova York tem uma foto do crítico gastronômico do *New York Times* colada na parede. Ele deveria ser uma pessoa anônima, mas não importa quanto um novo crítico tente varrer suas fotos da internet, uma velha capa de livro ou uma foto em uma festa publicitária sempre escapa. (Atualmente, muitas vezes é uma foto borrada, tirada clandestinamente e divulgada por outro gerente de restaurante.)

Eis o segredo: não importa se você reconhece o crítico. Nenhum time de futebol joga mal vinte jogos e em seguida avança para o Super Bowl. Da mesma forma, você não pode ser um restaurante medíocre 364 dias por ano e se transformar em um ótimo restaurante no dia em que o crítico resolve aparecer.

É claro que, se você reconhecer o crítico antes de ele se sentar, você pode levá-lo para uma mesa que fica na praça onde há os garçons mais habilidosos; pode garantir que a comida que você trouxer seja perfeitamente preparada e seja o prato mais bem montado. Você pode mostrar a um crítico a melhor versão de seu restaurante, mas não pode se tornar algo que não é de repente — e eles também sabem disso. O restaurante que eles estão avaliando é o que está sendo apresentado hoje.

Um Empurrão em Direção à Excelência

Foi por isso que passamos os meses que antecederam aquele momento tentando ser um pouco mais perfeitos todas as noites.

As Menores Coisas Importam

Buscamos a excelência em cada elemento do que fizemos.

A equipe da cozinha foi treinada para preparar os pratos de Daniel com precisão e consistência. A excelente comunicação entre o salão e a cozinha garantiu que fosse feita a marcação de tempo para cada prato, em cada mesa.

Todos que trabalhavam no salão usavam uniformes bem passados, tinham os cabelos arrumados e as mãos bem cuidadas. Cada peça de talher e cada copo brilhavam.

Os garçons conheciam o menu de trás para a frente — de onde vinham os componentes de cada prato e exatamente como eles eram preparados. Esse é um exemplo de como ser irracional na busca pela excelência nos tornou mais hospitaleiros. Porque quando um garçom entregava um prato, ele não precisava se esforçar para lembrar sua descrição; ele estava tão seguro de seu conhecimento que toda a sua energia poderia ser direcionada para a conexão com o cliente.

O treinamento se estendeu muito além do conhecimento do menu e da carta de vinhos para ajustar os aspectos mais minuciosos do ambiente. Não podíamos começar a noite com as luzes muito baixas porque nossas janelas eram enormes, e o contraste de um ambiente muito escuro com a claridade do lado de fora era desagradável. Mas, como o sol se punha em horários diferentes todos os dias (sem mencionar que a luz que entrava por aquelas enormes janelas mudava drasticamente de acordo com o clima lá fora), diminuir os níveis de luz ao longo da noite não era uma tarefa que pudéssemos automatizar ou aplicar uma regra simples, como "Nível 4 às 19h".

A equipe encarregada de ajustar as luzes teve que ser treinada e permanecer atenta. Talvez mais importante ainda, eles tinham que entender o impacto que a iluminação tinha na atmosfera do salão e em toda a experiência. Eles tiveram que aceitar a importância de acertar o nível exato de iluminação.

Hospitalidade Irracional

Da mesma forma, passamos horas selecionando cada música em nossas listas de reprodução. Mas uma música muito animada e alta em um salão quase vazio fará você se sentir como o primeiro a chegar na festa mais deprimente do mundo; então treinamos a equipe da porta da frente para avaliar quando era hora de mudar da lista de reprodução de jantar vazio, mais suave, para a lista de salão meio cheio, ligeiramente mais rápida (e assim por diante) e para controlar o volume de acordo com cada lista.

Níveis de iluminação e listas de reprodução são detalhes com os quais todo restaurante lida. Mas havia alguns problemas que não poderíamos resolver apenas sendo mais excelentes — tivemos que inovar.

Por exemplo, é sabido que, logo no início da refeição e bem no final dela, o tempo parece desacelerar. Nesses momentos, o cliente fica mais sensível a qualquer atraso — todos podemos sentir como se estivéssemos esperando *horas* pelo primeiro copo de água ou pela conta. Portanto, é crucial colocar algo — qualquer coisa — na frente do cliente o mais rápido possível.

Um copo de água é uma ótima solução, mas o EMP não era uma lanchonete de esquina; não podíamos servir água de uma jarra de aço inoxidável assim que um cliente se sentasse à mesa. O processo que implementamos era muito lento. O maître perguntava ao cliente que tipo de água ele gostaria de beber — com gelo, com ou sem gás — e então encontrava o garçom da mesa para comunicar a preferência. O garçom buscava a garrafa e a trazia de volta à mesa, uma prática que se tornava ainda mais demorada porque o salão era muito grande.

Passamos muito tempo nas reuniões com gerentes conversando sobre como tornar isso mais eficiente. Acabamos roubando uma solução do beisebol, em que o apanhador precisa se comunicar com um arremessador a dezoito metros de distância: a linguagem de sinais.

Assim que o recepcionista o levasse até a mesa, o maître entregaria o cardápio e perguntaria como ele preferia sua água. Momentos depois, e sem nenhuma comunicação visível — muitas vezes, antes mesmo de o maître se afastar da mesa — o garçom já estaria servindo a água que havia sido escolhida.

Não foi um truque de mágica; o maître havia sinalizado discretamente a preferência do cliente para um dos colegas por meio de um gesto com a

Um Empurrão em Direção à Excelência

mão nas costas (dedos mexendo para água com gás, um corte no ar com um dedo para água sem gás e uma girada de punho para água com gelo).

Outra questão era que o salão parecia *cheio*. Eram necessárias muitas pessoas para executar a hospitalidade nesse nível, e muitos corpos se movendo rapidamente em um salão — mesmo em um tão grande quanto o do EMP — podem parecer caóticos. Em uma brasserie movimentada, os garçons ziguezagueando pelo salão conferem uma energia empolgante; já em um ambiente requintado, a comoção pode vir a ser um incômodo.

Assim, estabelecemos padrões de tráfego para os funcionários, semelhantes aos das ruas da cidade, embora imperceptíveis para nossos clientes. Os cantos tinham sinais invisíveis de parar ou ceder a vez de passar. A maior parte do salão tinha sentido único, e o tráfego era no sentido horário. Em um corredor de mão dupla, você deveria encostar na parede à direita, assim como faria se estivesse dirigindo.

Como costumávamos dizer, o objetivo era parecer um balé, não um jogo de futebol. Essas regras de trânsito invisíveis permitiam que a equipe se movimentasse de maneira ordenada pelo salão sem se esquivar uns dos outros ou depender de dicas verbais como "Com licença" ou "Atrás de você".

Os clientes não conseguiam perceber essas sutilezas, mas cada uma delas contribuía para a sensação geral de conforto e serenidade que as pessoas desfrutavam enquanto jantavam conosco.

A Maneira como Você Faz uma Coisa é a Maneira como Você Faz Tudo

Precisávamos estar fornecendo um serviço altamente preciso o tempo todo. Para sintonizar os funcionários na frequência correta, pedimos que começassem a pensar dessa forma assim que entrassem pela porta.

Treinamos as pessoas que preparam o salão para colocar cada sousplat na mesa de modo que, se um cliente o virar para ver quem o fabricou, o selo de Limoges esteja voltado para eles, com o lado direito para cima.

Isso é ridículo, certo? Totalmente irracional. Talvez um ou dois clientes virassem aquele sousplat em um mês. Na maioria das noites, ninguém o fazia. Mesmo que o fizessem, eles adivinhariam que esse arranjo foi intencio-

Hospitalidade Irracional

nal? E algumas pessoas provavelmente o viraram de uma maneira que não previmos, de modo que o selo do fabricante não estava voltado para cima.

Tudo bem — porque, independentemente de alguém virar ou não, aquele sousplat perfeitamente posicionado já havia cumprido seu papel.

A maneira como você faz uma coisa é a maneira como você faz tudo, e descobrimos, repetidamente, que a precisão nos menores detalhes se traduz em precisão nos maiores. Ao pedirmos à pessoa que preparava o salão para colocar cada sousplat com total precisão e foço, pedimos a ela que desse o tom de como faria tudo durante o serviço — como cumprimentaria os clientes no salão, como se comunicaria com os colegas, serviria o champanhe no início de uma refeição e a xícara de café no final dela.

Há uma história sobre Walt Disney desafiando seus Imagineers quando eles estavam criando os primeiros animatrônicos para o Enchanted Tiki Room. Os Imagineers estavam convencidos de que haviam produzido o pássaro animatrônico mais realista e detalhado possível, mas Disney não estava satisfeito. Ele apontou que pássaros reais respiravam; o peito se expandia e se contraía. Esse pássaro não estava respirando.

Frustrados, os Imagineers lembraram a ele de que haveria centenas de elementos de distração no Tiki Room, incluindo cachoeiras, luzes, fumaça, totens e flores cantando — ninguém notaria se um único pássaro estava respirando ou não. Ao que Disney respondeu: "As pessoas conseguem sentir a perfeição."[2]

Talvez as pessoas não percebam cada detalhe individual, mas, no conjunto, eles são poderosos. Em qualquer grande empresa, a maioria dos detalhes aos quais você presta atenção são aqueles que apenas uma pequena porcentagem de pessoas notará. Mas, se eu pudesse instituir um sistema que exigisse que toda a equipe pensasse cuidadosamente até mesmo nas tarefas mais rudimentares, estaria construindo um mundo em que a intenção fosse o padrão e os clientes fossem capazes de senti-la.

Definir a apresentação do salão com intenção nos permitiu controlar todos os detalhes que *podíamos* controlar, tornando-nos menos facilmente confundidos por tudo o que não conseguíamos. Em qualquer noite, um milhão de problemas tinham o potencial de atrapalhar um serviço. Todas as cinco reservas em nossa primeira mesa poderiam chegar atrasadas, garantindo que atrasaríamos a acomodação dos clientes que che-

Um Empurrão em Direção à Excelência

gassem para essas mesmas mesas algumas horas depois. Um cliente pode chegar irritado por causa de uma separação ou de um dia ruim no trabalho. A máquina de café expresso pode estragar no meio do serviço.

Mas havia muitas coisas que *podíamos* controlar. Podíamos garantir que as toalhas de mesa estivessem limpas e imaculadamente passadas, que o logotipo da Riedel na base de cada taça de vinho estivesse alinhado com a borda da mesa e que todos os talheres fossem colocados à mesma distância da borda da mesa — o comprimento da articulação superior do polegar.

Estávamos focando esses detalhes em benefício da experiência do cliente, mas o impacto que eles tiveram sobre nós foi igualmente profundo; *nós* também podíamos sentir isso.

Assim como entrar em uma sala cuidadosamente organizada pode diminuir sua pressão arterial, talvez aquela mesa perfeita fosse suficiente para lembrar a um garçom confuso que, não importa quão mal ele se sinta, o céu não está caindo sobre sua cabeça. Talvez ver aquela imaculada área branca, com copos e talheres tão cuidadosamente arrumados por seus colegas, fosse suficiente para devolvê-lo ao estado de espírito com que havia iniciado o dia, permitindo-lhe respirar fundo, se recompor e cumprimentar os clientes com calma e cordialidade: "Bem-vindos ao Eleven Madison Park."

Finalize Firmemente: a Regra dos Três Centímetros

Digamos que você pegue um prato da cozinha e o leve para o salão com cuidado, de modo que permaneça exatamente como o chef o preparou — o molho perfeito, o minúsculo recheio de cerefólio equilibrado. Então, na pressa para realizar a tarefa seguinte, você empurra o prato ao colocá-lo na mesa. E talvez o peixe tombe ligeiramente ou a guarnição escorregue.

Quando você perde o foco naquele último centímetro, toda a apresentação fica arruinada.

Muitas pessoas diriam que isso não é o fim do mundo, e talvez elas tenham razão. Mas acredito que esse erro é maior do que uma mancha de molho onde não deveria estar em um prato intocado.

Cada prato que servimos no Eleven Madison Park era resultado de semanas, senão meses, de desenvolvimento e teste de receitas. O garçom que o descreveu para o cliente aprendeu meticulosamente a descrição e trabalhou

115

Hospitalidade Irracional

duro para elaborar uma imagem para o cliente, para que o prato parecesse irresistível. Os cozinheiros que o prepararam investiram anos de treinamento e experiência para o preparo e o revestimento perfeitos da proteína, e os outros seis componentes do prato representavam outras horas de trabalho e cuidado.

Se o seu trabalho era colocar aquele prato na frente do cliente, você era o último elo de uma longa cadeia de pessoas que haviam investido muitas horas de trabalho naquele prato. Se, naqueles centímetros finais, uma flor de abobrinha caísse por causa de seu descuido, você estaria decepcionando muita gente — inclusive o cliente, que confiou algumas horas de sua vida a você na expectativa de que você o surpreendesse.

Infelizmente, é comum as pessoas perderem o foco naqueles últimos centímetros, comprometendo todo o trabalho que elas e suas equipes fizeram para chegar à posição em que estão. Isso não é específico para restaurantes, embora existam milhares de exemplos específicos de restaurantes em que consigo pensar — deixar de dedicar um minuto para garantir que as configurações finais de iluminação e música estejam corretas antes de abrir, por exemplo, ou negligenciar a tarefa de acompanhar os clientes até a porta no final da refeição, para que você possa se despedir pessoalmente.

Para a equipe do EMP, a regra dos três centímetros era tanto uma instrução literal — para colocar os pratos com cuidado na mesa — quanto metafórica, um lembrete para permanecer presente e seguir até os últimos centímetros, não importa o que você esteja fazendo.

O conceito da regra dos três centímetros se tornou viral no EMP. Ouvi a equipe referir-se a isso diversas vezes quando, antes da refeição, conversavam sobre outras experiências de serviço que tiveram. Mais importante: eu os ouvi conversando sobre isso uns com os outros.

Eu sabia que uma cultura de excelência estava se enraizando quando, à medida que as pessoas cresciam e subiam de cargo, elas assumiam a missão de transmitir essa cultura aos recém-chegados. E a regra dos três centímetros era a lição que eu provavelmente ouviria um funcionário mais antigo passando a alguém que estivesse começando conosco.

Estar Certo é Irrelevante

Na terça-feira, o serviço de jantar estava bastante movimentado quando um de nossos clientes pediu a carne com medula óssea e brioche, feita ao ponto para mal passado. Logo depois que seu prato foi entregue, ele chamou o garçom de volta à mesa. "Eu pedi a carne ao ponto para mal passada", ele reclamou, "e esta está mal passada".

Observei enquanto o garçom o corrigia. "Na verdade, senhor, isso *é* ao ponto para mal passado, mas se o senhor preferir ao ponto, ficarei feliz em devolvê-lo para a cozinha."

Eca.

Tecnicamente, o garçom *estava* certo, de acordo com o gráfico de cozimento de um livro escolar de culinária. (Um verdadeiro ao ponto para mal passado é, para muitas pessoas, um pouco mais mal passado do que elas esperam.) E eu sabia que ele não estava querendo ser rude.

Ele estava na defensiva porque não queria que o cliente pensasse que tínhamos cometido um erro. Ele fazia parte da equipe que buscava três estrelas, e com um olho não tão discreto em uma quarta — e não se ganham quatro estrelas cometendo erros.

Seu instinto era dar ao cliente o que ele queria, imediatamente — essa era a parte boa. Mas no que diz respeito à hospitalidade, não importava. Porque o orgulho não era o que aquele garçom estava comunicando. O que ele estava fazendo era dizer ao cliente que ele estava errado: "O senhor não sabe reconhecer uma carne ao ponto para mal passada quando vê uma." É claro que o cliente se sentiu envergonhado e repreendido; e ele tinha sido, mesmo que essa nunca tenha sido a intenção.

Então, lá estávamos nós novamente, tentando encontrar o delicado equilíbrio entre a excelência e a hospitalidade.

Se você corrigiu um cliente porque não quer que ele pense que você cometeu um erro, está cometendo um erro muito pior. Se a hospitalidade consiste em criar uma conexão genuína e essa conexão acontece apenas quando o cliente baixa a guarda, envergonhá-lo torna altamente improvável que você consiga recuperar essa conexão.

Ao buscar a excelência, estávamos tentando fazer o máximo possível de coisas certas. Ao mesmo tempo, tivemos que abrir mão do conceito de estar

Hospitalidade Irracional

certo, porque isso significava ir contra a própria essência do que estávamos tentando: fazer as pessoas se sentirem bem ao comer e beber em nosso restaurante.

Precisávamos ter certeza de que estávamos servindo os clientes, não nosso ego. Como Danny Meyer diz: "Estar certo é irrelevante." Portanto, em vez de explicar como é uma carne ao ponto para mal passado de verdade, precisávamos dizer: "Absolutamente, senhor, sinto muito", antes de dar ao cliente a carne preparada exatamente do jeito que ele queria.

Foi assim que nasceu um novo mantra no EMP: **"A percepção deles é a nossa realidade."**

O que significa: não importa se a carne está ao ponto ou ao ponto para mal passado. Se a percepção do cliente é que a carne está mal passada, a única resposta aceitável é: "Deixe-me corrigir isso." E a verdadeira hospitalidade significa dar um passo além e fazer tudo o que puder para garantir que a situação não se repita — neste caso, anotando internamente em nosso sistema de reservas que determinado cliente "pede a carne ao ponto para mal passado, mas prefere ao ponto."

É importante para mim deixar claro que o mantra "a percepção deles é a nossa realidade" não se aplica a situações em que um cliente está sendo abusivo ou desrespeitoso. O cliente *nem* sempre está certo e não é saudável não haver limites claros e aplicados para você e sua equipe sobre o que é um comportamento inaceitável. A linha é bem definida: o abuso não deve e não pode ser tolerado, ponto final.

Ainda assim, esse ajuste não foi fácil para todos da equipe. "Deixar para lá quando sei que estou certa parece humilhante", disse-me uma garçonete habilidosa, e eu sabia o que ela queria dizer. Mas o crédito que recebemos dos clientes por fazê-los felizes superava em muito o que perdíamos por cometer um suposto erro. Só é humilhante engolir isso se você levar para o lado pessoal. Eu lembrei à equipe que pedir desculpas não significa que você esteja errado.

Aproveite a Jornada

Em janeiro de 2007, um fotógrafo do *New York Times* ligou para o restaurante para agendar uma sessão para as fotos que acompanhariam a crítica do Eleven Madison Park, que seria publicada no final daquela semana.

Daniel e eu estávamos empolgados — e ansiosos, com razão. Relembrando, consigo ver o grande ponto de inflexão que essa crítica acabou sendo, tanto na história do restaurante quanto em nossas carreiras.

Felizmente, foi uma boa notícia. Bruni perguntou: "Quando você prestou atenção pela última vez no Eleven Madison Park? Se a resposta for há mais de um ano, olhe novamente."[3]

Todo aquele foco na excelência valeu a pena. Tínhamos alcançado nosso primeiro objetivo: as três estrelas do *New York Times*.

Em nossa primeira pré-refeição após a crítica ser publicada, servimos a todos na cozinha e no salão um pouco de champanhe, para que pudéssemos comemorar o que havíamos conquistado e quão longe havíamos chegado.

E eu disse a eles para guardar um pouco do sentimento que tiveram naquela tarde para que pudessem recorrer a ele quando as coisas ficassem difíceis, porque tínhamos um longo caminho a percorrer. "Tenham um ótimo trabalho. Quando terminarem, saiam e se divirtam — vocês merecem. Sintam tudo isso plenamente. Apreciem o momento. Então, voltem amanhã para que possamos retomar o trabalho."

(Quando, fiel à sua palavra, Danny enviou Richard Coraine para me perguntar se eu ainda queria sair do EMP para trabalhar no Shake Shack, eu disse a ele que pensava em ficar no EMP por um tempo.)

CAPÍTULO 12

RELACIONAMENTOS SÃO SIMPLES. O SIMPLES É DIFÍCIL.

Adoro qualquer desculpa para usar um smoking.

Portanto, foi emocionante colocar um e caminhar pelo tapete vermelho do James Beard Awards em maio de 2007, no Lincoln Center, com chefs como Thomas Keller e Daniel Boulud.

Estávamos lá porque Daniel havia sido indicado ao *Rising Star Chef of The Year Award* [Prêmio de Chef do Ano de Estrela em Ascensão, em tradução livre], concedido apenas a chefs com menos de 30 anos de idade. Ele acabara de completar 29 anos e, embora já tivesse sido indicado a esse prêmio antes, enquanto era chef no Campton Place, não havia vencido. Essa era sua última chance, e eu estava convencido de que ele o levaria para casa.

Em seguida, eles abriram o envelope: "E o prêmio de 2007 para Chef em Ascensão vai para David Chang, do Momofuku!"

Daniel ficou arrasado. Embora fosse seu nome que estaria no prêmio, todos sentimos que havíamos perdido. Os restaurantes de Chang, pode-se dizer, representavam uma reação aos restaurantes requintados; ele acreditava que era possível ter uma comida deliciosa sem toda aquela pretensão e chatice. Mas nós também! Daniel e eu estávamos fazendo tudo que estava ao nosso alcance para provar que jantares finos ainda eram relevantes e que essas tradições sagradas poderiam ser reimaginadas de uma forma que

Relacionamentos são Simples. O Simples é Difícil.

parecesse contemporânea e divertida. A diferença era que os restaurantes de Chang eram uma repreensão aos restaurantes requintados, enquanto nós esperávamos que o nosso representasse sua evolução.

Após a crítica do *Times*, começamos a sentir que nosso projeto talvez não fosse uma missão tão tola. Porém, naquela noite, Chang venceu e nós perdemos.

Foi um golpe muito duro. Então, imediatamente após o anúncio dos prêmios, comecei a convidar nossos amigos para voltar ao restaurante conosco. Embora eu também sentisse muito a perda, minha responsabilidade naquela noite era cuidar de Daniel. É fácil ser parceiro de alguém nos bons momentos, mas isso se torna mais importante nos momentos difíceis, e eu queria que ele se sentisse tão amado e apoiado quanto se tivesse vencido.

Mais tarde, seríamos conhecidos pelas lendárias festas de arromba que organizávamos no restaurante quando celebrávamos uma conquista. Mas a primeira festa que demos para nós mesmos foi em um dia de derrota. Isso me lembrou o conselho de um cliente bastante sábio: em vez de guardar sua melhor garrafa para beber em seu melhor dia, beba-a em seu pior.

Nunca fui o tipo de líder que afasta os sentimentos ruins. Após um revés, eu diria à equipe para seguir em frente e se espojar um pouco. "Gente, isso é péssimo. Estamos trabalhando duro e nos importamos muito; ainda assim, hoje não foi como esperávamos. Vamos nos permitir sentir essa decepção; ela é real e não precisamos fingir que não é."

Sinta sua decepção por completo, certamente — mas não há motivo para beber um vinho ruim enquanto faz isso. Então, na noite do prêmio, Richard Coraine apareceu em nosso porão com algumas lindas garrafas. Enchemos a sala com pessoas que nos amavam e acreditavam em nós. Daniel Boulud fez ovos mexidos para todos, como fazia quando eu estava na faculdade. (Eu tinha uma cozinha um pouco melhor para oferecer a ele desta vez.)

A festa não foi grande, mas foi uma celebração: nenhum comitê de James Beard poderia tirar quanto de si mesmo Daniel colocou na busca por seu objetivo ou tudo o que ele realizou. Embora tivéssemos perdido, a cerimônia de premiação em si parecia uma espécie de pódio. Foi eletrizante perceber que, de repente, estávamos no radar de pessoas cujo trabalho acompanhamos durante toda a nossa carreira.

Hospitalidade Irracional

Aquela noite foi difícil. Mas não foi devastadora, porque fazer a escolha de permanecermos juntos — de apoiarmos uns aos outros — nos aproximou ainda mais.

Volte-se para a Tensão

Trabalhar em restaurantes é desafiador: há muito o que fazer, e tudo exige rapidez. Há escadas para subir, cozinhas quentes e clientes com desejos e pedidos conflitantes. As pessoas da equipe, de todas as áreas da vida, precisam aprender a se relacionar umas com as outras.

Embora tenhamos chegado ao ponto em que todos que trabalhavam no EMP estavam pressionando pelo mesmo resultado — cada um de nós queria tornar o restaurante o melhor possível —, nem sempre concordávamos sobre a melhor maneira de alcançar esse objetivo.

E qualquer atrito que essas opiniões divergentes possam ter causado entre nós foi intensificado por quanto todos queríamos alcançar o sucesso. Já vi isso em outras empresas, onde todos se preocupam tanto com a missão que se esquecem de se importar uns com os outros. Nossa paixão coletiva — uma de nossas maiores forças — corria o risco de se tornar uma fraqueza perigosa.

Precisávamos aprender a lidar com a tensão, em virtude de tudo o que fizemos para criar uma cultura de colaboração, excelência e liderança, ou tudo o que construímos seria perdido.

Não Vá para a Cama com Raiva

Começamos com aquela velha piada que as pessoas dizem aos recém-casados: não vá para a cama com raiva. (Agora que sou casado, não tenho certeza se esse é o melhor conselho conjugal, mas acredito que seja bom para as relações profissionais.)

Chegamos ao ponto de fazer disso uma regra, repetida diversas vezes antes das refeições em equipe: não vá embora do trabalho se estiver nutrindo sentimentos de frustração ou ressentimento em relação a um colega ou ao trabalho em si; certifique-se de conversar sobre essas coisas antes de ir para casa.

Relacionamentos são Simples. O Simples é Difícil.

No calor do serviço, um desentendimento aparentemente menor — por exemplo, se é mais importante verificar a mesa 28 antes de retirar os pratos de sobremesa da 24 — pode facilmente se transformar em uma situação em que duas pessoas excelentes não estão sabendo se comunicar. Mas, como conversamos tanto sobre isso antes das refeições, tudo o que um gerente teria a dizer a eles no final da noite eram estas sete palavras: "Não vá para a cama com raiva."

Trinta minutos depois, você veria os dois garçons conversando no corredor — e, na noite seguinte, eles trabalhariam incrivelmente bem juntos na mesma praça.

Minha experiência é de que as pessoas geralmente querem ser ouvidas mais do que querem ser aceitas. Mesmo que nenhum deles conseguisse mudar a opinião do outro, pelo menos eles teriam mostrado respeito um pelo outro ao se darem ao trabalho de ouvir. Mesmo que não alcançassem uma resolução, ambos se sentiriam mais leves quando fossem para casa naquela noite.

Encontre a Terceira Opção

Lembro-me de um entrave que Daniel e eu tivemos após nossa primeira grande reforma.

Um sousplat é o prato decorativo que espera por você quando você se senta à mesa de muitos restaurantes finos. Você não come no sousplat; na verdade, ele geralmente é removido antes da chegada do primeiro prato.

Acho isso estúpido.

Para mim, a presença de um sousplat na mesa é um exemplo clássico de uma daquelas regras não questionadas de restaurantes finos: se existem apenas para enfeite, não acrescentam absolutamente nada à experiência do cliente e são retirados imediatamente, qual é o objetivo de estarem ali?

Mas Daniel, com seu histórico europeu clássico, estava convencido de que, mesmo uma mesa lindamente posta, parecia despida sem eles.

Ficamos nessa discussão durante horas: eu achava que eles eram inúteis; ele os achava lindos.

Para quebrar um impasse, às vezes tentávamos trocar de posição. É fácil para pessoas apaixonadas tentarem de tudo para se proteger em suas

Hospitalidade Irracional

respectivas posições. Mas você não pode deixar de se conectar com uma posição quando está tentando defendê-la, e geralmente quando você muda de posição, a tendência é desviar o foco de sua teimosia voltada apenas para a "sua" ideia. Você para de se preocupar em vencer e começa a pensar no que é certo para a empresa.

Infelizmente, nesse caso, não funcionou.

Não me lembro agora quem introduziu a terceira opção, mas em algum momento ela foi colocada na mesa — literal e figurativamente: e se mantivéssemos o sousplat, mas fizéssemos com que ele fosse útil?

Chamamos nosso brilhante designer de cerâmica Jono Pandolfi — um amigo meu do ensino médio — que trabalhou conosco para projetar os sousplat com um belo círculo aberto no meio. Esse círculo foi dimensionado com precisão para que coubesse o pé da tigela do amuse-bouche, o mimo da cozinha que abre uma refeição requintada.

Uma pessoa de fora nos deu uma solução mais elegante e hospitaleira, algo em que nenhum de nós jamais teria pensado por conta própria.

Para mim, o simbolismo era lindo. Se você tivesse experiência em jantares requintados, esperaria que, ao sentar-se à mesa, aqueles sousplat fossem levados embora. Em vez disso, eles eram deixados na mesa, prontos para oferecer um mimo aos nossos clientes. Daniel vestiu as mesas com lindas cerâmicas feitas sob medida, e eu pude ficar tranquilo, sabendo que o sousplat não era algo supérfluo, um aceno vazio para preencher espaço, mas sim algo elegantemente preparado para receber o primeiro prato da refeição.

Ceda a Vitória

Para o cardápio de inverno de um ano, Daniel queria fazer três pratos de sobremesa separados após o queijo. Eu estava preocupado em prolongar a refeição e dispersar a atenção das pessoas. O sorvete de soro de leite era absolutamente delicioso, mas quem realmente ama uma sobremesa de sorvete? Não poderíamos — e não deveríamos — manter o cliente entretido?

Daniel foi inflexível. Ele trabalhou muito em cada um desses pratos de sobremesa e refletiu muito sobre a experiência que o cliente teria ao prová-los. Por fim, após muitas idas e vindas, ele disse: "É importante para mim." Isso era tudo que ele precisava dizer. Reuni a equipe do salão e expli-

Relacionamentos são Simples. O Simples é Difícil.

quei a eles que teríamos que controlar o ritmo do nosso lado, aumentando a eficiência com que servíamos e conduzíamos esses pratos.

Às vezes, a única maneira de prosseguir em busca de uma boa parceria é decidir que quem se preocupa mais com o assunto pode fazer o que quer. Não que eu não me importasse com quantas sobremesas servíamos — quando você é intenso e detalhista, tudo importa. Mas era *mais* importante para Daniel do que para mim.

Havia um corolário não escrito para essa regra, o qual dizia que nenhum de nós poderia abusar do cartão "É importante para mim" e usá-lo muitas vezes. Mas o principal é que descobrimos que a disposição da outra pessoa de abrir mão da própria posição ajudou a construir a confiança entre nós.

Às vezes, porém, era preciso algum confronto.

Aprenda a Linguagem do Amor Duro

Um de meus amigos mais próximos é um cara tranquilo e descontraído, adorado pelas pessoas que trabalham para ele. Certa noite, durante o jantar, ele mencionou que estava ficando frustrado com um de seus funcionários, que tinha o péssimo hábito de minar os novos gerentes, falando mal deles com funcionários menos experientes.

"Eu sempre digo a ele que não pode continuar fazendo isso", meu amigo reclamou, irritado. "Mas descobri na sexta-feira que ele fez isso outra vez. Parece que não estou conseguindo me comunicar com ele."

"Você já tentou gritar com ele?", perguntei.

Passei minha carreira lutando contra culturas tóxicas no local de trabalho. Certamente, se os últimos dez anos nos ensinaram alguma coisa, especialmente no ramo de restaurantes, é que as culturas de empresa baseadas em abuso, assédio e manipulação não são apenas horríveis e antiéticas, são também instáveis e ineficientes.

No entanto, isso não significa — na verdade, não pode significar — que sua cultura deva ser 100% doce e leve.

Gerenciar uma equipe se resume a duas coisas: o modo como você elogia as pessoas e o modo como as critica. Posso dizer que o elogio é o mais importante dos dois. **Mas você não pode estabelecer nenhum padrão de ex-**

Hospitalidade Irracional

celência sem a crítica; portanto, uma abordagem cuidadosa de como você corrige as pessoas também deve fazer parte de sua cultura.

Uma das frases mais repetidas de Richard Coraine era "tamanho único". Ele estava se referindo à experiência da hospitalidade: alguns clientes adoram quando você vai até a mesa deles e os bajula, enquanto outros querem que você só anote o pedido e desapareça. É seu trabalho ler o cliente e atendê-lo como ele deseja ser atendido.

Da mesma forma, não existe uma regra única para gerenciar pessoas.

Gary Chapman salvou muitos relacionamentos românticos por meio de seu livro de 1992, *As Cinco Linguagens do Amor*, que descreve as cinco maneiras gerais pelas quais as pessoas mostram e preferem experimentar o amor. (São elas: atos de serviço, presentes, toque físico, tempo de qualidade e palavras de afirmação.)

Chapman observou que as pessoas tendem a errar ao mostrar amor da maneira que desejam recebê-lo. Se a linguagem do amor de seu parceiro é por meio de atos de serviço, por exemplo, trazer-lhe uma xícara de café preparada exatamente como ele gosta vai cair melhor do que surpreendê-lo com um beijo — mesmo que isso seja o que *você* mais gostaria de receber.

Assim como certas expressões de amor funcionam melhor para algumas pessoas do que para outras, o mesmo acontece com diferentes expressões de amor duro. Não tenho certeza se existem cinco linguagens do amor duro, mas há pessoas para as quais uma chamada de atenção de maneira educada não bastará; essas pessoas precisam de um pouco de fervor.

Quando começamos a trabalhar juntos, eu sabia que o estilo gerencial de Daniel era diferente do meu. Claro que era! Eu cresci no mundo amoroso e superrespeitoso da hospitalidade iluminada de Danny Meyer. Daniel, por sua vez, trabalhou desde os 14 anos nas cozinhas agressivas e combativas dos restaurantes europeus com três estrelas Michelin, onde gritos e humilhação — e, muitas vezes, mais do que isso — eram condições padrão de trabalho.

Ele sempre se comportava bem quando eu estava com ele, mas circulavam histórias entre os funcionários sobre seu temperamento, e houve diversas vezes em que conversei com ele sobre o que eu tinha ouvido. "Vamos lá, cara", eu dizia. "Você não quer ser um daqueles chefs lunáticos." Ele ria e concordava comigo — então, uma semana depois, eu escutava outra história sobre ele ter perdido a cabeça com alguém.

Um dia, eu estava na cozinha quando um cozinheiro preparou um rocambole de caranguejo com abacate do jeito errado. Daniel pegou a comida do prato com as mãos e a jogou na cara do cozinheiro.

Meu queixo caiu; eu não conseguia *acreditar* no que acabara de ver.

Isso era absolutamente inaceitável.

Arrastei-o pelo corredor até nosso escritório e, pela primeira vez em minha carreira profissional, gritei com alguém com quem eu trabalhava.

"Se você vai jogar comida na cara das pessoas, não quero nada com você. Você é incrível e adoro o que estamos fazendo aqui, mas precisa decidir agora que tipo de líder quer ser. Porque se é assim que sua cozinha vai funcionar, você vai ter que encontrar outra pessoa para administrar este restaurante."

Sou bom em pedir desculpas quando, no calor de um noite de sexta-feira agitada, meu tom denuncia qualquer frustração que eu possa estar sentindo, e há pessoas que trabalham para mim há quinze anos que nunca me ouviram gritar — algumas já. Nesse caso, a única maneira de conseguir fazer com que Daniel entendesse foi com um confronto tão extremo, com tom de voz elevado e um ultimato que eu estava preparado para bancar.

Ele nunca mais jogou um rocambole ou qualquer outra coisa na cara de alguém. Na verdade, ele mesmo conta essa história na versão de edição limitada de nosso livro *Eleven Madison Park: The Next Chapter*, citando esse incidente e minha resposta a ele como uma virada de chave.

Você tem que conhecer as pessoas com quem está trabalhando. Algumas são totalmente pragmáticas em relação à crítica; corrija-as em particular e sem envolver emoção, e elas receberão a reprovação exatamente com o espírito com que é oferecida. Três minutos depois, elas terão se desculpado pelo erro, entendido o recado e vocês dois começarão a conversar sobre o jogo do Mets da noite anterior.

Outras pessoas são mais sensíveis a críticas. Isso não é necessariamente uma característica negativa — geralmente, é uma indicação de que elas querem fazer um bom trabalho e se sentem profundamente magoadas com qualquer sugestão de que não o fizeram. Mas essas pessoas reagirão, não importa o que você diga ou quão gentil e diplomaticamente você diga; então

Hospitalidade Irracional

é melhor gastar algum tempo planejando exatamente como você dará o feedback. E seria sensato reservar um tempo para, mais tarde, sentar-se com elas para conversar e deixar claro que elas ainda são apreciadas.

Há ainda as pessoas que não podem ou não querem ouvir o que você está dizendo, a menos que venha com um pequeno trovão. Se sua repreensão for muito branda e coloquial, elas não acreditarão que você está falando sério. Com essas pessoas, você terá que se aprofundar um pouco, mesmo que esse não seja seu estilo de gestão usual.

Meu amigo com temperamento tranquilo relatou que foi desconfortável para ele levantar a voz com aquele funcionário problemático. Mas ele assim o fez, e fiquei satisfeito em vez de surpreso ao saber que, após isso, finalmente houve um progresso real.

É importante observar que mesmo esse tipo de reprovação, segundo Ken Blanchard, precisa ser feito de maneira privada e sem envolver emoção. Quando arrastei Daniel até o escritório, meu tom de voz pode ter se elevado, mas minhas palavras foram comedidas. Toda essa situação mexeu comigo, mas não deixei transparecer em minha fala. Você ainda está criticando o comportamento, não a pessoa, e levantar a voz não significa perder o controle e ficar furioso. (Na verdade, você certamente *não pode* perder o controle e deixar a raiva tomar conta.) É apenas uma linguagem de amor duro diferente, mais intensa e severa do que aquela que você naturalmente prefere.

Quero deixar claro aqui que existe uma linguagem de amor duro que nunca, jamais funcionará: o sarcasmo. Os gerentes, especialmente os mais jovens, às vezes tentam disfarçar as críticas com humor porque se sentem inseguros em repreender alguém. **Mas o sarcasmo é sempre o modo errado para se ter uma comunicação séria.** Isso faz com que a pessoa que está recebendo a crítica se sinta rebaixada, empobrece a mensagem que você está transmitindo e, francamente, rebaixa você também.

A maioria de nós não tem nenhuma dificuldade em elogiar; essa é a parte divertida de ser chefe. Mas criticar alguém é difícil. Por isso passo muito tempo conversando com meus gerentes sobre críticas — como fazer, como receber e, talvez o mais importante, como pensar sobre isso. Todos queremos ser apreciados, e quando você dá a alguém uma chamada sobre o que eles poderiam estar fazendo de diferente e melhor, você corre o risco de

Relacionamentos são Simples. O Simples é Difícil.

perder sua boa vontade. É por isso que digo que não há melhor maneira de mostrar a alguém que você se importa do que estar disposto a repreendê-lo; é a expressão mais pura de colocar as necessidades dessa outra pessoa acima das suas, que é a essência da hospitalidade. **Elogio é afirmação, mas crítica é *investimento*.**

E é por isso que é tão importante, não interessa em que posição você esteja na hierarquia, ser capaz de receber críticas com graça também. É natural se irritar um pouco quando você fica aquém, especialmente se é um aluno nota 10 que se orgulha de seu trabalho. Mas se sua resposta é sempre ficar na defensiva, se você sempre recuar ou insistir em justificar seus erros, as pessoas acabarão parando de procurá-lo com apontamentos. Você fez com que dar feedback se tornasse muito desagradável, e assim vão parar de investir em você — e o resultado é que você vai parar de crescer.

Contrate Devagar, Demita Rápido — Mas Não Rápido Demais

Uma noite, um gerente relatou que pegou um de nossos melhores maître — vou chamá-lo de Ben — bebendo durante o serviço. Se um restaurante não permite beber no trabalho (e nós não permitíamos; alguns permitem), isso é motivo para demissão imediata. Mas, em vez de dizer para ele arrumar suas coisas imediatamente, eu lhe pedi que se sentasse para conversar comigo.

"Vou pedir que não minta para mim: você estava bebendo ontem à noite durante seu turno?"

Ele baixou a cabeça. "Sim. Sinto muito e entendo perfeitamente se você quiser me demitir por causa disso."

Em seguida, eu disse: "Ainda não estou demitindo você, mas não estou feliz. Você não me decepcionou — ou melhor, não *apenas* me decepcionou; você decepcionou toda a sua equipe. Você deveria ser um líder, mas, em vez de liderar, ficou bêbado.

"Portanto, podemos fazer isso de duas maneiras. Você pode sair agora mesmo — vamos apertar as mãos, agradecerei por todo o tempo que você esteve conosco, por todas as pessoas que fez felizes aqui dentro e por tudo o que você fez para tornar este restaurante um lugar melhor. Depois você pode limpar seu armário e ir para casa.

Hospitalidade Irracional

"Mas, se quiser ficar, tire folga amanhã, volte no dia seguinte e peça desculpas a todos com quem estava trabalhando ontem à noite. Diga a eles o que você fez, por que percebeu que foi um erro e por que está arrependido. Prometa que nunca mais fará isso e saiba que, se fizer, vou demiti-lo na hora."

Não foi fácil para Ben ter essa conversa com seus colegas.

Ele era um maître difícil de se trabalhar porque seus padrões eram altos; se você estivesse na praça dele, ele o responsabilizaria. Mas há um tremendo poder na vulnerabilidade. Como Ben assumiu a responsabilidade, todos que ficaram furiosos com ele o perdoaram.

Alguns meses depois, Ben voltou a beber durante um turno e eu o demiti, como havia dito que faria. (Fico feliz em dizer que serviu como um alerta; ele está em recuperação agora e fez uma carreira notável para si mesmo em hospitalidade.) Mas não me arrependo de ter lhe dado uma segunda chance.

As pessoas com quem você trabalha nunca serão sua verdadeira família. Isso não significa que você não pode se esforçar para tratá-las como tal, o que pode implicar ajustar um dos grandes ditados de gerenciamento que existem por aí, que é: "Contrate devagar e demita rápido."

Como eu já disse, acredito em contratações lentas. Você precisa estar bastante ciente nos primeiros meses se alguém que se juntou à equipe não é o ajuste certo ou se simplesmente precisa de um pouco de suporte extra para se sair bem. E você não pode manifestar qualquer inércia desnecessariamente ao demitir alguém que é prejudicial para a equipe; você precisa afastar essa pessoa antes que ela tire o equilíbrio do grupo.

Ao mesmo tempo, você nunca expulsaria um membro de sua família de casa por cometer um único erro, certo? Portanto, talvez devêssemos alterar esse ditado para "Contrate devagar, demita rápido — mas não rápido *demais*".

Crie as Próprias Tradições

Em 2007, abrimos para o Dia de Ação de Graças pela primeira vez.

Os restaurantes de Danny nunca abriram em nenhum dos principais feriados: Ação de Graças, véspera de Natal, dia de Natal ou dia de Ano Novo. Era um presente dele para os funcionários, um sacrifício financeiro

Relacionamentos são Simples. O Simples é Difícil.

para que as pessoas que trabalhavam para ele pudessem passar mais tempo com seus entes queridos.

Mas eu queria servir no Dia de Ação de Graças no Eleven Madison Park.

Conversei com Paul Bolles-Beaven, um dos sócios de Danny, antes de abordá-lo. "Ele nunca aceitará isso", ele me disse. "Essa é uma parte importante e bem estabelecida da cultura da empresa."

Danny está sempre aberto a ser desafiado, e se você abordá-lo com um argumento medido e ponderado, ele ouvirá o que você tem a dizer. Então, eu montei meu caso. Por um lado, sim: é bom ter uma folga no Dia de Ação de Graças para descansar e celebrar com a família. Mas a maioria das pessoas que trabalham em restaurantes da cidade de Nova York não é *da* cidade; então, de qualquer maneira, a maioria não poderia usar aquele dia de folga para ir para casa celebrar.

Por outro lado, com o dinheiro que ganharíamos ficando abertos e servindo o dia todo, poderíamos fechar o restaurante nos primeiros dias de janeiro, dando às pessoas tempo suficiente para ir para casa. Ainda estávamos dando um presente à equipe — mas um que eles poderiam usar de verdade.

Danny concordou.

A disposição de Danny de reavaliar essa política de feriados foi um lembrete para mim de que **nenhum aspecto de seu negócio deve estar imune a uma reavaliação**. Contei essa história à equipe sempre que os encorajava a apresentar ideias. "Não seja tímido. Mesmo que tenhamos orgulho da maneira como fazemos algo — mesmo que pareça essencial para o restaurante —, isso não significa que não poderíamos fazer melhor: com mais elegância, eficiência e criatividade. Nada é sagrado."

Naquele primeiro ano, as reservas do Dia de Ação de Graças esgotaram assim que foram abertas. É claro que o fato de não haver tantos bons restaurantes abertos para o feriado em Nova York ajudou. Passou a ser um dos dias mais movimentados do ano para nós, todos os anos.

Também foi um dos melhores dias para trabalhar, a ponto de a equipe brigar para pegar aquele turno. Eu, particularmente, adorava e trabalhava nessa data todos os anos; só depois de casado é que comecei a sair antes de a noite terminar.

Hospitalidade Irracional

Daniel tinha pouca experiência com esse feriado norte-americano, então tivemos a ajuda de seus subchefs para desenvolver o cardápio. Era um longo dia de trabalho. E assim que terminávamos de servir os últimos clientes, toda a equipe se sentava para termos nosso jantar de Ação de Graças juntos.

Para a equipe, seria um verdadeiro Dia de Ação de Graças, pois cresci celebrando com comida gostosa, família reunida em volta de uma mesa e palavras de agradecimento. Juntamos as mesas e montamos uma mesa enorme no centro daquele glorioso salão, enchemos os pratos com boa comida, abrimos alguns vinhos e todos puderam compartilhar a que eles eram gratos.

A comida para nosso pessoal foi incluída nos preparativos da cozinha para o dia. O jantar não seria algo pensado em cima da hora, comida reaquecida que havia sobrado por não ter sido servida para os clientes. Em vez disso, desfrutaríamos exatamente da mesma refeição que passamos o dia servindo aos outros, em estilo bufê. Enquanto isso, o sommelier, John Ragan, guardava muitas garrafas não vendidas que os representantes de vinho deixavam para serem degustadas, então beberíamos muitos vinhos bons.

Todo Dia do Trabalho, Floyd Cardoz e sua brilhante esposa, Barkha, faziam um churrasco na casa deles em Nova Jersey para os funcionários do Tabla. Lá, Floyd trocaria seu uniforme branco de chef por uma roupa decididamente de tiozão enquanto cuidava da churrasqueira, mas vê-lo assim só nos fez respeitá-lo ainda mais. Ele me serviu de exemplo, mostrando que eu poderia ser eu mesmo sem perder minha credibilidade como figura de autoridade e chefe — e que eu deveria fazer isso.

Naquele primeiro Dia de Ação de Graças e em todos os outros, fiz o primeiro brinde.

Falei de coração. Disse a eles que estava grato por finalmente estar em um lugar em que não precisava esconder minhas neuroses ou ficar envergonhado por causa delas. Isso foi motivo de risos, não apenas porque todos ali eram alvo do meu perfeccionismo, mas também porque todos naquela mesa haviam passado uma parte da vida profissional fingindo que não se importavam tanto quanto se importavam, por medo de ser ridicularizados. No EMP, todos sentimos que pertencíamos àquele lugar. Todos os dias, nossos colegas *nos* desafiavam a sermos melhores, em vez de sempre — sempre — fazer o contrário.

Então demos a volta na mesa e todos se revezaram. O vinho ajudou todos a ficarem mais descontraídos; mesmo aqueles que normalmente costumavam ser mais tímidos começaram a compartilhar algumas palavras. Foi incrível ver as pessoas aproveitarem a oportunidade de serem abertas e emotivas com seus colegas.

As pessoas que têm o dom da hospitalidade tendem a ser sensíveis. Elas percebem tudo, sentem profundamente e se importam muito com as coisas. São superpoderes, embora essa ternura também possa torná-las difíceis de lidar. Já ouvi muitos gerentes frustrados reclamarem desses funcionários: "Eles são tão carentes! Precisam de tanto reforço! Tenho que orientá-los em todas as decisões; preciso pegá-los pela mão para fazer qualquer tipo de mudança!"

Mas essas características costumam ser o que torna essas pessoas tão boas em seu trabalho; elas precisam ter antenas delicadas. É preciso compaixão para saber quando um cliente está se sentindo intimidado pelo ambiente — e um leve toque para diminuir a formalidade, a fim de que ele não se sinta julgado. Se um garçom atento percebe que determinadas pessoas de uma mesa estão ficando frustradas pelo tempo que a comida está demorando, ele pode chegar com uma entrada e pedir desculpas antes mesmo de os clientes reclamarem. E um garçom que está alerta para outras pessoas com atenção especial perceberá que existe alguma tensão no ar assim que se aproximar dessa mesa; ele pode acompanhar o preparo dos pratos, para que os clientes resolvam a questão com ele antes de passarem a desfrutar do restante da refeição.

Eu sabia que essas pessoas sensíveis precisavam de mais tempo e amor. Mas aqueles brindes de Ação de Graças criaram um espaço onde a equipe poderia ficar vulnerável na frente dos colegas, e eles também precisavam disso. **Se você não criar um espaço para que as pessoas que trabalham para você se sintam vistas e ouvidas em um ambiente de equipe, as pessoas ao redor delas nunca as conhecerão totalmente.**

Estabelecer as próprias tradições, como fizemos no Dia de Ação de Graças, faz parte de uma cultura em camadas e nuances. Uma das citações de meu pai que eu mais adoro é: "O segredo da felicidade é sempre

Hospitalidade Irracional

ter algo pelo que esperar." Esse foi um dos motivos, além do medo e da dor, pelos quais as pessoas passaram por momentos tão difíceis durante os bloqueios da COVID. Sem teatro ou eventos esportivos, ou mesmo um jantar para esperar, foi difícil manter o ânimo.

Isso também acontece dentro das empresas, principalmente quando você está empenhado. Nós nos esforçamos muito para conquistar as três estrelas, mas não foi nada em comparação com o que faríamos mais tarde. Todos os anos, *precisávamos* de algo pelo que ansiar, e o Dia de Ação de Graças tornou-se uma das belas tradições com as quais podíamos contar.

Essas tradições modernas são essenciais para uma cultura saudável, mas — eca, bolo de aniversário na sala de descanso — elas tendem a não permanecer, a menos que as pessoas gostem e esperem por elas. **Novas tradições só funcionam se forem autênticas — se preencherem um propósito real e satisfizerem uma necessidade real.** Isso foi definitivamente a chave para nosso sucesso no Dia de Ação de Graças, já que, nos principais feriados, os funcionários do restaurante tendem a se sentir um pouco como os Garotos Perdidos de *Peter Pan* — famintos e mal amados.

As refeições que os funcionários do restaurante compartilham antes do serviço também são chamadas de refeições em família, embora geralmente pareçam mais com um grupo de colegas comendo calorias apressadamente antes de preparar o salão. Naquele Dia de Ação de Graças, pela primeira vez, nos sentimos como uma família *de verdade* reunida à mesa para fazer uma refeição.

CAPÍTULO 13

ALAVANCANDO A AFIRMAÇÃO

Fundado em 1954, a Relais & Châteaux é uma associação de alguns dos melhores restaurantes e hotéis independentes do mundo.

Para fazer parte dela, é necessário pagar uma taxa e ser aceito, e as diretrizes são bastante rígidas. A maioria das propriedades Relais é composta por marcos históricos, e os restaurantes construídos dentro delas são excelentes. Para se ter uma ideia do que é a empresa da qual esperávamos fazer parte: quando nos inscrevemos, os restaurantes norte-americanos da lista incluíam o French Laundry, o Daniel, o Le Bernardin, o Inn at Little Washington, o Jean-Georges e o Per Se.

Estrelas Michelin e críticas do *New York Times* não são honras que se pode pedir; você trabalha duro, tenta ser o melhor que pode e espera que um dia eles apareçam em seu restaurante para avaliá-lo. Mas é possível se inscrever na Relais quando se acha que se está pronto e, em 2008, Daniel e eu pensamos que estávamos.

A crítica de três estrelas que recebemos do *New York Times* foi ótima para os negócios e para nosso moral. Embora não sentíssemos vergonha do fato de estarmos buscando quatro estrelas, geralmente leva pelo menos cinco anos entre uma crítica e outra. Para manter nosso ímpeto, queríamos que outra entidade externa respeitada dissesse: "Este é um dos melhores restaurantes dos Estados Unidos", e não havia muitos estabelecimentos que pudessem fazer isso por nós.

Hospitalidade Irracional

No entanto, quando perguntamos a Danny se poderíamos nos inscrever, ele disse não. "Desculpe, pessoal, mas não estamos prontos; acho que precisamos esperar mais um ano." Saímos com o rabo entre as pernas; Danny havia dito que não estávamos prontos, e quem melhor do que ele para saber disso?

Exceto que não consegui esquecer essa ideia. Todas as noites, durante o serviço, eu via o excelente trabalho que a equipe estava fazendo — e estava convencido de que ele estava errado.

Então voltei e perguntei novamente: "Você está me dizendo que *não podemos* nos inscrever? Ou que não deveríamos?"

Demorou muito para eu perguntar isso. Assim que as palavras saíram da minha boca (e apesar de minhas intenções!), elas soaram como um afrontamento. Mas confiei que Danny soubesse que minhas intenções eram boas — que estávamos orgulhosos do que estávamos fazendo no Eleven Madison Park e éramos ambiciosos o suficiente para querer que o restante do mundo visse isso.

E ele sabia. Como sempre, Danny confiou em nós: "Não estou enxergando isso da mesma maneira que você, e o fato de estar aqui me desafiando me diz que você sabe algo que eu não sei. Se vocês acham que estamos prontos e querem fazer isso, vamos em frente."

Então nos inscrevemos — apenas para receber um e-mail nos informando que, entre perguntar a Danny pela primeira vez e perguntar a ele novamente, havíamos perdido o prazo. Teríamos que esperar um ano inteiro para nos inscrever novamente.

Alguns dias depois, conversei com Daniel Boulud, cujo incentivo foi nossa inspiração inicial para nos candidatarmos. "Perdemos o prazo de inscrição em uma semana", eu disse a ele. "Teremos que esperar até o ano que vem."

"Não, não, não", ele disse. "Isso não está certo. Deixe-me ver se consigo ajudar."

Ele me ligou alguns dias depois e, em um ato de grande gentileza, se ofereceu para entrar em contato com a Relais & Châteaux para dizer que achava que estávamos prontos. Ele disse que precisaria convocar outros chefs para fazer isso com ele, a fim de surtir algum efeito, e que — ele foi educado sobre isso — todos precisariam provar uma refeição para garantir que eles poderiam seguir sua recomendação.

Foi assim que Daniel Boulud, Thomas Keller, do French Laundry, e Patrick O'Connell, do Inn at Little Washington, acabaram vindo jantar em nosso restaurante uma semana depois.

É impossível enfatizar o impacto que esse trio sentado na mesa 74 teve sobre a equipe. Imagine David Bowie, Mick Jagger e Paul McCartney sentados em uma mesa, comendo e bebendo vinho no seu local de trabalho — para nós, isso foi ainda maior.

Vê-los lá foi grandioso para mim e para Daniel, mas a equipe estava nas nuvens. Percebi o porquê: Daniel e eu estávamos fazendo jantares e eventos beneficentes com outros donos de restaurantes; íamos ao James Beard Awards com chefs e sommeliers de todo o país. Estávamos circulando cada vez mais, ouvindo diretamente das pessoas que admirávamos que elas se inspiravam no que estávamos fazendo.

Nós dois nos esforçamos para trazer aquela emoção de volta para a equipe. Se algo bom sobre nós saía na imprensa, eu lia o artigo em voz alta antes da refeição; se um cliente enviasse um e-mail entusiasmado ou se outro dono de restaurante nos fizesse um elogio, eu lia os e-mails para todos. A primeira vez que Daniel Boulud mencionou que achava que deveríamos nos inscrever na Relais, fiquei tão empolgado que mal podia esperar pela pré-refeição para dizer à equipe como estava orgulhoso de tudo o que eles haviam conquistado.

Mas, quando esses três luminares estavam sentados em nosso restaurante, distribuindo elogios à equipe, vi como era significativo para eles ouvi-los diretamente da fonte. Depois daquela noite, comecei a alavancar o máximo de afirmação *externa* que pude para a equipe.

Compartilhe os Holofotes

Quando eu trabalhava no MoMA, um pequeno artigo sobre o Café 2 que saiu na revista *Time Out New York* citou meu nome.

Considerando tudo, um artigo de um quarto de página em uma revista de listas semanais não é um grande destaque da mídia. Mas foi a primeira vez que meu nome saiu na imprensa e fiquei muito orgulhoso. Fui até a banca e comprei diversos exemplares, inclusive um para enviar ao meu pai.

Hospitalidade Irracional

À medida que o EMP começou a ganhar cada vez mais destaque na mídia, fiz questão de chamar a atenção para aqueles que mereciam, fazendo com que eles fossem as estrelas do show. Se um relações-públicas nos procurasse por nosso programa de cerveja, eu o colocaria em contato com Kirk Kelewae, o cara que o dirigia, e me certificaria de que o nome de Kirk aparecesse no artigo subsequente.

Isso não apenas garantiu que Kirk recebesse o crédito que tanto merecia, como também fez com que todos na equipe pensassem: *Espere um minuto! Eu também quero esse tipo de reconhecimento.*

Infelizmente, o problema oposto acontece com tanta frequência que precisa ser abordado diretamente: **não aceite o crédito pelo trabalho de outras pessoas.**

Não consigo contar o número de vezes que abri uma revista *Bon Appétit* ou *Food & Wine* para ver um chef oferecendo uma receita que um de seus talentosos subchefs criou, ou um proprietário se gabando de desenvolver um programa de bebidas que tem as impressões digitais de seu sommelier por toda parte.

Um exemplo particularmente descarado: eu estava navegando pelo Instagram uma tarde e me deparei com uma postagem de um chef famoso — uma foto de sua "inspiração" para um dos pratos mais lindos de seu restaurante. Ninguém se surpreendeu quando, pouco tempo depois, o brilhante subchef que havia inventado todos os aspectos do prato — incluindo sua apresentação de marca registrada — saiu e aceitou uma oportunidade em outro restaurante.

Recebo muita atenção da mídia e não preciso que o mundo pense que sou um gênio da cerveja quando eu nem sequer conseguiria dizer, basicamente, a diferença entre uma pilsner e uma Dr Pepper antes de perguntar a Kirk. Na verdade, como líder, prefiro chamar a atenção por criar as condições que permitiram a Kirk montar um programa de cerveja premiado.

Amigos em cargos de gerência em outros restaurantes acharam que minha estratégia estava equivocada. "Vão roubá-los de você", me avisavam toda vez que alguém de minha equipe recebia um artigo de cortesia.

E eles estavam certos, de certa forma; quanto mais atenção as pessoas recebiam, mais ofertas de emprego elas também recebiam. Mas prefiro tomar decisões com base na esperança, em vez do medo. Coube a mim o ônus de cuidar tão bem do meu pessoal para chegar ao ponto de eles optarem por

Alavancando a Afirmação

não ir embora. Em geral, funcionou — provavelmente porque ficou claro que estávamos nos preparando para a grandeza, e as pessoas talentosas que contratamos podiam sentir isso no ar.

Às vezes, as pessoas para as quais dirigimos a atenção acabaram nos deixando. Minha filosofia era: assim seja. As pessoas seguirão em frente e prefiro que saiam se sentindo como heróis. Ex-aprendizes de nosso restaurante estão por aí fazendo um trabalho extraordinário? Isso é bom para nós também.

Valeu a pena o risco, porque quanto mais minicelebridades eu tinha na equipe, mais longa ficava a fila de pessoas do lado de fora, querendo trabalhar conosco. E aliviou a pressão sobre mim e sobre Daniel também, porque cada artigo que saía sobre o restaurante aumentava a probabilidade de que um cliente que viesse ao restaurante tivesse contato com um funcionário de quem tivesse ouvido falar ou sobre o qual tivesse lido.

Não me passou despercebido que nem todas as empresas têm o mesmo relacionamento com a mídia que os restaurantes têm. Mas toda empresa tem partes interessadas de fora da organização, sejam elas membros do conselho, seguidores de mídia social ou membros da comunidade à qual você pertence. Quando alguém de fora perceber sua empresa fazendo algo certo, aproveite a oportunidade; e **quando essa afirmação externa vier, direcione-a para as pessoas responsáveis.**

Se um distribuidor elogiá-lo por sempre entregar seus pedidos no prazo, peça a ele para repetir isso em uma ligação para a pessoa responsável. Se um investidor observar que os relatórios que você envia estão sempre atualizados, detalhados e claros, chame o contador responsável por eles e convide-os para uma reunião, para que possam se deliciar com os elogios.

Use Todas as Ferramentas de seu Kit

Quando um garçom ou um dos gerentes realizava um incrível ato de hospitalidade, eu me certificava de que os diretores do Union Square Hospitality Group soubessem de tudo.

Sim, era um meio de manter contato, para que eles soubessem que tínhamos tudo sob controle; não me importei em relatar que minha equipe estava arrasando. Mas encaminhar um e-mail que recebemos de um cliente entusiasmado não era apenas para relatar algo bom; era uma forma de

Hospitalidade Irracional

armar Danny com informações que ele poderia usar na próxima vez que passasse por aqui.

Se eu tivesse encaminhado um elogio de um cliente sobre o serviço encantador e atencioso que eles receberam, Danny poderia chamar o maître responsável para agradecer. Se ele soubesse que uma recepcionista havia feito de tudo para garantir uma mesa para um aniversariante especial, ele poderia elogiá-la diretamente pelo trabalho que havia feito.

Como líder, você deve usar todas as ferramentas de seu kit para aumentar o moral e mantê-lo alto. É isso que um gerente está sempre buscando, diariamente — e é difícil fazer isso. Gosto de pensar que minha equipe me respeitou e se inspirou em mim, e que uma palavra de afirmação minha ajudou-os a percorrer um longo caminho. Mas a realidade é que passávamos o dia inteiro juntos, e nenhum elogio que eu pudesse fazer teria o mesmo impacto que o elogio de alguém em uma posição mais alta. Especialmente quando o chefe da empresa era Danny Meyer, a quem todos amavam e respeitavam tanto.

É comum que um líder queira que as pessoas da equipe o vejam como a figura de autoridade máxima e, como resultado, acabem o excluindo. Isso representa falta de confiança e de visão. Randy Garutti, meu antigo chefe no Tabla, nunca se preocupou com o fato de eu ter menos respeito por ele apenas porque Danny Meyer me elogiava. Ao menos ele pôde ver o resultado disso — eu trabalhei mais.

Eu sabia melhor do que ninguém que uma palavra de agradecimento de Danny encoraja você a fazer qualquer coisa. Em vez de se sentir inseguro, por que não fazer uso disso para obter uma vantagem coletiva? Então, continuei encaminhando esses e-mails, me certificando de reunir muito mais desse combustível para as pessoas que trabalhavam para mim.

Sozinhas, a Persistência e a Determinação são Onipotentes

Receber Daniel Boulud, Thomas Keller e Patrick O'Connell fez com que todos se sentissem um nível acima. Ser irracional estava funcionando, e a equipe conseguia sentir isso.

Alavancando a Afirmação

Esses três chefs também puderam sentir isso. Os três enviaram cartas à Relais & Châteaux, dizendo que éramos um dos melhores restaurantes de Nova York e que seria um erro esperar mais um ano para nos avaliar.

(Ironicamente, com três dos chefs mais renomados dos Estados Unidos nos escrevendo cartas de recomendação pessoal, tivemos uma inscrição mais forte como retardatários do que teríamos se tivéssemos cumprido o prazo em primeiro lugar.)

A Relais enviou críticos anônimos; não tínhamos ideia de quem seriam ou quando nos visitariam. Aparentemente, porém, eles se divertiram, porque, alguns meses depois, descobrimos que havíamos sido aceitos na associação.

Foi uma grande honra pendurar aquela placa do lado de fora do restaurante — e era profundamente significativo para Daniel, que tinha vindo da Europa, onde o prêmio é ainda mais estimado. Foi também a primeira vez que qualquer organização de grande impacto nos colocou no mesmo patamar de restaurantes como Daniel, Le Bernardin, Jean-Georges e Per Se.

Anteriormente, outra placa havia entrado em minha vida. Quando eu era pequeno, meu pai me deu uma placa com sua citação favorita, de Calvin Coolidge. Eu a pendurei em meu quarto, depois em meu dormitório da faculdade. E ainda tenho essa placa pendurada em cima de minha mesa.

Nela, lê-se:

> *Nada neste mundo pode substituir a persistência. Nem o talento; nada é mais comum do que homens malsucedidos com talento. Nem o gênio; um gênio não recompensado é quase um provérbio. Nem a educação; o mundo está cheio de pessoas bem educadas e abandonadas. Sozinhas, a persistência e a determinação são onipotentes.*

Teria sido fácil desistir da Relais & Châteaux depois que Danny disse que não estávamos prontos. E sim, teria sido absolutamente humilhante se tivéssemos sido rejeitados depois que eu o pressionei para que nos inscrevêssemos. Mas você não chega ao topo aceitando não como resposta,

Hospitalidade Irracional

principalmente na primeira vez em que pergunta. Precisávamos estar dispostos a falhar.

Nosso ingresso na Relais & Châteaux aumentou imensamente nosso ímpeto; essa afirmação encorajou muitos a nos dar uma nova chance. Aproveitamos esse prêmio, e ele nos ajudou a avançar ainda mais. Ver o efeito que aqueles três chefs em nosso salão tiveram na equipe me mostrou como a afirmação pode ser valiosa para nossa cultura se a alavancarmos. Claro, receber elogios é bom, mas a dose de dopamina dura pouco. Ser intencional ao usar esse elogio para encorajar, inspirar e promover nossa equipe pode nos levar a um novo patamar.

CAPÍTULO 14

RECUPERANDO O EQUILÍBRIO

A AMBIÇÃO É ALGO EXTRAORDINÁRIO, é um reator nuclear que gera uma quantidade ilimitada de energia. Ser aceito na Relais & Châteaux nos deu uma amostra do sucesso e queríamos mais... muito mais.

Era 2008. Eu tinha 28 anos. Eu não era casado e ainda não tinha filhos. O Eleven Madison Park era *tudo* para mim.

E eu não estava sozinho nessa; toda a equipe de liderança era consumida pela ambição. Estávamos trabalhando o tempo todo, impulsionados pela força de todas as metas irracionais que estabelecemos para nós mesmos e para o restaurante.

Queríamos que o EMP fosse um restaurante quatro estrelas, não um restaurante três estrelas muito bom.

E nossa vontade de atingir esse objetivo e a paixão que depositávamos nessa busca todos os dias incentivavam a equipe a permanecer conosco, dedicando-se ao trabalho também. Toda a equipe do salão era tão refinada e estava tão ansiosa por mais que descobrir qual pequeno detalhe do serviço poderíamos melhorar, deixando-o mais elaborado, tornou-se quase um jogo. Na cozinha, Daniel e sua equipe adicionavam componentes cada vez mais complexos aos pratos. As listas de preparação estavam ficando mais longas e as técnicas, mais complexas. Estávamos fazendo o que fosse necessário para elevar a experiência para o próximo nível.

Estávamos com tudo!

Hospitalidade Irracional

Então, certa noite, às onze horas, uma cozinheira que trabalhava no turno da manhã entrou correndo, em pânico. Sofrendo de insônia, estresse e desorientação, ela pensou que estava duas horas atrasada para o turno das nove da manhã; na verdade, ela estava dez horas adiantada.

Provavelmente havia outras pistas de que estávamos indo rápido demais, mas aquela nos fez parar e dizer "espere um pouco". Naquele momento ficou claro: nossa ambição havia nos vencido. O reator estava derretendo.

Muito é escrito sobre como os líderes precisam ter visão para olhar adiante; em minha opinião, não está escrito o suficiente sobre como os líderes também precisam ter a consciência de olhar para baixo, para enxergar o que está sob seus pés. Assim como o Coiote, estávamos tão focados em pegar o Papa-Léguas que corremos penhasco abaixo sem perceber. Estávamos tão focados em gerir a experiência do cliente que nos esquecemos de gerir nossa cultura.

Perdemos o equilíbrio entre as duas coisas e precisávamos recuperá-lo.

Desacelerar para Acelerar

Kevin Boehm, CEO e cofundador do grupo de restaurantes Boka, de Chicago, comoveu-se ao falar, durante a Welcome Conference, sobre um período difícil pelo qual passou exatamente no momento em que tudo em sua vida parecia estar indo muito bem.

Ele contou às pessoas apaixonadas daquela sala como passou a vida inteira levantando a mão para dizer sim e como se enganou ao acreditar que era por isso que estava deprimido e ansioso. O que ele percebeu, porém, foi o seguinte:

> Só posso ser autêntico, inspirador e restaurador
> se resgatar o tempo para me restabelecer. Essa
> não é uma busca passiva; é ativa. As coisas
> que posso controlar — atenção plena, dieta,
> exercícios, atitude e com quem escolho passar
> meu tempo — têm prioridade sobre todas as
> outras. Então, quando levanto minha mão, estou
> armado com força mental para garantir que
> minha ambição não prejudique a clareza que me

Recuperando o Equilíbrio

deu todas essas oportunidades arrebatadoras em primeiro lugar.

Quando ouvi isso, foi como um choque; eu me reconheci na fala dele. As instruções de segurança que o comissário dá antes da decolagem do avião são claras: "Antes de ajudar os outros, coloque sua máscara de oxigênio." Mas, quando você trabalha no ramo da hospitalidade, essa instrução pode parecer contraintuitiva. Não deveríamos colocar os outros em primeiro lugar e atendê-los antes de cuidarmos de nós mesmos?

A resposta é não. Se você não está cuidando das próprias necessidades, não consegue ajudar as pessoas ao seu redor. O orgulho e a ambição nos motivaram a pressionar — ajustar, otimizar, trabalhar mais, exigindo mais de nós mesmos e das pessoas ao nosso redor todos os dias. Mas você não pode passar o tempo todo derramando do próprio jarro sem nunca parar para enchê-lo novamente.

Então, após refletir um pouco — e lamentarmos um pouco — Daniel e eu decidimos que precisávamos desacelerar.

Paramos de mudar o cardápio com tanta frequência, para que todos tivessem mais tempo para se atualizar. Contratamos mais pessoas para que a equipe atual não ficasse muito sobrecarregada. Cortamos muitos dos floreios que adicionamos ao serviço. Por exemplo, colocamos muitos dos molhos e dos componentes adicionais aos pratos ao lado da mesa. Como tínhamos que levá-los até a mesa em uma bandeja separada, precisávamos do dobro de garçons na cozinha. Mas como não tínhamos tantos garçons assim, na maioria das vezes, era o gerente do salão que carregava essa bandeja. Para aliviar um pouco a pressão, voltamos a temperar os pratos na cozinha. Embora a experiência do cliente tenha ficado um pouco menos elaborada, essa mudança fez com que os gerentes pudessem voltar a apoiar a equipe no salão.

Foi uma pena perder esses extras; muitos de nossos clientes notaram sua ausência. Mas, se manter os extras significava que a equipe estava desmoronando, não valia o custo. Lembrei a mim mesmo: se adicionar outro elemento à experiência implica que você fará tudo um pouco menos bem, dê um passo para trás. **Faça menos e faça bem feito.**

Hospitalidade Irracional

A reinicialização cultural provavelmente foi mais aparente nos tópicos que abordamos antes da refeição. Durante meses, o foco esteve em como poderíamos nos destacar e conquistar. Agora, era hora de trazer a mesma criatividade e inovação para preparar a equipe para alcançar o sucesso de maneira mais sustentável.

Cada pessoa sabe do que precisa para recarregar as energias, e temos que descobrir por nós mesmos o que nos revitaliza. Para mim, relaxar significa passar uma noite sozinho largado no sofá, comendo comida chinesa enquanto assisto a qualquer coisa idiota na televisão, que não exija muito de mim. O oxigênio da minha esposa é uma caminhada ou uma corrida longa.

O seu pode ser fazer CrossFit, ioga, um longo passeio de bicicleta, cozinhar, pintar, ver um show de música ao vivo, deitar em um cobertor na grama do parque com amigos. Praticar exercícios, estar em meio à natureza, em comunidade e realizar atividades criativas parecem ser temas comuns, mas nunca serão de "tamanho único": você precisa saber o que funciona para você.

Foi nisso que trabalhamos com a equipe. Nós os encorajamos a encontrar um jeito de relaxar, recarregar as energias e tirar um tempo para respirar fundo. Desacelerar não era apenas sobre restabelecê-los no momento. Era sobre construir uma base mais sólida para o futuro, de modo que, quando precisássemos acelerar novamente (e precisaríamos muito em breve), a mente e o coração estivessem em plena forma.

Clube da Respiração Profunda

Meu bom amigo Andrew Tepper trabalhou durante anos em um hospital psiquiátrico juvenil. Quando ele começou lá, ficou assustado ao ver quantas crianças estavam perdendo a cabeça ou surtando com certa regularidade, ameaçando machucar a si mesmas e aos outros. Ele também ficou perturbado com a quantidade de sedativos que a equipe estava prescrevendo para elas.

Ele começou a ensinar técnicas de respiração relaxantes para as crianças usarem quando estivessem agitadas. Embora as técnicas fossem incrivelmente eficazes, ele precisou de muita insistência para fazer com que as crianças as praticassem de maneira consistente. (Uma boa ideia é uma coisa; torná-la um hábito é outra.) Então, um dia, alguns meses depois, enquanto vasculhava o porão de seus pais, ele se deparou com um equipamento de serigrafia que guardava desde o colégio.

Ele usou as serigrafias para fazer um lote de camisetas muito legais com as letras CRP (as iniciais de Clube da Respiração Profunda) em maiúsculas na frente. Se uma criança passasse por três incidentes e respirasse fundo em vez de gritar ou ficar agressiva, ela ganharia uma camiseta. Ele estava reforçando o bom comportamento e, ao mesmo tempo, tornando legal usar a respiração profunda.

Após cinco meses, metade das crianças no hospital estava usando camisetas com as letras CRP. O número de colapsos, bem como a quantidade de sedativos prescritos, teve uma queda significativa.

Estávamos tendo nossa própria versão de um colapso coletivo no EMP. As máscaras de oxigênio eram uma coisa — uma solução necessária para um quadro geral. Mas também precisávamos de uma solução *naquele momento*.

Sabe quando você está no meio do mato, sem saber o que fazer e tão fora de si que nem consegue pedir ajuda? Momentos de crise como esse acontecem com frequência em restaurantes e na maioria dos ambientes em que a pressão é alta. Se você tem pelo menos um pouco de inteligência emocional, sabe que dizer "Calma" ou "Relaxa" para uma pessoa que está surtando é como esguichar fluido de isqueiro em uma fogueira que já está prestes a se espalhar e sair de controle.

Mas, ainda assim, tem que haver uma frase, uma solução de emergência que traga a outra pessoa de volta a si por tempo suficiente para pedir a ajuda de que precisa. Porque, na maioria das vezes, uma simples intervenção — como pedir a um gerente para levar os talheres até uma mesa para o próximo prato — é tudo o que é necessário para dar à pessoa em pânico um pouco de espaço para respirar.

Convidei Andrew para uma reunião pré-refeição para contar à equipe sobre a ideia do CRP, de que algumas respirações profundas podem ser tudo o que você precisa para superar o que parece ser uma situação impossível. (Ele trouxe as camisetas.) O conceito se tornou um dos elementos mais duradouros da cultura do EMP. Em momentos de crise, tudo o que precisávamos fazer era ir até um colega sobrecarregado e dizer: "CRP". Eles paravam e respiravam fundo algumas vezes. O que realmente esta-

Hospitalidade Irracional

va sendo comunicado era: "Eu entendo você e o que você está passando. Estamos nisso juntos e vamos passar por isso juntos, então o que posso fazer *agora* para ajudar?"

Toque a Lapela

Nossas reuniões com gerentes passaram a ser menos sobre como melhorar a experiência do cliente e mais sobre como tornar o restaurante mais sustentável para todos. As reuniões pré-refeição seguiram esse exemplo e eram quase exclusivamente sobre como restabelecer o equilíbrio.

Como a cultura de colaboração estava totalmente implantada no Eleven Madison Park, era só uma questão de tempo até que a equipe começasse a se envolver. Foram feitos ajustes em todas as áreas, desde o trabalho secundário até o agendamento de reservas.

Uma ideia aparentemente pequena, mas extraordinariamente significativa, veio de um maître de longa data, Kevin Browne.

A linguagem de sinais inspirada no beisebol que usamos para indicar a preferência de água dos clientes da mesa tinha sido tão eficaz que estávamos sempre buscando novos sinais para tornar nossa vida mais fácil e a experiência melhor para os clientes. Kevin criou uma que mudou nossa cultura: se você fizesse contato visual com um colega e tocasse a lapela de sua camisa, isso significava "preciso de ajuda".

Antes disso, pedir ajuda no meio de um serviço movimentado poderia ser um desafio. Um garçom costumava perseguir o maître pelo enorme salão; muitas vezes, quando estava prestes a alcançá-lo, este parava em uma mesa. Isso significava que o garçom teria que esperar, enquanto sua lista de tarefas continuava aumentando. Se os garçons estavam tão ocupados a ponto de precisar pedir ajuda, ter que esperar tanto tempo assim para obtê-la os deixava ainda mais sobrecarregados. Muitas vezes, eles desistiam e acabavam de volta a seu posto, em uma posição pior do que antes de tentar obter ajuda.

Depois que apresentamos o sinal que Kevin inventou, um garçom poderia fazer contato visual com o maître ou com um dos colegas e tocar sua lapela, e a outra pessoa viria ajudar assim que pudesse.

Recuperando o Equilíbrio

Era um gesto simples, mas o impacto que teve no restaurante foi grande. O CRP facilitou a oferta de ajuda, e Kevin nos ajudou ao dar a ideia de uma maneira fácil de pedi-la.

Acredito que essa sigla tenha se tornado um dos gestos mais importantes — e o que mais durou, porque já vi ele ser usado em restaurantes de todo o país, por ter sido divulgado por nossos ex-aprendizes.

Sejamos honestos: pedir ajuda é difícil, principalmente para o tipo de pessoa que trabalhava no EMP naquela época — profissionais excelentes, acostumados a serem os melhores, que não suportavam que alguém pensasse que eles não seriam capazes de lidar com a carga de trabalho. Na verdade, muitas vezes eram nossos melhores funcionários que tinham mais problemas quando o serviço era desafiador, porque eram os menos propensos a pedir ajuda.

Ser capaz de pedir ajuda é uma demonstração de força e confiança. Mostra uma compreensão de suas habilidades e uma consciência do que está acontecendo ao seu redor. As pessoas que se recusam a pedir ajuda, que acreditam que podem dar conta de tudo sozinhas, estão enganando a si mesmas e prestando um péssimo serviço às outras pessoas ao redor. Como Danny Meyer costumava dizer, a hospitalidade é um esporte coletivo. Se você deixar seu ego atrapalhar na hora de pedir ajuda, decepcionará toda a equipe, e a hospitalidade que está oferecendo será prejudicada.

O sinal tornou mais fácil e eficiente pedir ajuda, e inseri-lo em nosso sistema removeu esse estigma.

Entre desacelerar, aprender a respirar fundo algumas vezes e encontrar maneiras fáceis de oferecer e pedir ajuda, esse novo compromisso com o equilíbrio da equipe foi crucial. Sinceramente, acredito que nenhum dos sucessos que vieram depois poderia ter acontecido sem essa guinada assertiva que demos em 2008.

Então, quase como uma recompensa por investir tempo em reconstruir nossa base, recebemos um pequeno presente do universo (bem, na verdade, de Frank Bruni).

Em dezembro de 2008, Bruni deu três estrelas ao Corton no *New York Times*. O Corton era um restaurante que Drew Nieporent abriu em Tribeca junto com o chef Paul Liebrandt. Em sua crítica, Bruni disse: "O Corton é, em sua maior parte, excelente e se junta ao Eleven Madison Park, em

Hospitalidade Irracional

constante melhoria, como um restaurante pairando logo abaixo do topo da gastronomia requintada de Nova York."[4]

Ficamos em êxtase. Escondida na crítica desse outro restaurante não relacionado a nós, havia uma mensagem secreta para nosso restaurante — *estou vendo o que vocês têm feito desde a última vez em que os visitei e sei que vocês estão ficando cada vez melhores.*

Continuem assim!

CAPÍTULO 15

O MELHOR ATAQUE É O ATAQUE

O *Guia Michelin* foi criado no início do século XX como uma engenhosa jogada de marketing. Os irmãos vendedores de pneus que o criaram perceberam que encorajar as pessoas a dirigir pela França para experimentar diferentes restaurantes aumentaria as vendas de pneus. Então eles criaram um guia gratuito dos restaurantes na França.

Seu sistema de estrelas refletia se valia a pena viajar para ir a um restaurante. Uma estrela significava que o restaurante era muito bom em sua categoria, valendo a pena parar na estrada para experimentar. Duas significavam que o restaurante apresentava uma excelente gastronomia e merecia um desvio de rota, enquanto três representavam uma cozinha excepcional, um restaurante tão importante que merecia uma viagem especial.

No século seguinte, a Michelin, com sua equipe secreta de críticos anônimos, tornou-se o ranking de restaurantes mais reverenciado e prestigiado da Europa.

Na França, ganhar mais uma estrela pode significar muito lucro para um restaurante, enquanto perder uma pode arruiná-lo: o chef Bernard Loiseau tirou a própria vida quando se espalhou o boato de que seu restaurante, o La Côte d'Or, estava prestes a perder uma de suas três estrelas. (Uma das partes mais terríveis dessa história é que, no fim das contas, o restaurante acabou não perdendo a estrela.) Portanto, embora possa parecer um exa-

Hospitalidade Irracional

gero para um norte-americano, na França, uma estrela Michelin pode ser uma questão de vida ou morte.

O *Guia Michelin* começou a avaliar os restaurantes de Nova York em 2005. O Eleven Madison Park não estava na lista nessa época, nem esteve em 2006, para surpresa de zero pessoas. Houve algumas reclamações nos blogs quando não conseguimos entrar na lista em 2007, mas Daniel e eu não nos incomodamos — o guia é conhecido por seu trabalho lento, e nós ainda estávamos nos encontrando.

Mas, em 2008, houve um burburinho. Recebemos três estrelas do *Times* e fomos aceitos na Relais & Châteaux, uma importante honraria europeia que supúnhamos que nos colocaria no radar da Michelin. A equipe estava se dedicando 110% em todas as mesas. Assim, quando a lista dos restaurantes de Nova York foi divulgada, reunimos todos em nosso escritório para analisar o anúncio.

O Le Bernardin tinha três estrelas. O Jean-Georges tinha três estrelas. O Masa tinha três estrelas. Até o Spotted Pig, o gastropub repleto de celebridades de April Bloomfield e Ken Friedman, tinha uma estrela.

Nem sequer estávamos na lista.

O golpe foi ainda mais devastador porque um restaurante só poderia ganhar uma estrela por ano. Não apenas teríamos que esperar mais um ano para sermos incluídos, como levaríamos três anos até que pudéssemos esperar aquela cobiçada terceira estrela.

A equipe ficou arrasada e confusa com o desprezo, e aprendi que não há momento mais difícil para ser o chefe de uma empresa do que quando houve uma grande decepção.

Como fazíamos uma reunião diária pré-refeição, não havia como evitar o desconforto. Eu estava no centro daquele círculo, cercado por amigos e colegas desanimados. Eles estavam esperando explicações e algum conforto, mas eu não tinha uma varinha mágica que pudesse fazer desaparecer a assolação. Tudo o que eu podia fazer era expressar minha tristeza e confusão, na esperança de compartilhar a dor, para que conseguíssemos seguir em frente. **O papel de um líder não é só motivar e animar; às vezes, precisamos ser humanos com a equipe para ganhar a confiança deles.**

Mas eu também estava chateado com o desprezo, porque sabia que já éramos excelentes e estávamos melhorando a cada dia. Então, depois de

O Melhor Ataque é o Ataque

nos afundarmos em desapontamento por alguns dias, encorajei a equipe a se enfurecer com a situação.

"Sempre demos nosso melhor quando fomos os desfavorecidos", eu disse a eles antes da refeição, "e aqui estamos nós outra vez. Pensem nisso como combustível para mais e usem isso". Era hora de começar a jogar no ataque.

Infelizmente, a economia tinha outros planos.

Gotas de Chuva Formam Oceanos

Em novembro de 2008, o mundo foi atingido por uma recessão global, que o Fundo Monetário Internacional mais tarde chamaria de "o colapso econômico e financeiro mais grave desde a Grande Depressão".

Para resumir: não era um bom momento para vender comida cara.

Passamos os feriados bem, mas assim que o ano-novo chegou, os negócios despencaram. As manchetes eram terríveis e os cancelamentos começaram a acontecer. Começamos a ganhar reputação como uma refeição digna de ostentação para ocasiões especiais, mas, para a maioria das pessoas, não parecia mais prudente gastar tanto em um único jantar. Seria melhor alocar esse dinheiro em um fundo de emergência, uma proteção contra o pior que poderia acontecer.

Casais que ficaram noivos no EMP e voltaram para comemorar conosco todos os anos encontraram maneiras mais moderadas de comemorar seus aniversários. Um casal levou uma garrafa de champanhe para o Madison Square Park e ergueu as taças apontando em direção às nossas enormes janelas do outro lado da rua — junto com uma porção de batatas fritas com queijo comprada no Shake Shack.

Nosso negócio privado parou. As festas de casamento diminuíram, as pessoas começaram a fazer cortes na lista de convidados ou fugiram para locais mais modestos. E as empresas, cujos eventos privados luxuosos e contas de despesas confortáveis constituem a base de um restaurante fino, também mudaram para o modo de austeridade. Elas estavam fechando menos negócios, havia menos comemorações de encerramento sendo realizadas e, se o bônus extravagante de fim de ano ainda estivesse sendo distribuído, as pessoas não os comemoram em público; de repente, a ideia de esbanjar dinheiro em um jantar extravagante e exagerado parecia totalmente errada.

Hospitalidade Irracional

Na maioria das noites, não tínhamos reservas suficientes para encher todo o salão, então fechamos a área do restaurante que chamamos de área de cima (uma área separada das mesas no nível inferior por alguns degraus) para fazer com que o ambiente vazio parecesse menos mal-assombrado. Foi uma melhoria, e a fileira de banquetas formava uma barreira natural entre os ambientes, mas ainda era possível perceber que o restaurante estava apenas meio cheio.

Exibíamos feições animadas para os clientes, mas a verdade é que passei noites com a cara enterrada nos livros. Não havia como fugir: a situação financeira do restaurante era desesperadora e piorava a cada dia. Todas as despesas estavam relacionadas à administração de um restaurante quatro estrelas, porém sem a demanda que vinha com essa honra — ou a possibilidade de cobrar preços de um restaurante quatro estrelas. Então estávamos perdendo dinheiro. Na verdade, o único motivo pelo qual continuamos abertos foi porque o Eleven Madison Park também era dono do Shake Shack naquele momento.

O Shake Shack começou em 2004. Originalmente, era um carrinho de cachorro-quente, parte de uma instalação de arte no Madison Square Park. (Quando cheguei ao EMP, seu hambúrguer era preparado em nosso salão particular; durante o serviço de almoço, os cozinheiros saíam pela porta da frente do restaurante carregando bandejas gigantes cheias de hambúrgueres crus.) Todos adoravam a barraca de cachorro-quente, e ela reabriu no verão seguinte, e no outro também. Por fim, tornou-se o Shake Shack, um quiosque permanente que serve hambúrgueres e sorvete, inspirado nas clássicas barraquinhas de beira de estrada do meio-oeste da juventude de Danny Meyer.

Quando a recessão chegou, o Shake Shack era mais do que lucrativo; estava começando a ser... bem, o Shake Shack. A fila que se formava dentro do parque havia se tornado uma criação tão nova-iorquina que Danny comprou uma webcam, a Shack Cam, para que você pudesse avaliar a fila de espera de sua casa ou do escritório antes de decidir se valia a pena ir até lá.

Se há algo que impulsionou esse negócio, foi a recessão; como sempre acontece em tempos difíceis, as pessoas buscavam experiências acessíveis que, ainda assim, pareciam um pouco especiais. O resultado para nós foi que o EMP não era mais o patrocinador desse lindo projeto de arte. Em vez disso, agora os lucros do Shake Shack estavam nos patrocinando.

O Melhor Ataque é o Ataque

Danny era paciente; ele acreditava em nós. Mas você não pode usar os lucros de um restaurante para pagar as perdas de outro por muito tempo; isso significa que você está fazendo um mau negócio. Todos os meses, eu ia à reunião de P&L para tentar explicar nossas perdas e dar alguma esperança, sabendo que, se eu não conseguisse virar o jogo, o grande experimento do Eleven Madison Park estaria seriamente comprometido.

Busquei muito apoio em meu pai naquela época e tivemos algumas conversas difíceis. Ele é um sobrevivente implacável e nunca se preocupa com as sutilezas dos restaurantes em geral — jantares finos em particular. Mas, como sempre, ele me puxou para fora do meu ambiente para que eu pudesse enxergar melhor o contexto geral. Ele me disse: "A adversidade é algo terrível de se desperdiçar."

Em uma recessão global (ou uma pandemia global, no caso mais atual), muitos empresários entram em pânico. E por um bom motivo! Todos os seus planos bem elaborados foram por água abaixo; todas as suas projeções cuidadosas não se aplicam mais. A incerteza é assustadora. Mas, embora seja fácil entrar em pânico diante da adversidade, a criatividade é a melhor solução.

Felizmente, todo o trabalho que fizemos para cristalizar nossa cultura nos preparou para sermos criativos.

Começamos cortando despesas. É mais fácil falar do que fazer, porque era essencial que nenhum desses cortes prejudicasse os clientes.

Começamos pela cozinha, mas não pela comida. É mais difícil controlar o estoque de um restaurante quando ele não está operando com sua capacidade total do que quando está, principalmente quando quase todos os componentes do prato são preparados na hora; quando o restaurante está operando com capacidade total, você tem uma noção melhor de quais ingredientes usará e quando eles devem ser reabastecidos. Mas, independentemente de nossa situação financeira, tínhamos que manter o cardápio completo; se as pessoas quisessem pedir o pato exclusivo, tínhamos que tê-lo. Então, enquanto Daniel e sua equipe trabalhavam duro para administrar de perto os custos dos alimentos, todas as noites ainda jogávamos fora toneladas de comida.

Esse desperdício foi inevitável. Tivemos que encontrar outros lugares em que era possível realizar cortes.

Hospitalidade Irracional

Naquela época, em todas as reuniões de P&L, o sócio de Danny, Paul BollesBeaven, gostava de nos lembrar: "Gotas de chuva formam oceanos." Com isso em mente, corri atrás de economizar cada centavo. Tínhamos o hábito de usar dois panos de linho para cobrir a passagem, a bancada onde os cozinheiros colocavam os pratos de comida prontos para serem recolhidos pelos garçons da cozinha. Sempre usamos dois para podermos tirar o de cima no meio da noite e terminar a noite com um pano limpo. Esse era um luxo fácil de cortar.

Economizamos milhares em produtos de limpeza ao ajustar as configurações da máquina de lavar louça e garantir que ela não usasse mais sabão do que o necessário. E as toalhas de papel que mergulhávamos em vinagre e água para limpar qualquer pingo ou impressão digital da borda de um prato antes de ser servido foram cortadas ao meio.

Os cozinheiros usavam toucas brancas altas de papel porque eram bonitas e clássicas e representavam a herança europeia de Daniel. Elas também eram descartáveis; os cozinheiros poderiam descartá-las quando ficassem suadas ou manchadas.

Uma noite, fiz as contas. Se um cozinheiro gastasse duas ou três toucas ao longo de um turno difícil e houvesse trinta cozinheiros na cozinha trabalhando em dois turnos por dia, isso significava que estávamos gastando milhares de dólares por ano nesses toucas brancas — enquanto uma caixa de toucas grossas e laváveis de algodão, que a maioria dos restaurantes dava aos cozinheiros, custavam algumas centenas, e ganharíamos pelo menos um ano se passássemos a usá-las.

Esse corte foi difícil; escolhemos as toucas porque queríamos que os cozinheiros sentissem orgulho e uma conexão com sua história culinária toda vez que as colocassem. Mas liderar durante uma crise significa reconhecer que é mais do que os chapéus que dão orgulho aos cozinheiros.

Era mais difícil fazer cortes no salão sem prejudicar os clientes. Administrar um restaurante requintado é caro. Os custos com mão de obra são altos — cada faca brilhante e vidro imaculado devem ser polidos à mão. E nunca é mais caro do que quando você está tentando alcançar o nível seguinte, pois é necessário investir em excesso e ainda assim reduzir os preços para chegar lá.

Ainda assim, encontramos tantas maneiras engenhosas de cortar os custos quanto pudemos. Tínhamos orgulho de apresentar vinte queijos exclu-

O Melhor Ataque é o Ataque

sivos em nosso carrinho de queijos, mas podíamos fazer um belo prato de queijos com apenas dez, e menos opções resultaram em menos desperdício. Eu cuidava pessoalmente do carrinho, cortando eu mesmo o queijo algumas noites para ter certeza de que usaríamos cada pedaço que estivesse apresentável.

Mais do que tudo, foi isto que mudou: ficamos hiperatentos a todos os custos, monitorando de perto cada centavo que gastamos e nos tornando mais disciplinados do que nunca. Paul estava certo. Todos aqueles cortes, todas aquelas gotas de chuva começaram a se acumular. E a economia que conseguimos ao fazer isso nos permitiu sobreviver mais um dia.

Como eu estava crescendo em minha carreira, meu pai me incentivou a manter um diário. O objetivo, então, era manter a mesma perspectiva. Quando se trabalha como garçom, essa é a única visão de mundo que se tem. Embora possa pensar que manterá esse ponto de vista para sempre, a verdade é que, uma vez promovido a gerente, você acabará vendo suas prioridades substituídas por um novo conjunto delas. Como diria meu pai: "A perspectiva tem prazo de validade, não importa quanto você tente se agarrar a ela."

Infelizmente, quando você perde o ponto de vista das pessoas sob sua responsabilidade, também tende a perder a empatia por elas. Seríamos melhores líderes se pudéssemos voltar a sentir como é ser liderado. Mas é difícil recuperar essa memória, e o registro no diário foi uma forma de me proteger contra essa perda.

Então, enquanto fazíamos todos esses pequenos cortes, meu pai me encorajou a começar a escrever no diário novamente. Ele me disse para anotar todas as medidas de corte de custos que implementamos, por menores que fossem. Ele acreditava que encontraríamos uma saída e que, assim que o fizéssemos, descartaríamos todos os truques simples que inventamos durante os tempos difíceis. Anotá-los tornaria mais fácil manter os melhores entre eles, e essa temporada de adversidade acabaria por nos ajudar a lucrar mais no futuro.

Por mais cortes que optássemos por fazer, havia muitos que optamos por não fazer. Lembre-se: ainda tínhamos grandes objetivos; ainda estávamos jogando no ataque. Isso significava que qualquer coisa que afetasse a experiência do cliente estava basicamente fora de cogitação, o que significava que havia

Hospitalidade Irracional

muita coisa fora de cogitação. Havia muitos extras que poderíamos cortar antes de cortarmos até o osso, deteriorando nossa marca.

Mesmo com prateleiras de pratos melhores e um carrinho de pratos acolchoado, os caros copos Riedel quebram; pratos de cerâmica feitos à mão lascam e precisam ser substituídos. No final de uma refeição única, você não poderia pedir a um cliente que assinasse o recibo do cartão de crédito com uma caneta Bic — mas cada uma das canetas de prata que acabavam em uma bolsa ou um bolso iam para o nosso P&L.

Se quiséssemos manter o caminho, cortar despesas não seria suficiente. Teríamos que construir nossa linha superior também.

A Adversidade é uma Coisa Terrível de se Desperdiçar

Fomos criativos na maneira como economizamos dinheiro e, também, na maneira como ganhamos. (Isso, aliás, foi muito mais divertido.) Não importa quanto você tente florear, administrar as despesas é como jogar na defesa, e decidimos jogar no ataque para superar a crise.

Nossos almoços sempre foram movidos por contas de despesa e, com essas contas secando por toda a cidade, havia dias em que você praticamente conseguia ver bolas de feno rolando pelo salão ao meio-dia. No entanto, olhamos para o salão vazio na hora do almoço e enxergamos uma oportunidade.

Na época, no EMP, o preço médio de uma entrada no almoço girava em torno de US$35. Então começamos a oferecer uma refeição de dois pratos por US$29. A média de lucro no EMP nunca tinha sido tão baixa, nem mesmo quando era uma brasserie, mas se ajudava a encher as cadeiras e devolver energia ao salão, valia a pena.

Esses almoços baratos significavam que todo um novo grupo demográfico poderia, de repente, pagar por eles, o que gerou dividendos inesperados. Nosso objetivo era ser o restaurante quatro estrelas para a próxima geração, e o assistente de hoje pode muito bem ser o CEO de amanhã. Essa mudança nos deu a oportunidade de construir e manter relacionamentos com pessoas que estavam trabalhando para subir na hierarquia.

O Melhor Ataque é o Ataque

Garantimos que os clientes recebessem uma refeição exorbitante por seus US$29 (se você estiver dando um presente, que seja incrível). E nos anos que se seguiram, conheci inúmeras pessoas que conheceram o restaurante pela primeira vez por meio daqueles almoços a preços razoáveis, algumas das quais se tornaram nossos maiores fãs.

A recessão também teve um impacto adverso real nas médias das folhas de pagamento. As pessoas estavam pedindo menos comida, e as comidas que elas estavam pedindo eram mais baratas. Obviamente, não podíamos aumentar os preços, então precisávamos ser criativos sobre como compensar a queda. Foi aqui que as coisas ficaram *realmente* divertidas.

Quando eu era garçom no Tribeca Grill, a regra sobre a entrega de sobremesa era "baixo e lentamente" — ao atravessar o restaurante para levar as sobremesas até uma mesa, caminhe mais devagar do que faria normalmente ao passar pelas outras mesas ao longo do trajeto. E mantenha aquele bolo com purê de maçã ao nível dos olhos dos clientes, para que, quando você oferecer os cardápios de sobremesas, todos já estejam pensando nelas. (É por isso que os cereais açucarados são sempre alocados nas prateleiras mais baixas do supermercado — isso faz com que eles fiquem ao nível dos olhos das crianças.)

No EMP, introduzimos um carrinho de sobremesa — um carrinho cheio de deliciosas tortas, bolos e outras sobremesas — que podíamos empurrar até as mesas. Na maioria das vezes, quando você oferece às pessoas um cardápio de sobremesas no almoço, elas olham para você como se você fosse um alienígena. Em parte porque é calórico, mas, na maioria das vezes, ninguém tem tempo de passar por toda a ladainha de pedir uma sobremesa, depois esperar que ela seja preparada, trazida até a mesa, comida e ter os pratos retirados antes de receber a conta. A sobremesa chega meia hora depois da refeição e, na hora do almoço, principalmente em Nova York, as pessoas estão com pressa para voltar ao trabalho.

No entanto, leve até a mesa um carrinho de sobremesa, e elas se transformarão em crianças com os olhos arregalados, tentando escolher uma guloseima — principalmente porque sabem que ganharão aquela para a qual apontarão. O carrinho era lindo e um experimento, e as pessoas adoraram! As vendas de sobremesas aumentaram 300%.

As refeições de US$29 trouxeram energia ao restaurante, mesmo que as margens de lucro não fossem as mesmas a que estávamos habituados, e um

Hospitalidade Irracional

salão cheio deu à equipe a sensação de que tudo ficaria bem, mesmo quando eu não estava absolutamente certo disso.

Mais importante do que isso, o negócio adicional significava que poderíamos dar mais horas à equipe. Passamos os últimos anos contratando um grupo incrível de pessoas; não poderíamos nos dar ao luxo de perdê-los se quiséssemos manter o curso. Por mais que amassem o restaurante e nossa missão, eles tinham contas a pagar. Tenho orgulho de dizer que não demitimos um único membro da equipe durante esse período.

Mantenha a Equipe Engajada a Todo Custo

Todos os cortes que fizemos estavam gerando um impacto, assim como todas as ideias criativas que tivemos para aumentar a receita também. Mas não importa quanto aceleremos, trabalhar em tempos austeros é difícil. Precisávamos exercitar totalmente nosso músculo criativo — precisávamos nos divertir um pouco. Era hora de usar a regra de 95/5.

Entre no Kentucky Derby.

No ano anterior, um amigo me convidou para ver a banda dele tocar em uma festa do Kentucky Derby. A festa em si foi nojenta — mais parecida com uma versão irônica de um boteco do East Village do que uma elegante festa no jardim do Southern Village que a ocasião merecia —, mas me diverti muito.

E adorei a ideia. Kentucky Derby! Em que outra ocasião você pode beber um coquetel exclusivo em seu melhor traje estilo oeste dos Estados Unidos? Em que outro evento é obrigatório usar um chapéu fantástico? Essa era uma festa na qual poderíamos fazer um trabalho esplêndido. Então, na primavera seguinte, nos empenhamos para receber a festa mais linda e exagerada do Kentucky Derby de todos os tempos no Eleven Madison Park.

Decoramos o salão com arbustos adornados em forma de cavalo, enfeitados com rosas, como se você tivesse chegado ao Círculo dos Vencedores. O suntuoso bufê estava repleto de comidas tradicionais do sul: sanduíches de chá beneditino, frango frito e waffles e o refogado de carne chamado Kentucky Burgoo. Tínhamos um balcão com ostras e outros frutos do mar e uma banda ao vivo — um bluegrass raiz de alta qualidade, cortesia dos

Crooners. E nossos bartenders fizeram com que seus copos de estanho estivessem sempre cheios de coquetel Mint Julep bem gelado.

As pessoas adoram se arrumar quando não precisam, e nossos clientes não decepcionaram. (Realizamos um concurso informal de Melhor Roupa, com o medidor de aplausos de tecnologia mais baixa da história — meus próprios ouvidos.) Tudo isso para comemorar os Dois Minutos Mais Importantes do Esporte, que assistimos, sem fôlego, na enorme tela de cinema que montamos nos fundos do restaurante, depois que um corneteiro com uma calça de hipismo e uma jaqueta vermelha soou a Chamada ao Posto.

A festa era um grande risco. Quem dá uma festa chique no meio de uma recessão? Mas o risco valeu a pena; ficamos no zero a zero. Embora não tenhamos ganho ou perdido dinheiro, isso revigorou a equipe. Além disso, fizemos parceria com a Maker's Mark, os charutos Nat Sherman e a revista *Esquire*, que promoveram o evento para suas comunidades entusiasmadas, o que ampliou a nossa. Muitos sulistas saudosos, amantes de cavalos e de chapéus e aficionados por charutos de repente se apaixonaram pelo EMP.

A equipe se divertiu tanto naquela festa quanto os convidados, e fiz uma promessa a mim mesmo: se o restaurante sobrevivesse, essa noção de diversão seria uma qualidade que eu nunca quereria perder.

Estávamos fazendo um ótimo trabalho; a experiência que estávamos proporcionando aos clientes era incrível. E estávamos economizando cada centavo que podíamos. Tínhamos grandes ideias para construir a marca, e algumas delas funcionaram, mas a maior festa do mundo não poderia compensar uma recessão global. Danny estava torcendo por nós, mas o resultado final era incerto e o tempo estava se esgotando.

Então, um dia na hora do almoço, Frank Bruni entrou no restaurante.

Não Precisa ser Real para Funcionar

Ver Frank Bruni passear durante um serviço de almoço sonolento incitou uma rara combinação de terror e excitação: obviamente, ele estava lá para ver se merecíamos outra avaliação. Éramos supersticiosos demais para dizer isso em voz alta, mas não podíamos ignorar a verdade: Bruni só se daria ao trabalho de nos reavaliar se quisesse nos dar a quarta estrela.

Hospitalidade Irracional

Para ser honesto, houve um caos silencioso nos primeiros momentos após sua chegada. Ninguém se pôs a chorar ou correr, mas houve alguns sussurros em pânico e momentos de gaguejo e perda de direção causados pela alta excitação. Rapidamente, porém, conseguimos acalmar nossos nervos. E quando ele saiu, houve cumprimentos por toda parte: estávamos confiantes de que ele havia tido uma ótima refeição.

Então, nada aconteceu.

Silêncio total.

Ser reavaliado é uma loucura. Nas semanas após a vinda do crítico, você fica em alerta. Tudo muda rapidamente. Toda a sua vida para. O chef, o gerente-geral e o sommelier param de tirar dias de folga; você não pode correr o risco de não estar lá quando ele voltar.

Isso é sempre estressante, mas é tolerável porque se estende apenas por um determinado período. Os críticos geralmente vêm três vezes dentro de algumas semanas. Então, você recebe um telefonema dizendo que o artigo está pronto e você já pode tirar fotos; para o bem ou para o mal, acabou.

Exceto que nosso processo de revisão levou meses.

Novamente, assim como um time medíocre não consegue se tornar ótimo do dia para a noite e entrar para o Super Bowl, não tem como um restaurante medíocre se tornar ótimo no dia em que o crítico entra pela porta. Você é o restaurante que eles estão avaliando naquele dia, e eu continuo acreditando nisso.

Mas, quando você busca quatro estrelas, almeja a perfeição, por isso fizemos tudo ao nosso alcance para tornar a experiência dele perfeita, mesmo quando ele não estava presente. Porque todas as noites em que Bruni não estava no restaurante, o que foi a maioria naquele ano, designávamos uma mesa aleatória como o Crítico da Noite e a usávamos como ensaio geral.

Esses críticos fictícios comeram em nossa melhor mesa. Foram servidos pela nossa melhor equipe e aconselhados em suas escolhas de vinhos pelo nosso sommelier. Quando chegou a hora de preparar a mesa para o prato seguinte, não retiramos os garfos da gaveta, por mais meticulosamente que tivessem sido polidos antes do serviço — não, havia uma caixa de talheres separada, sendo cada peça verificada e polida por um gerente. Os copos polidos estavam em uma bandeja separada, e cada prato daquela mesa era examinado em busca de lascas e manchas.

O Melhor Ataque é o Ataque

A cozinha preparava todos os pratos que a mesa do Crítico da Noite pedia em dobro, assim como faria quando o verdadeiro crítico viesse à casa, para que Daniel pudesse enviar aquele que estivesse um pouco mais perfeito. Designamos os dois melhores garçons da cozinha para levar a comida — dois, porque não queríamos que um crítico visse a mesma pessoa todas as vezes e suspeitasse que estávamos escolhendo a dedo quem entregava a comida a eles (o que, é claro, estávamos fazendo).

Não era real; no entanto, nenhum detalhe foi deixado ao acaso.

Pensei nisso quando assisti a *Arremesso Final*, um documentário sobre Michael Jordan e o Chicago Bulls, time que ele liderou em seis campeonatos da NBA. A competitividade de Jordan era lendária; era seu combustível. Se outro jogador ousava falar mal dele em quadra ou desrespeitar os Bulls na mídia, cuidado. Mas se ninguém ousasse, Jordan atiçaria as chamas ele mesmo, inventando deslizes e interpretando choques acidentais como ataques pessoais. Qualquer indício de desrespeito, mesmo forjado, era suficiente para motivá-lo a estar à altura da situação. Ele criava obstáculos, mesmo quando não havia nenhum.

Na maioria das noites, o crítico em nosso restaurante não era real, assim como a rivalidade que Michael Jordan criou em sua cabeça, **mas não precisa ser real para funcionar.** O truque deu certo.

As outras pessoas no restaurante estavam recebendo um serviço pior do que o crítico falso? Não — na verdade, a diferença entre aquela mesa e a mesa ao lado seria completamente imperceptível, mesmo que você soubesse o que procurar; o fato é que esse nível de foco nos ajudou a melhorar o jogo em todas as outras mesas. Porque o Crítico da Noite era para *nós*. Isso nos permitiu encenar de modo que cada movimento fosse ensaiado e polido para brilhar. Isso também significava que, quando Bruni entrasse, estaríamos muito treinados e não apenas não haveria pânico, como estaríamos prontos para ele, independentemente da mesa em que ele se sentasse e da equipe que o servisse. O recepcionista faria contato visual e acenaria com a cabeça, e o efeito cascata começaria: ele está aqui, e aqui vamos nós.

Por ele ter demorado tanto para voltar e por causa dessa rotina irracional que tínhamos todas as noites, acredito sinceramente que foi naquele ano que finalmente começamos a operar em um nível de quatro estrelas. Não apenas para Frank Bruni, mas para todos os outros.

Hospitalidade Irracional

Na verdade, levaria quase um ano entre aquele primeiro almoço e a eventual crítica. Mesmo com nossa confiança e toda a prática, a espera foi emocionalmente difícil. Sinceramente, acho que o único motivo pelo qual fomos capazes de resistir a um processo de crítica tão longo, especialmente junto com nosso desespero com relação às finanças, foi por causa da reinicialização cultural que fizemos. Resumindo, foi bom termos descoberto como colocar nossas máscaras de oxigênio, porque não houve muitos momentos de relaxamento naquele ano.

Acabei me forçando a tirar um dia de folga para assistir a *De La Guarda*, uma peça de arte performática semelhante a um circo e um dos shows mais badalados da cidade de Nova York na época. Ela é mais conhecida pelo final: após a última e linda cena, a música aumenta, a água cai do teto, um canhão de confete dispara e todos dançam. Você sai do teatro animado, encharcado e coberto de papel colorido.

Mas você não sabe da maior: assim que liguei meu telefone do lado de fora, ele vibrou com uma mensagem perdida: "ELE ESTÁ AQUI!" Deixei minha namorada na esquina, corri de volta para meu apartamento, pulei no chuveiro, vesti um terno e em 35 minutos estava de volta ao restaurante. Corri para a cozinha, confirmei com Daniel e imediatamente comecei a trabalhar.

Toda aquela prática valeu a pena. A equipe foi impecável e controlada — em diversos pontos, alguns deles até pareciam estar se divertindo. Era para isso que estávamos treinando. Era hora de mostrar a ele o que éramos capazes de fazer.

A cada quinze minutos, eu me esgueirava até um canto escondido ao lado da estação do barista com uma linha de visão direta para a mesa dele, a fim de que eu pudesse me torturar.

Os jogos mentais que eu jogava comigo mesmo eram terríveis. Fiquei obcecado com cada pequena coisa que aconteceu, embora eu entendesse, intelectualmente, que os críticos também são seres humanos e têm interações normais com seus amigos. Tentei me lembrar: se ele riu, não estava zombando cruelmente da comida. Um pedaço de foie gras deixado no prato não significava que ele não tinha gostado, mas, sim, que ele havia saído para jantar seis vezes naquela semana e não queria engolir um prato inteiro

O Melhor Ataque é o Ataque

de fígado de pato. Ou talvez significasse que ele tinha odiado o foie gras e tudo o mais que estávamos fazendo. Foi exaustivo.

Mas Bruni parece ter tido uma boa refeição desta vez também. Então voltamos a esperar, praticar, torcer e vigiar a porta.

Passamos o restante daquele ano e o início do ano seguinte apreensivos. Ele veio e comeu o menu de outono e o menu de inverno. No verão, ele voltou — de novo, de novo e de novo. Então, finalmente, durante a primeira semana de agosto, recebemos a ligação do *New York Times* para agendar com o fotógrafo que tiraria as fotos que acompanhariam nossa crítica.

No *Times*, as críticas são postadas online na noite anterior ao lançamento do jornal impresso. Assim, no dia 11 de agosto de 2009, começamos nosso serviço aguardando ansiosos pela notícia.

Uma parte da equipe estava no escritório, atualizando a página a cada minuto; mas eu estava muito nervoso para ficar lá, então voltei para o andar de baixo, imaginando que poderia ser mais útil no salão. Eu estava regando com azeite de oliva um aperitivo de nhoque de ricota com alcachofra quando um único cliente, um de nossos regulares, abriu a crítica em seu telefone. Ele pulou da cadeira, ergueu os braços e gritou: "Quatro estrelas!" O salão inteiro explodiu em aplausos.

Corri de volta para o escritório. Daniel e a maior parte da equipe já estavam amontoados em volta do computador, lendo a resenha com um enorme sorriso no rosto.

A manchete dizia: "Uma ascensão ousada ao topo." Bruni narrou nossa ascensão de duas, para três e, depois, para quatro estrelas, dizendo que se apaixonou "gradualmente, não de uma só vez". Ele descreveu ter assistido a "um restaurante aprimorado e excelente… fazendo mais um avanço desnecessário".[5] Não pude deixar de notar como essas palavras eram assustadoras e precisas, capturando não apenas a evolução da experiência do cliente, como também a evolução de nossa cultura.

Essa crítica acabou sendo a penúltima dele como crítico do *New York Times*. Em seu artigo de despedida, ele falou sobre nós uma última vez. Ao escrever sobre a "maravilhosa, maravilhosa refeição" que teve conosco, ele disse: "O que eu estava comendo no Eleven Madison Park e o que eu estava sentindo naquele grande e glorioso ambiente somou-se a uma magnitude de encantamento muito maior do que em outros restaurantes três estrelas."[6]

Hospitalidade Irracional

"Uma magnitude de encantamento!" Nós tínhamos feito isso. Conseguimos as quatro estrelas. E as conquistamos devido ao nosso foco na excelência, mas ainda mais por causa de nosso foco na hospitalidade... sendo assumidamente nós mesmos.

Danny apareceu não muito depois, com os olhos brilhando de orgulho. Eu o vi antes mesmo de ele passar pela porta e corri para lhe dar um grande abraço. A primeira coisa que ele fez foi pedir meu celular. Ele imediatamente ligou para meu pai, querendo compartilhar o momento com ele e parabenizá-lo pelo papel que desempenhou nesse processo para que alcançássemos esse resultado. Ver meus dois mentores se cumprimentando e celebrando aquele momento é algo que nunca esquecerei.

A festa que demos naquela noite foi maior do que qualquer outra que já havíamos feito antes. Entrei em contato com nosso representante na Dom Pérignon e pedi que doassem duas caixas caso recebêssemos essa boa notícia; eu tinha um DJ de prontidão pelo mesmo motivo. Também mandei fazer camisetas: as quatro folhas de nossa logo, com quatro estrelas embaixo, e foi um prazer distribuí-las na festa. (Danny ficou bravo comigo por causa daquelas camisetas; para ele, dava azar contar com os ovos antes da galinha. Pensando bem, estou inclinado a concordar com ele, mas na época pareceu o certo a se fazer.)

Festejamos noite adentro. No dia seguinte, quando abrimos para o almoço, havia taças de champanhe Riedel viradas na Madison Avenue, e um sem-teto no parque estava vestindo uma de nossas camisetas da comemoração.

O salão, porém, estava imaculado, pronto para nosso primeiro almoço quatro estrelas.

Durante a semana seguinte, recebemos garrafas de champanhe e buquês gigantes de flores todos os dias. Cada um dos outros cinco restaurantes quatro estrelas de Nova York enviou um presente para nos dar as boas-vindas ao clube, e nossos clientes regulares vieram comemorar o que seu apoio nos ajudou a alcançar.

Mesmo quando estávamos em baixa, jogamos no ataque, e isso funcionou. Não apenas sobrevivemos à recessão, como saímos dela ainda mais fortes.

CAPÍTULO 16

CONQUISTANDO INFORMALIDADE

A crítica de quatro estrelas mudou tudo.

Nosso salão ficava cheio todas as noites. A equipe estava flutuando. Nunca deixei de me preocupar com os gastos, mas paramos de cortar as toalhas de papel da cozinha ao meio e os chefs voltaram a usar toucas de papel adequadas.

Com o aumento dos negócios, surgiram uma série de novos desafios. Precisávamos contratar e treinar cerca de 25 novos funcionários entre a cozinha e o salão. Tivemos até que reprogramar nosso sistema telefônico para lidar com o aumento de ligações.

O maior desafio assumiu a forma de mudar as expectativas. Os clientes que vão jantar em um restaurante três estrelas têm expectativas muito diferentes daqueles que vão jantar em um lugar que ganhou recentemente sua quarta estrela.

Alguns membros de nossa equipe internalizaram essa mudança, convencendo-se de que precisávamos nos levar mais a sério. É como a primeira vez que você compra um terno caro; você sente que precisa se adequar ao traje, em vez de lembrar que o objetivo do traje é vestir você.

Ficamos emocionados por ter uma quarta estrela, mas chegamos lá focando criar uma conexão significativa com nossos clientes, e não podíamos deixar o elogio corroer o que nos levou até lá em primeiro lugar. Não tínhamos abandonado a ideia de ser o primeiro restaurante quatro estrelas para a

Hospitalidade Irracional

próxima geração. Ainda queríamos trazer conforto, informalidade e senso de diversão para refeições requintadas. O próprio Bruni apoiou isso. Ele escreveu no *Diner's Journal*: "Percebi que estava recomendando com mais frequência o Eleven Madison para as pessoas do que eu costumava fazer com os melhores restaurantes quatro estrelas (na época), porque ele tinha uma forma de mimar os clientes sem cobrar um preço tão alto quanto os outros, sem ter um código de conduta tão rígido e sem que as pessoas precisassem enfrentar uma série de olhares intimidadores. O EMP apresentava um compromisso extremamente atraente a esse respeito."

Bruni percebeu que estávamos trazendo uma abordagem mais casual para refeições requintadas — buscando a excelência com menos daquela goma desconfortável. Nossa informalidade nos ajudou a conquistar aquela quarta estrela. Ainda assim, as pessoas reservavam mesas com meses de antecedência; para muitos, seria uma das refeições mais caras da vida. Em virtude do hype e do preço, elas queriam um pouco de cerimônia.

Então, nos deparamos com um enigma: o próprio recurso que nos rendeu esse prêmio — nossa naturalidade e informalidade no salão — de repente se tornou menos apropriado.

Isso era especialmente verdadeiro porque todos parecíamos muito jovens. Na época, a média de idade das pessoas que trabalhavam no salão do EMP era de 26 anos. Daniel tinha 32 anos e uma cara de bebê quando ganhamos quatro estrelas; eu tinha 29 anos e ainda me pediam minha identidade na entrada de bares. Mesmo antes de nossa avaliação de quatro estrelas (e certamente depois dela), isso era um choque para as pessoas: elas não esperavam que um restaurante como o EMP fosse administrado por um bando de crianças. Mas não queríamos mudar quem éramos, principalmente porque um ambiente excessivamente formal atrapalharia a conexão que estávamos tentando fazer.

A abordagem que usamos para evitar isso foi o que chamamos de conquistar informalidade. Quando comecei a namorar minha esposa, chamava o pai dela de sr. Tosi; eu sabia que havia conquistado sua confiança quando ele finalmente me disse para chamá-lo de Gino. Informalidade é algo que você conquista.

Da mesma forma, tínhamos que conquistar o respeito dos clientes espantados com nossa juventude, intensificando a formalidade no início da refeição. Ao longo da noite, porém, ganharíamos sua confiança o suficiente para mudar suas expectativas, a fim de que pudéssemos incentivá-los a nos acompanhar no passeio. Nossa abordagem de serviço não poderia acontecer *com* eles, tinha que acontecer *para* eles. Tínhamos que convidá-los a participar, não forçá-los.

Esteja presente

No verão após meu primeiro ano na Cornell, trabalhei no Tribeca Grill. Eu havia sido contratado como estagiário de administração, mas quando alguns garçons se demitiram, me vi servindo mesas pela primeira vez — o que foi uma prova de fogo em um dos restaurantes mais movimentados da cidade de Nova York. Eu não tinha ideia do que estava fazendo, e sabia disso.

Minha estratégia em situações como essa é sempre descobrir quem são os que apresentam o melhor desempenho, estudar a abordagem deles e tentar imitá-la. Primeiro me interessei por um grupo de garçons que eram como Keanu Reeves manipulando a Matrix; eles viam tudo e estavam sempre um passo à frente. Esses garçons sempre sabiam exatamente quem estava pronto para outra garrafa de vinho e quem estava prestes a pedir a conta; o resultado disso é que eles atendiam a mesa com uma eficiência implacável.

Mas algo não batia. Todas as noites, eu calculava as gorjetas e notava que as médias de pagamento de outro grupo de garçons, que atendiam a muito menos mesas, eram mais altas, e eles também ganhavam mais em gorjetas. Vou repetir: eles atendiam a menos pessoas, mas ganhavam mais dinheiro. Essa é uma boa maneira de medir a satisfação dos clientes; então comecei a observar o que esse outro grupo de garçons fazia.

Rapidamente percebi que esse era o verdadeiro time A. De diversas maneiras, esses garçons eram menos excelentes do que seus colegas mais proficientes — as mesas a que eles atendiam esperavam mais para fazer o pedido, solicitar o cardápio de sobremesas e pedir a conta. Mas, quando esses garçons menos eficientes estavam nas mesas, conectando-se com os clientes, eles estavam tão focados nessa interação que os laços que criavam eram muito mais fortes. Mesmo que o serviço tenha sido um pouco menos perfeito, os clientes gostavam mais da experiência.

O primeiro grupo era atento; o segundo prestava atenção.

Hospitalidade Irracional

Costumo descrever "estar presente" como se preocupar tanto com o que você está fazendo que para de se importar com tudo o que precisa fazer depois. Esse segundo grupo de garçons incorporou isso de maneira linda. Quando eles conversavam com os clientes, estavam *totalmente presentes* com eles. E eles estavam sendo recompensados por sua hospitalidade, não por sua excelência.

Depois que o EMP ganhou as quatro estrelas, voltei todo o meu foco para a hospitalidade. A excelência estava garantida; era hora de dobrar a aposta nos relacionamentos. Assim, para o ano seguinte, estar presente foi nosso foco principal. Quando estávamos com um cliente, estávamos *com* ele de verdade. Havíamos treinado durante anos para dar toda a goma que as pessoas esperavam de um restaurante do nosso calibre. Agora, o foco era dar a essas mesmas pessoas mais calor e conexão do que elas esperavam de um restaurante de nosso calibre.

Não estávamos mais administrando um restaurante extraordinário; agora estávamos nos conectando com as pessoas.

E, aparentemente, o mundo estava percebendo isso. Porque certa manhã, no início de 2010, após fazer o check-in com a equipe da manhã e preparar um café com leite, abri a correspondência. Boletos, lixo eletrônico, mais boletos. Uma mensagem, porém, despertou meu interesse e, quando a abri, descobri que o EMP havia sido indicado como um dos 50 Melhores Restaurantes do Mundo em 2010.

CAPÍTULO 17

APRENDENDO A SER IRRACIONAL

Ainda posso sentir a onda de constrangimento e desapontamento que tomou conta de mim quando anunciaram que o Eleven Madison Park estava em quinquagésimo lugar — o último — na lista dos 50 Melhores Restaurantes do Mundo em 2010. Lembro-me até hoje do embrulho no estômago que senti naquela noite.

Passei todo o voo de Londres de volta para casa tentando encontrar as palavras que usaria quando chegasse ao restaurante e me reunisse com toda a equipe; sabíamos que eles também estariam arrasados com o resultado. No fim das contas, citei a frase predileta de meu pai para abrir a reunião que Daniel e eu fizemos com os funcionários em nosso retorno:

"O que você tentaria fazer se soubesse que não poderia falhar?"

Depois de um infortúnio, é função do líder ajudar a equipe a reconhecer seus sentimentos — ir da decepção à motivação — e traçar o caminho para seguir em frente, porque todos precisam estar alinhados com o que será feito em seguida.

O restaurante estava cheio; ainda tínhamos as quatro estrelas e, uma semana antes, isso era o suficiente. Mas Daniel e eu voltamos de Londres trazendo um guardanapo de bar amassado e um novo objetivo; queríamos ser o restaurante número um do mundo.

"Não gostamos de ouvir nosso nome ser chamado em último lugar; vamos usar essa humilhação para nos motivar", dissemos. "Por mais incríveis

Hospitalidade Irracional

que sejam os restaurantes entre os dez primeiros, poderíamos ser tão bons quanto, se não melhores. Queremos ser o número um."

Era um risco enorme articular esse sonho em palavras. Quando você estabelece uma meta para sua equipe e não consegue alcançá-la, corre o risco de prejudicar o moral — e esse era um ponto de referência particularmente audacioso, visto que perder uma única posição significaria sair da lista de uma vez por todas. Mas o combustível por trás dessa declaração ousada foi outra citação, esta de Jay-Z: "Acredito que falar as coisas em voz alta dá vida a elas."[7] Tenho certeza de que, se você não for corajoso o suficiente para falar um objetivo em voz alta, nunca o alcançará.

Naquela reunião, estávamos convidando a equipe a tomar a decisão de seguir conosco. Quando você se cerca de pessoas talentosas, não há nada mais poderoso do que uma decisão coletiva. Se esse grupo eletrizante decidisse atingir esse objetivo — não importa quão rebuscado ou difícil ele fosse —, então nós o atingiríamos.

Sem surpresa, eles toparam. Não precisaríamos perder mais um minuto decidindo. Agora bastava que colocássemos em prática.

Racional vs. Irracional

Quando rabisquei as palavras "Hospitalidade Irracional" naquele guardanapo, não tinha a menor ideia de como as colocaríamos em prática. Mas você não precisa saber exatamente o que uma ideia significa para começar a persegui-la; muitas vezes, tudo de que você precisa é uma noção do que está tentando alcançar. Comece de algum lugar, experimente coisas diferentes e a ideia começará a tomar forma.

O especialista em ciências comportamentais Rory Sutherland diz que o oposto de uma boa ideia também deve ser uma boa ideia. É por isso que a ideia da Hospitalidade Irracional era tão atraente. O oposto de Hospitalidade Irracional não é tratar as pessoas mal, é uma hospitalidade razoável — uma maneira perfeitamente adequada de fazer negócios. Mas "razoável" não era como nos transformaríamos no restaurante número um do mundo.

Então começamos a mudar radicalmente nossa abordagem de hospitalidade. Principalmente porque aquelas palavras que anotei no guardanapo

Aprendendo a Ser Irracional

— Hospitalidade Irracional — deram origem a uma ideia que seria fundamental para tudo o que viesse depois, que era fornecer o tipo de boas-vindas que daria aos clientes a sensação de que estávamos fazendo as coisas de maneira diferente.

Já havíamos aprimorado a experiência do cliente, e muitos dos detalhes luxuosos — as toalhas de mesa, os guardanapos macios de tecido, a capa de couro grosso na carta de vinhos, o peso dos talheres de prata — foram projetados para comunicar excelência. Mas procurávamos criar um tipo diferente de restaurante quatro estrelas, no qual cada detalhe de seu conforto fosse antecipado e atendido e no qual você se sentisse verdadeiramente confortável. Foi nesse ponto que senti que poderia deixar minha marca. Os detalhes que nos tornavam excelentes eram essenciais — dedicação ao refinamento, técnica superior e brilho. Mas eu queria que os detalhes que definiam nossa hospitalidade fossem irracionais.

Quando estávamos sentados no auditório, esperando o início da premiação dos 50 Melhores Restaurantes do Mundo, percebi que todas as pessoas no ambiente — inclusive Daniel e eu — estavam empenhadas em uma busca irracional pela excelência. Mas para quase todos, o foco dessa busca irracional era a comida. Era aquela mesma velha história: toda a magia acontecia dentro da cozinha, e o salão ficava a serviço desta.

Um prato pelo qual éramos conhecidos na época era um filé de pregado, meticulosamente coberto com finas fatias de abobrinha sobrepostas, para imitar as escamas de um peixe. O peixe era, então, embalado a vácuo com azeite e ervas e cozido precisamente a 54,2°C por dezoito minutos; depois era servido em cima de um caldo de açafrão com uma flor de abobrinha frita e recheada.

Cada componente do prato representou semanas de pesquisa, desenvolvimento e testes; cada elemento levou horas de treinamento para ser preparado e executado. E tudo isso por duas mordidas — talvez três minutos da vida de um cliente!

Isso é irracional, mas é maravilhoso. Eu já tinha visto o impacto de nosso foco na elegância no EMP, então me perguntei: o que aconteceria se adotássemos a mesma abordagem irracional de como preparamos aquele prato e o aplicássemos à hospitalidade?

A Hospitalidade Não é uma Transação

Muitas vezes, falávamos sobre a bolha em que estávamos trabalhando para criar em torno de cada mesa.

Se a comida fosse cronometrada corretamente, as luzes e a música estivessem perfeitas e nosso serviço fosse completo e discreto — para que estivéssemos sempre lá quando os clientes quisessem e nunca quando eles não quisessem —, então existiria uma bolha em torno de cada mesa. Não haveria distração; eles estariam completamente envolvidos na experiência. O tempo deixaria de existir.

Mas se a comida demorasse muito, se alguém deixasse cair uma bandeja com copos ou se houvesse uma impressora fazendo barulho a poucos metros de sua mesa, a bolha estouraria e o feitiço seria quebrado.

Tínhamos trabalhado duro para tornar nosso serviço impecável, para que a comida fosse perfeitamente cronometrada, e ninguém deixasse cair bandejas. Mas, enquanto aquela impressora estivesse no salão, a bolha seria estourada todas as noites — era um lembrete constante de que os clientes estavam sentados comendo dentro de nosso estabelecimento comercial, não de nossa casa.

Conduzi uma auditoria para remover de nosso salão qualquer coisa que se parecesse com uma transação. Começamos por banir do salão os microterminais, os computadores que os restaurantes utilizam para realizar os pedidos das mesas e imprimir as contas. Isso era relativamente fácil, embora tivéssemos que construir um espaço adjacente à cozinha, onde poderíamos guardá-los junto com os talheres, os copos e todos os outros suprimentos que usávamos para o serviço.

Mas vi a maior oportunidade de testar a Hospitalidade Irracional na entrada do restaurante, onde recebemos os clientes.

Normalmente, você entra em um restaurante e se aproxima do maître, que está em pé atrás de um balcão, iluminado pelo brilho feio da tela de um iPad. Então você diz: "Olá, tenho uma reserva para esta noite" e dá seu nome. Ele olha para baixo, rola um pouco a tela, depois se vira para o recepcionista e diz: "Você pode acompanhá-los até a mesa 23." Tudo isso é uma transação — a tela, o fato de você estar sendo transportado pelo restaurante como uma carga, o número da mesa.

Aprendendo a Ser Irracional

Talvez eu esteja sendo um pouco dramático. Certamente, não faltam excelentes restaurantes que lidam com essa troca com elegância, cordialidade e graciosidade. Mas enquanto o maître estiver atrás de um balcão, uma barreira literal entre ele e a pessoa que ele está recebendo, a hospitalidade naquele momento nunca poderá ser mais do que razoável. Compare isso ao que acontece quando você vai jantar na casa de um amigo. Eles escancaram a porta, olham diretamente nos seus olhos e dão as boas-vindas chamando-o pelo nome.

Não pude deixar de enxergar uma oportunidade aí.

Na primeira vez em que me sentei com a equipe de relacionamento com o cliente e lhes disse que nos livraríamos do balcão da recepção no EMP, houve certo ceticismo. Mas, se você explicar por que fará isso e o que pretende fazer para substituir, pode ficar surpreso com quantas dessas ideias impossíveis sua equipe é capaz de colocar em prática.

Em pouco tempo, quando os clientes entrassem pela porta, em vez de precisarem se aproximar de alguém que estivesse olhando para uma tela, eles seriam recebidos pelo nome: "Boa noite, Sra. Sun, bem-vinda ao Eleven Madison Park." Nunca me canso de ver a reação no rosto das pessoas quando vivenciam isso pela primeira vez.

Todas as noites, o maître pegava a lista de reservas e pesquisava os nomes presentes nela, a fim de fazer algumas anotações, com dicas e fotos de cada pessoa da mesa. Se tivesse alguma foto sua na internet, nós a encontraríamos — e se você ainda se parecesse com a pessoa da foto, seria recebido pelo nome. Depois que as reservas das 19h30 eram feitas, o maître começava a estudar as anotações para as reservas das 20h.

Revelação completa: ainda havia um balcão. Ele ficava logo ao lado da entrada, para que você não o visse quando entrasse. Atrás dele, estava o "âncora", outro funcionário que ficava em contato com o salão e sabia se sua mesa estava pronta ou não. O âncora se comunicava em linguagem de sinais com o maître, que conversava tranquilamente enquanto esperava por instruções; se o âncora sinalizasse que a mesa estava pronta, um recepcionista viria e o acompanharia até ela. Se não estivesse pronta, o âncora usaria um sinal diferente, e o maître o conduziria ao bar para tomar uma bebida enquanto esperava.

Hospitalidade Irracional

Nada disso era muito complicado, mas exigia estar disposto a fazer o que fosse necessário para ser colocado em prática. O que *parecia* complicado (pelo menos para nós, com base em quão desafiador era executá-lo) era que o maître que o cumprimentou fosse a mesma pessoa que havia confirmado sua reserva dois dias antes.

Na maioria dos restaurantes, a mesa é confirmada pelo pessoal da reserva em um escritório que não está mais no restaurante no momento em que os clientes chegam. No entanto, pedimos ao maître que confirmasse essas reservas, a fim de que pudessem começar a construir um relacionamento com os clientes antes mesmo de eles chegarem ao restaurante. Assim, ele poderia dizer: "Sra. Sun, meu nome é Justin; nos falamos ao telefone outro dia. Estamos muito contentes em tê-la conosco esta noite."

Entrar em um restaurante requintado como o EMP pode ser intimidador. Ser imediatamente cumprimentado por alguém com quem você conversou ao telefone alguns dias antes faz com que isso seja muito menos intimidador. E como o verdadeiro objetivo dessas ligações de confirmação de reserva era saber algo sobre o cliente antes de sua chegada e perguntar se ele estava comemorando uma ocasião especial, Justin também podia dizer: "Feliz aniversário e obrigado por comemorar conosco!"

Obviamente, a eliminação do balcão acrescentou etapas de serviço. Além da pesquisa no Google e de toda a comunicação não verbal, era necessário um estrategista trabalhando na organização dos turnos para garantir que o maître que confirmou a reserva estivesse sempre trabalhando na noite em que o cliente havia reservado. Para muitas empresas, essas etapas extras teriam sido um bom motivo para não adicionar esses floreios, mas eu tinha um slogan de um antigo comercial de aluguel de carros da Avis grudado em minha mente: "Nós nos esforçamos mais."

Não tenho ideia se aquele anúncio era um reflexo genuíno da cultura da empresa ou se era algum modo genial de como a Madison Avenue diferenciava um serviço de aluguel de carros quase idêntico ao outro, mas eu pensava naquela frase o tempo todo. Não é isso que diferencia o bom do ótimo? Estar tão comprometido com uma ideia que você está disposto a se esforçar mais, a ir além do razoável para torná-la possível?

Remover a impressão de que tudo era uma transação desde o início da refeição teve um impacto tão transformador na experiência que eu queria

176

dar um passo adiante e removê-la ao final da refeição também. Se agora estávamos recebendo as pessoas de maneira mais calorosa do que nunca, eu queria que nossa despedida fosse tão pessoal quanto.

"Quero fazer um armário de casacos sem ticket", eu disse a JP Pullos, que comandava nossa equipe de atendimento na época.

"OK, mas como?"

"Não faço ideia! Mas você inventará algo brilhante", eu disse a ele. Um líder não precisa conhecer os detalhes de cada plano quando acredita nas pessoas que trabalham para ele.

JP inventou — e, de fato, foi brilhante. Ele reorganizou o espaço onde normalmente ficavam os casacos para organizá-los por número de mesa, e acrescentou um espaço adicional menor "no convés" — ou seja, na frente, perto da porta — para também guardar casacos.

Durante o serviço, um recepcionista passava pelo salão de tempos em tempos, anotando em que momento da refeição as pessoas estavam, a fim de que ele pudesse planejar onde colocaria o grupo da reserva seguinte. Com o novo sistema, quando o recepcionista notasse que uma mesa estava pagando a conta, ele enviaria alguém para transferir os casacos do espaço maior para o menor, na frente. No momento em que elas terminavam de pagar e se dirigiam para porta do restaurante, estaríamos parados na porta da frente com seus casacos, esperando por elas.

Nenhum dos outros restaurantes estava fazendo isso na época, e muito poucos fazem isso agora. O que é uma pena, porque era um de meus momentos favoritos da noite. Você observaria os clientes se aproximarem da porta e procurarem nos bolsos ou bolsas pelos tickets para pegar o casaco — *onde coloquei o papel?* Então eles olhariam para cima e reconheceriam o próprio casaco. Era incrível fazer um truque de mágica bem no final, surpreendendo os clientes uma última vez; nunca me cansei de assistir.

A Hospitalidade é um Diálogo, Não um Monólogo

É impossível conseguir uma reserva no Rao's.

O Rao's, inaugurado em 1896 e que serve comida ítalo-americana caseira no Harlem, é uma instituição nova-iorquina. E quando digo que é impossível conseguir uma reserva lá, é sério: eles não aceitam reservas. Algumas

Hospitalidade Irracional

pessoas selecionadas "são donas" das mesas e você não pode se sentar nelas a menos que seja convidado por uma dessas pessoas.

Após anos perguntando a todos que conhecia, finalmente consegui um convite. A refeição foi incrível (as almôndegas são algumas das melhores que já comi). E embora a experiência gastronômica tenha sido bastante diferente daquela que estávamos tentando oferecer, isso me impressionou muito.

Não havia cardápio no Rao's; em vez disso, um cara chamado Nicky the Vest puxou uma banqueta para se sentar à nossa mesa e nos disse quais eram as opções. Primeiro, ele nos deu as opções de antepastos para escolher; só então falou das massas; e, em seguida, escolhemos a carne entre as opções que ele nos deu. Foi uma conversa — ou pelo menos pareceu uma, embora, de alguma forma, você sempre acabasse comendo o que Nicky achava que você deveria comer.

Eu adorei. Foi como jantar na casa de minha avó, e saí convencido de que deveríamos nos livrar dos cardápios.

Depois que o efeito do vinho tinha passado, percebi que não estávamos prontos para uma mudança tão radical. (Mais tarde estaríamos.) No entanto, fiquei fascinado com a ideia de que pedir uma refeição poderia assumir a forma de uma troca entre o restaurante e o cliente. Danny Meyer disse que a hospitalidade é um diálogo, e não um monólogo. Ele quis dizer isso metaforicamente, mas eu queria transformá-la em diálogo literalmente.

Durante anos, oferecemos um menu com preço fixo e um menu degustação do chef. No menu de preço fixo, era o cliente quem escolhia; o menu degustação tinha o objetivo de surpreender o cliente.

Eu queria uma opção menos binária. Havia charme no imprevisto e no fluxo — a narrativa — de um menu degustação, mas também era uma diretriz, sujeitando o cliente a uma decisão pronta que vinha da cozinha: "É isso que você vai comer esta noite."

Você já deve ter percebido que gosto de estar no controle, principalmente com relação à comida, porque sou um pouco exigente para comer: não gosto de peixes suspeitos ou carnes de órgãos. E como alguém que adora comida, gosto de determinar não apenas o que não quero comer em determinada noite, mas também o que quero.

178

Aprendendo a Ser Irracional

Surgimos com uma nova ideia de menu, que englobaria o melhor dos dois mundos. Em um menu normal, todas as opções são listadas na íntegra: a carne vem com purê de batata e cogumelos chanterelle. Você escolhe exatamente o que quer e come exatamente o que pede. Por outro lado, se houver muitos menus degustação, é como se não houvesse nenhum menu; você descobre o que vai comer quando o prato é colocado na sua frente.

A beleza do primeiro é o controle; a beleza deste último é a surpresa. Nosso novo menu englobou ambos.

Listamos os pratos apenas pelo ingrediente principal; em determinada noite, digamos, você poderia escolher de entrada carne bovina, pato, lagosta ou couve-flor. A escolha era sua, mas a forma como o ingrediente seria preparado e servido era uma surpresa.

Daniel adorou o novo formato de cardápio porque lhe dava flexibilidade — se um fornecedor o surpreendia com algumas caixas de lindas folhas de azedinha ou feijões especiais de verão, ele podia incorporar esses ingredientes aos pratos sem termos que reimprimir centenas de cardápios. Eu adorei porque exigia um diálogo com o garçom. Como Oliver Strand escreveu em seu artigo no *New York Times* sobre a mudança do menu, apropriadamente intitulado "Consertando o Que não está Quebrado no Eleven Madison Park": "O menu é quase uma abstração. Em vez de seduzi-lo com descrições suculentas, ele nos dá um motivo — ou uma provocação — para conversar com o garçom sobre o que você deseja comer."[8]

Alguns meses após lançarmos o novo menu, fiz uma refeição no Momofuku Ssäm Bar, o lugar que me incentivou a levar ainda mais longe essa ideia de diálogo e de escolha. Havia uma pequeno boxe no canto inferior direito do menu do Ssäm Bar onde estava escrito: "Sem substituições ou pedidos especiais. Não servimos itens vegetarianos."

Espere, o quê? Não sinto nada além de admiração pelo que os chefs fazem e sei que algumas substituições podem destruir a integridade de um prato. Mas, do ponto de vista da hospitalidade, essa declaração geral — sem substituições, não importa o quê — foi chocante e foi contra tudo em que eu acreditava. (Vale a pena observar que, desde então, o dono do Momofuku, David Chang, tornou-se mais flexível e um dos chefs mais hospitaleiros que conheço.)

Hospitalidade Irracional

Mas, naquela noite, não consegui tirar os olhos daquelas palavras e, mais tarde, acabei escrevendo sobre elas em meu diário enquanto tomava minha taça de vinho tinto. Como um restaurante pode dizer a alguém que não quer comer carne que ele deve comê-la se quiser jantar lá? O que estávamos entregando, um novo formato de menu, era muito bom, tanto quanto o que os clientes queriam comer; mas será que estávamos fazendo o suficiente para permitir a eles que falassem o que *não* queriam?

Àquela altura, nós, como em todos os restaurantes, perguntávamos ao cliente no início da refeição se ele tinha alergia a algum ingrediente. Mas não matar os clientes é uma premissa; será que não conseguiríamos fazer melhor do que isso? E se também perguntássemos se há algum ingrediente de que não gostam? Ou se havia alguma coisa que eles simplesmente não estavam com vontade de comer naquela noite? *Isso sim* seria um diálogo adequado.

Foi preciso um pouco de lábia para convencer Daniel e o pessoal da cozinha, já que a maior parte do trabalho pesado ficaria por conta deles. Apresentei infinitas variações de pratos que eles já haviam aperfeiçoado. Se o frango fosse servido com aspargos e cogumelos, mas o cliente não gostasse de cogumelos, a cozinha precisaria ter uma alternativa que fosse igualmente deliciosa e estivesse à mão, apenas por precaução. Era a própria definição de irracional. Mas Daniel entendeu como a ideia era revolucionária, se conseguíssemos colocá-la em prática. (Também puxei a carta de "Isso é importante para mim".)

Decidimos tentar. E quase não funcionou.

Algumas semanas após começarmos a perguntar aos clientes sobre suas preferências, nenhuma mesa havia nos falado de um ingrediente que não gostasse. Escolhi uma praça para ver se eu conseguia descobrir o porquê.

A propósito, não há maneira melhor para um líder descobrir por que uma ideia não está funcionando — ou como ela pode funcionar melhor — do que ficar no lugar das pessoas que você encarregou de implementar a ideia. Em geral, funciona muito bem. Se você é o CEO de uma rede hoteleira, trabalhe na recepção de um dos hotéis algumas vezes por ano; se você administra uma companhia aérea, faça um turno no guichê de passagens ou sirva bebidas e salgadinhos na classe econômica. Sem cerimônia — apenas

Aprendendo a Ser Irracional

faça o trabalho. Aposto que você ficará surpreso com o que aprenderá; eu sempre fiquei.

Minhas habilidades como garçom estavam um pouco enferrujadas, e as pessoas que estavam me ajudando tinham que trabalhar mais do que teriam se o time fosse liderado por alguém mais competente. Mas após atender a apenas algumas mesas, eu já sabia qual era o problema.

Na época, Andrew Zimmern e Anthony Bourdain apareciam em todos os programas TV comendo corações de cobra ainda batendo, fetos de patos de ovos não chocados e sopas feitas de larvas de bicho-da-seda. Cada menu sofisticado apresentava ingredientes — como endívia roxa, nduja (uma salsicha cremosa apimentada da Calábria) e cardoon — tão obscuros que até mesmo um cliente acostumado a comer pratos diferentes precisava pesquisá-los no Google para saber o que era.

Se você fosse alguém que se importava com comida, como era a maioria de nossos clientes, a tendência era comer de tudo e sem discriminação. Então não era legal admitir que a textura da berinjela ou do caviar não era muito agradável, ou que você odiava beterraba porque passou a infância sendo obrigado a comer aquelas beterrabas enlatadas. E se você não costumava confessar essas coisas para seus entes queridos, certamente não desabafaria com o capitão de um restaurante quatro estrelas.

Então, na próxima mesa em que fiz a pergunta, fiz minha (verdadeira) confissão: contei aos clientes o que penso sobre o ouriço-do-mar. O ouriço-do-mar é um ingrediente raro e difícil de obter. É uma iguaria que muitos críticos de comida sofisticados adoram: cremosa e luxuosa, amada pelos chefs. Só de pensar me dá vontade de vomitar.

Assim que confessei isso, o cara da mesa disse: "Na verdade, não sou louco por ostras"; e a esposa dele disse: "Sim, odeio aipo."

Bastou eu me mostrar vulnerável que as pessoas a quem eu estava servindo começaram a falar quais eram as vulnerabilidades delas também. Dizer que você não gosta de um ingrediente é uma expressão de vulnerabilidade? Acredito que sim — e quanto mais aberto você se mostrar, mais provável será que as pessoas se abram com você.

Naquele momento, para mim, o novo formato de menu foi um verdadeiro sucesso. Nós transformamos o que era, até então, uma conversa unilateral em uma troca genuína com os clientes.

Hospitalidade Irracional

Trate Todos como um Cliente VIP

Sessões de treinamento pessoal com um personal trainer de celebridades. Uma estadia de três noites em um hotel de luxo em um farol na costa da Suécia. Um vale de US$25 mil em tratamento de pele da Park Avenue. Um suprimento vitalício de creme facial de luxo. Um colar Tiffany cravejado de diamantes. Um ano de locações Audi gratuitas. Um tour a pé de dez dias pelo Japão.

Não fomos as primeiras pessoas a ser irracionais em nossa abordagem à hospitalidade, mas esse tipo de serviço exagerado sempre foi limitado a poucas pessoas: celebridades, políticos, pessoas ricas e a elite. Pense nas sacolas de presentes exorbitantes que os indicados ao Oscar recebem todos os anos. (Veja alguns itens da lista no parágrafo anterior.)

No entanto, com a Hospitalidade Irracional, queríamos proporcionar gestos atenciosos e sofisticados a cada um de nossos clientes.

Nosso primeiro passo para nivelar o atendimento e a experiência do cliente foi reimaginar o tour pela cozinha. Muitos restaurantes finos têm aquelas mesas do chef, mas o fato de apenas uma mesa experimentar uma refeição na mesa do chef todas as noites sempre me incomodou; mesmo no EMP, as visitas à cozinha sempre foram reservadas aos clientes VIP. Mas se acreditássemos de maneira holística no conceito de Hospitalidade Irracional, precisávamos tornar os elementos mais graciosos da experiência disponíveis para todos.

Criamos um cantinho na cozinha com uma visão ampla dos trinta cozinheiros treinados com excelência e precisão trabalhando com foco a laser e quase em total silêncio em nossa enorme e imaculada cozinha, e colocamos uma mesa do chef naquele cantinho. Mas nossa mesa do chef não tinha cadeiras; os clientes ficavam de pé enquanto desfrutavam de um único prato.

Por ser apenas um prato, pudemos oferecer essa experiência especial para *muitas* pessoas — todos que demonstraram interesse em vivenciá-la. (O prato era algo neutro — nunca uma sobremesa — então poderia acontecer a qualquer momento da refeição; o primeiro que fizemos foi um coquetel de nitrogênio líquido.) Inclusive contratamos alguém cujo único trabalho era acompanhar esses passeios. Nem todos queriam ver a cozinha; algumas pessoas vinham ao restaurante para fechar um acordo de negócios, para

182

Aprendendo a Ser Irracional

ter um encontro amoroso ou simplesmente para comer — e a equipe estava sintonizada o suficiente para deixar essas pessoas em paz. Mas para todas as outras — fosse você o Jay-Z e a Beyoncé ou um casal comum, que economizou para ter uma experiência em um restaurante quatro estrelas pela primeira vez — a experiência estava disponível.

Qual é a Solução de Hospitalidade?

O final da refeição é sempre precário do ponto de vista da hospitalidade. Primeiro, porque é hora de pagar a conta, o que nunca é divertido. A realidade nua e crua desses números em uma conta pode ser um balde de água fria na vibração mágica que você criou ao longo da noite.

E é difícil acertar o *timing*. Quando alguns clientes estão prontos para ir embora, eles simplesmente estão. As pessoas ficam impacientes (*eu* fico impaciente!) se o processo de receber a conta, pagá-la e sair pela porta demora muito. Mas, ao mesmo tempo, você nunca pode entregar a conta antes que o cliente a peça, porque isso lhe dá a impressão de que você está tentando apressá-los a ir embora.

No EMP, usamos a hospitalidade para resolver os dois problemas potenciais. Não esperávamos que o cliente pedisse a conta. Em vez disso, no final da refeição, levávamos a conta e a deixávamos na mesa — junto com uma garrafa inteira de conhaque.

Servíamos uma dose para todos na mesa e deixávamos a garrafa na mesa: "Por favor, sirva-se da dose que desejar, com nossos cumprimentos. E quando estiver pronto, sua conta está aqui."

As pessoas ficavam encantadas com isso. A possibilidade de se servir parecia ainda mais luxuosa e surpreendente para eles após uma refeição de três horas em que não tiveram que levantar um dedo, e era esta a sensação que eu estava tentando reproduzir: aquele momento, ao final de um jantar comemorativo, em que uma pessoa da mesa se inclina para a frente, pega a garrafa de vinho quase vazia deixada na mesa e completa a taça de todos.

Mais importante do que isso, não há como uma pessoa que acabou de receber uma garrafa de bebida grátis sentir que está sendo apressada. No entanto, ao mesmo tempo, a conta estava ali para o momento que estives-

Hospitalidade Irracional

sem prontos para ir embora. Não estávamos mais "deixando a conta" para um dos clientes sem que ele precisasse pedir.

Essa é uma solução de hospitalidade: um problema que resolvemos sem destruir sorrateiramente o serviço que estávamos oferecendo, mas expandindo-o na direção oposta — dando mais, não menos.

Muitas vezes, quando nos deparamos com um problema pernicioso nos negócios, recorremos ao que já foi testado e comprovado: forçar mais, ser mais eficiente, reduzir. Principalmente quando os problemas são incômodos e corroem os resultados financeiros ou persistem porque nossas organizações dependem de pessoas e de todas as suas maneiras maravilhosas e falíveis de resolver as coisas.

Imagine, porém, que, em vez de recorrer a uma dessas posições alternativas, você se pergunte: qual é a solução de hospitalidade? E se você se obrigasse a ser criativo, a desenvolver uma solução que funcionasse por causa de — não apesar de — sua dedicação à generosidade e ao serviço extraordinário?

Essas soluções são quase sempre mais difíceis de executar, e elaborá-las definitivamente exigirá mais do seu lado criativo. Mas elas são quase sempre um sucesso. Se um tropeço ao final de uma refeição pode desfazer toda a boa vontade que um restaurante conquistou nas três horas anteriores, então um gesto lindo e gracioso ao final pode ter o efeito contrário. (Isso é verdade em todos os setores de serviços.)

Embora deixar uma garrafa de bebida cara em cada mesa parecesse um gesto irracionalmente extravagante, na verdade era econômico. Após um elaborado jantar com diversos pratos (e, geralmente, regados a muito vinho), poucos se interessavam em beber mais do que um gole daquele conhaque. No entanto, a sensação de abundância estava lá.

CAPÍTULO 18

HOSPITALIDADE IMPROVISADA

Certa tarde, eu estava limpando os pratos de entrada de um grupo de quatro europeus que iriam direto para o aeroporto após a refeição.

Uma observação rápida: não há nada mais lisonjeiro do que um cliente entrando no restaurante com bagagem. Isso significa que eles escolheram você para ser a primeira ou a última refeição deles em Nova York — a primeira ou a última lembrança da cidade. É um enorme elogio e uma responsabilidade que não assumimos com leviandade.

Outra observação: quando eu era gerente-geral, também atendia a muitas mesas. Mas para mim não fazia sentido eu anotar os pedidos; os maîtres e os sommeliers eram mais qualificados para orientar os clientes sobre os pratos do cardápio e para oferecer sugestões de vinho. Atender às mesas mostrou à equipe que eu estava lá para ajudar e era uma maneira de eu conseguir verificar se estava tudo certo com os clientes sem me preocupar se eles fariam uma pergunta à qual eu não saberia responder.

Enfim! Enquanto limpava esta mesa em particular, ouvi aqueles quatro homens falando sobre as aventuras gastronômicas que tiveram em Nova York: "Fomos a todos os lugares! Ao Daniel, ao Per Se, ao Momofuku e agora estamos no Eleven Madison Park. A única coisa que não comemos foi um cachorro-quente de rua."

Se você estivesse no salão naquele dia, teria visto uma lâmpada feliz se acender sobre minha cabeça, como em um desenho animado. Deixei os

Hospitalidade Irracional

pratos sujos na cozinha e saí correndo para comprar um cachorro-quente de Abraham, que cuidava do carrinho do Sabrett, na esquina.

Depois, a parte difícil: levei o cachorro-quente de volta para a cozinha do restaurante e pedi a Daniel que o servisse em um prato.

Ele olhou para mim como se eu tivesse enlouquecido. Eu estava sempre tentando ultrapassar os limites, mas servir o que os nova-iorquinos chamam de salsicha de água suja em um restaurante quatro estrelas? Mantive minha posição e disse a ele para confiar em mim — que aquilo era importante para mim — e ele finalmente concordou em cortar o cachorro-quente em quatro pedaços perfeitos, acrescentando um esguicho de mostarda, um esguicho de ketchup e quenelles perfeitos de chucrute e tempero a cada prato.

Antes de apresentarmos seu último prato saboroso, admiti aos clientes que tinha escutado a conversa deles: "Estamos emocionados por vocês terem nos escolhido para sua última refeição em Nova York, mas não queríamos que voltassem para casa com qualquer desapontamento com relação à gastronomia da cidade", eu disse, enquanto os garçons da cozinha colocavam os pratos de cachorro-quente artisticamente montados na frente de cada um deles.

Eles *surtaram*.

Naquele momento de minha carreira, eu já havia servido milhares de pratos e muitos, muitos (muitos) milhares de dólares em comida; no entanto, posso dizer com toda a certeza que ninguém jamais reagiu a eles da maneira que os clientes daquela mesa reagiram àquele cachorro-quente. Na verdade, antes de partirem, cada um deles me disse que foi o ponto alto não apenas da refeição, mas também da viagem a Nova York. Eles contariam essa história pelo resto da vida.

Os atletas vão para o banco quando fazem um jogo ruim, para ver em que podem melhorar. Eles não costumam ir para o banco após um grande jogo — mas é assim que você comemora e mantém o que foi bem feito. Então comecei a conversar sobre o cachorro-quente com a equipe na reunião pré-refeição: o que tornou essa surpresa tão boa? E o que poderíamos sistematizar?

Hospitalidade Improvisada

Encontre a Lenda

Um dos melhores frequentadores do Spago almoçava lá cinco dias por semana. Fisicamente, ele era um homem enorme, e cadeiras comuns de restaurante podem ser desconfortáveis para alguém tão grande. Então, quando eles abriram o novo Spago em Beverly Hills, Barbara Lazaroff, esposa de Wolfgang Puck na época e uma gigantesca força criativa na empresa, pediu à esposa desse cliente para fotografar e medir a cadeira favorita dele em casa, mas tudo escondido. Então pediu a um marceneiro que a replicasse e estofasse a nova cadeira com o mesmo tecido das cadeiras do restaurante.

Esse gesto me impressionou — e não apenas porque era meu trabalho mover essa enorme cadeira feita sob medida dos fundos do restaurante até a mesa do cliente todas as manhãs no verão em que trabalhei lá. Embora eu não estivesse usando essa linguagem na época, agora posso dizer que adorei aquele gesto porque era irracional. Eu *ainda* me lembro da expressão no rosto daquele cliente regular na primeira vez em que ele viu sua cadeira.

Ter uma peça de mobiliário feita sob medida para um cliente regular vai muito além do serviço comum; é um serviço de extrema consideração, inclusão e generosidade. O mais importante, porém, é a hospitalidade única — a mesma razão pela qual o cachorro-quente foi um sucesso.

É divertido ouvir uma banda tocar as músicas que você já adora, mas é ainda mais maravilhoso quando começam a improvisar e você sabe que apenas as pessoas *naquele* ambiente, *naquela* noite, ouvirão essa versão em particular. (É por isso que os fãs do Grateful Dead trocam cópias piratas de seus programas favoritos do Red Rocks; não há dois iguais.)

E eu queria improvisar, um cliente de cada vez. Todos em nosso restaurante, em determinada noite, estavam compartilhando uma experiência única — mas e se todos pudessem ter sua própria experiência única? Com o novo menu, demos aos clientes a dádiva da escolha. Agora eu queria dar ao maior número possível deles uma recordação emocionante — uma surpresa que advém de ser realmente visto e ouvido.

A cadeira no Spago, que provavelmente custou a Barbara alguns milhares de dólares, pode ter sido inspiradora, mas era algo que não podia ser replicado; não poderíamos fazer isso para todos que comessem ali, ou mesmo para alguns poucos escolhidos. Mas o cachorro-quente era a prova de que

187

Hospitalidade Irracional

não precisávamos chamar um marceneiro para impressionar alguém. Tudo o que precisávamos fazer era prestar atenção.

No mês seguinte, começamos a brincar com maneiras de fazer alguns desses momentos mágicos acontecerem. Quando percebemos que as pessoas de determinada mesa passaram a maior parte da refeição falando sobre um filme que elas amaram e de cuja história se esqueceram, entregamos a elas um DVD (lembram-se deles?) do filme junto com a conta. Um casal comemorando um aniversário mencionou que estava hospedado em um hotel próximo; nós nos certificamos de haver uma garrafa de champanhe esperando por eles em seu quarto quando voltassem, junto com uma nota manuscrita, agradecendo-lhes por confiarem a nós uma ocasião tão importante.

Um grupo de quatro pais que passou o jantar debatendo sobre a ética da Fada do Dente encontrava uma moeda sob seus guardanapos dobrados toda vez que um deles voltava do banheiro. Finalizamos a refeição de uma pessoa que nos disse que amava o coquetel Manhattan com uma degustação de variações dele — o Perfect Manhattan, que recebeu esse nome não porque é melhor do que o original, mas porque leva quantidades iguais de vermute doce e seco; o Brooklyn, feito com o aperitivo francês Amer Picon; e o Distrito Federal, no qual a tequila envelhecida é substituída pelo Bourbon.

Como resultado desses pequenos gestos, conquistamos mais os clientes, e a equipe estava entusiasmada, inventando truques cada vez mais legais que poderíamos fazer. Tínhamos desbloqueado algo importante e queríamos fazer isso o tempo todo. Mas tínhamos um grande problema: não tínhamos pessoal suficiente. Éramos um restaurante movimentado, por isso não havia tantas pessoas disponíveis na cozinha sem trabalho a fazer, e certamente não poderíamos tirar pessoas do salão e arriscar comprometer o serviço impecável pelo qual éramos conhecidos.

Se nos comprometeríamos com isso, precisávamos criar uma posição.

Christine McGrath era a recepcionista e a responsável pelas reservas do restaurante, além de ter uma caligrafia habilidosa. Como as anotações manuscritas eram uma grande parte do que fazíamos naqueles primeiros dias, já estávamos roubando-a de seus deveres regularmente. Ela era a pessoa mais óbvia para assumir o papel em tempo integral. Contratei um recepcionista adicional para liberar um pouco do seu tempo e, assim, tínhamos

Hospitalidade Improvisada

uma pessoa designada a executar nossas ideias — o *Dreamweaver* (criador de sonhos) oficial do Eleven Madison Park.

Dei à posição o nome da icônica música de Gary Wright, que sempre teve um lugar especial em meu coração porque estava tocando na primeira vez em que beijei uma garota. (Agora ficará na sua cabeça pelo restante do dia — desculpe-me.)

Certamente, nomear Christine significou que fomos capazes de fazer esses momentos acontecerem com mais frequência e consistência. Enquanto isso, eu ainda estava me perguntando como poderíamos fazer mais. Então, uma noite, eu estava jantando na pizzaria Marta, de Danny Meyer. Nossa garçonete era uma mulher chamada Emily Parkinson, que confessou que estava caprichando no atendimento à nossa mesa porque tinha feito uma refeição maravilhosa sozinha no Eleven Madison Park.

Então, ela mencionou que havia pintado sua refeição.

A princípio, pensei que a tinha ouvido mal. Mas enquanto a maioria das pessoas tira fotos de sua comida, Emily *pinta* a dela. A verdade é que ela fez esboços preliminares a lápis de cada prato enquanto estava no restaurante; depois, finalizou os desenhos em aquarela.

Encantado, pedi a ela que me enviasse algumas fotos e, na manhã seguinte, suas ilustrações estavam na minha caixa de entrada. (Você pode vê--las também; o *Grub Street* publicou um artigo sobre Emily, apresentando as pinturas que ela fez de sua refeição no EMP.) Mal abri o e-mail antes de pegar o telefone para ligar para meu amigo Terry Coughlin, o gerente-geral do Marta: "Me diga imediatamente se isso não for adequado, mas estou trabalhando em algo muito legal aqui e quero contratar a Emily para me ajudar com isso..."

O talento artístico de Emily impulsionou o programa. Ela toparia qualquer ideia maluca que você trouxesse para ela. Um retrato em aquarela da nova casa no campo de um casal que estava saindo de Nova York para começar uma família? Feito. Um decantador de vinho AT-AT de um metro de altura para um superfã de Guerra nas Estrelas que também era expert em vinho? Sem problemas. E sua execução impecável dessas ideias aumentou a ambição da equipe.

Em pouco tempo, tínhamos vários *Dreamweavers* na equipe, trabalhando em um estúdio próprio totalmente equipado. (Nós o instalamos na sala

Hospitalidade Irracional

de reservas — eu disse a você que tudo fica escondido lá!) Era a oficina do Papai Noel completa, com ferramentas de perfuração e metalurgia para couro, uma máquina de costura e todos os suprimentos de arte que você possa imaginar. E não ficávamos acanhados em fazer bom uso de todos.

Nos anos seguintes, Emily e a equipe pintariam uma cena pastoral completa, com vacas e patos, para que um chef visitante, conhecido por caçar grande parte da proteína em seu restaurante, pudesse escolher sua entrada atirando nela com uma arma Nerf durante seu tour na cozinha.

Um capitão ouviu um de nossos frequentadores regulares de fora da cidade lamentar por não ter dado um bichinho de pelúcia para a filha, como havia prometido, então Emily fez para ela um ursinho de pelúcia perfeito com tecidos de cozinha.

Um casal entrou no restaurante para se consolar com um jantar depois que seu voo de férias foi cancelado. Transformamos o salão privado em uma praia particular, com cadeiras de praia, areia no chão e uma piscina infantil cheia de água, onde eles poderiam molhar os pés; eles afogaram as mágoas em daiquiris tropicais decorados com pequenos guarda-chuvas.

Quando um casal que se casou no EMP veio comemorar seu aniversário, nós os convidamos para comer uma sobremesa em uma mesa que montamos no salão privado onde eles se casaram. O ambiente estava decorado com flores, velas, um balde de champanhe — tudo a que tinham direito — e, quando eles terminaram a sobremesa, reduzimos ainda mais as luzes e tocamos "Lovely Day", de Bill Withers — a música do casamento deles, um detalhe que encontramos em nossas anotações. Então diminuímos um pouco as luzes e fechamos a porta atrás de nós.

Já estávamos fazendo nossa pesquisa sobre os clientes no Google para poder cumprimentá-los pelo nome. Essa pesquisa preliminar tornou-se um importante canal. Um cavalheiro que chegava para comemorar seu aniversário tinha uma conta bastante popular no Instagram na qual deixava nítido seu amor por bacon; então pedi ao chef confeiteiro que elaborasse uma granola de bacon para ele, em vez de nossa habitual granola de coco e pistache. Também elaboramos um prato de sorvete com todas as coberturas de sundae mais absurdas que você possa imaginar (e algumas que só uma equipe de cozinheiros altamente qualificados poderia fazer) para uma

Hospitalidade Improvisada

cliente que tinha uma conta no Instagram dedicada a seu amor por sorvetes de casquinha.

Essas pessoas estavam tendo experiências que não teriam em nenhum outro lugar — e muitas delas estavam tendo experiências que nenhuma outra mesa do restaurante estava tendo. Era como o Grateful Dead fazendo um show particular para cada fã; no EMP, você precisaria de quarenta fitas piratas para gravar uma única noite.

Uma noite, um banqueiro apressado para financiar uma nova empresa provocou seu capitão: claro, uma bebida após o jantar seria ótimo, mas o que ele *realmente* precisava era de mais US$1 milhão para fechar o acordo. Infelizmente, nosso orçamento se estendia a apenas uma sacola com dez barras de chocolate 100 Grand, que enfiamos debaixo da cadeira dele.

Quando parou de rir, ele nos disse que sua noite no restaurante havia sido "lendária". Contei a história na pré-refeição, e o termo "Lenda" tornou-se uma sigla dentro do restaurante para esses toques especiais — como em "elaborei a melhor lenda para uma mesa ontem à noite".

O nome assumiu um significado ainda maior quando percebemos o que tornava essas Lendas tão lendárias. Ou seja, elas deram às pessoas uma história — uma lenda — para contar.

Por que as pessoas dedicam tanto tempo e esforço a um pedido de casamento? Porque sabem que é uma história que contarão para o resto da vida. As melhores dessas histórias fazem duas coisas: primeiro, elas o trazem de volta àquele momento, para que você não apenas reconte a experiência, mas também a reviva. Em segundo lugar, a própria história conta que, enquanto você estava tendo a experiência, foi visto e ouvido.

Atualmente, as pessoas, principalmente as mais jovens, estão mais interessadas em colecionar experiências do que conseguir mais coisas. No entanto, as refeições em restaurantes, assim como muitas experiências de serviço, são efêmeras. Você pode levar para casa uma cópia do cardápio e fotos do seu prato, mas não pode reviver aquele prato de *foie gras*.

Isso muda quando você sai com uma história boa o suficiente para trazê-lo de volta ao momento, como se você estivesse vivendo tudo novamente. É por isso que levamos o termo tão a sério. Se as pessoas estavam indo ao restaurante para adicionar essa experiência à sua coleção, então víamos isso não como floreios extras, mas como uma responsabilidade: dar às pessoas

Hospitalidade Irracional

uma lembrança tão boa que permitisse que elas revivessem suas experiências conosco.

Portanto, o verdadeiro presente não foi o cachorro-quente de rua ou a sacola cheia de chocolates; foi a *história* que fez de uma Lenda uma lenda.

Dar Mais é Viciante

A energia em torno desses toques extra — essas Lendas — era fenomenal.

A equipe do salão era magnífica e apaixonada pelo que fazia. Mas não importa quanto você ame seu trabalho, repetir a mesma coisa noite após noite acaba ficando sem graça.

Nos restaurantes, geralmente são as pessoas na cozinha que exploram sua criatividade — seja colaborando com o chef em um novo prato ou alimentando os colegas na refeição em equipe (acredite, você ouvirá falar disso se a refeição que você preparou não for boa). As pessoas que trabalhavam no salão também tinham um escape através das Lendas — elas não estavam apenas servindo pratos que outras pessoas haviam criado; elas tiveram a oportunidade de infundir essa experiência com a delas.

As Lendas — quer você estivesse assistindo a outras pessoas fazerem isso ou fazendo você mesmo — deixavam o trabalho mais divertido, e estávamos trabalhando demais para não nos divertirmos. Eu inclusive criei uma conta privada no Instagram para registrar esses momentos, para que, se alguém tivesse perdido alguma das Lendas em um dia de folga, ainda pudesse ser encorajado e inspirado por ela. Também comemoramos cada uma delas nas reuniões pré-refeição.

Se você *fosse* a pessoa por trás de uma lenda, imediatamente queria encontrar uma maneira de elaborar outra. Ver aquele olhar de admiração e alegria cruzar o rosto de um cliente quando ele percebia que o que recebera era um momento de transformação; quando a pessoa tinha esse sentimento, ela queria senti-lo novamente.

Os clientes também não foram os únicos a se beneficiar, porque, quando um de nossos colegas jantava no restaurante, também fazíamos de tudo por ele.

Vale a pena mencionar que, na época, alguns restaurantes finos bastante conhecidos da velha guarda não permitiam que os funcionários jantas-

Hospitalidade Improvisada

sem em seus restaurantes. A lógica deles era que, se um cliente se sentasse ao lado de alguém que o havia servido no dia anterior, isso degradaria a experiência de alguma forma. Afinal, ninguém quer se sentar ao lado do empregado, certo?

Isso me deixa furioso! A única coisa que uma regra como essa faz é dizer às pessoas que trabalham tão incansavelmente para você que isso é tudo o que elas são: seus empregados.

Seguimos completamente na outra direção. Eliazar Cervantes adorava o gênero musical mariachi — então é claro que uma banda de músicos surgiu na entrada do restaurante, sem aviso prévio, e fez uma apresentação individual para ele durante a refeição. Quando Jeff Tascarella, o gerente-geral do NoMad, nos avisou com antecedência que seu pai era mais um cara que adora bife com batatas e uma Budweiser do que Sauternes e *foie gras*, transformamos nosso carrinho de champanhe em um carrinho de Budweiser.

Uma de nossas capitãs mais antigas do salão, Natasha McIrvin (que mais tarde se tornaria nossa diretora criativa) é completamente obcecada pelo Natal. No primeiro ano em que ela não foi para casa no feriado, seus pais vieram a Nova York para surpreendê-la; nós os escondemos na entrada. Quando a família se reuniu e foi até sua mesa, encontraram um trem com tema natalino de neve em movimento em um pequeno trilho, com renas douradas, guirlandas de pinho e uma pilha gigante de presentes lindamente embrulhados. Era uma versão do nosso prato de caviar — os bagels estavam equilibrados em cima dos vagões do trem, e uma lata de caviar e todas as guarnições estavam escondidas nos presentes, sob o papel e os laços.

Mais do que o esperado? Pode apostar. Não queríamos apenas que nosso pessoal viesse jantar; queríamos que eles tivessem uma experiência melhor do que qualquer outra pessoa no restaurante. Era uma forma de agradecer por tudo o que a equipe nos dava — criatividade, bom humor e trabalho duro. Mas também era para mostrar a eles a mesma graciosidade que eles entregavam todos os dias. Que melhor maneira de ficar entusiasmado por dar hospitalidade irracional do que passar uma noite recebendo-a igualmente?

Muitas vezes, eu me pergunto por que mais empresas não investem no próprio pessoal dessa maneira. Os principais bancos têm gerentes de patri-

Hospitalidade Irracional

mônio privado que oferecem um nível elevado de serviço a seus clientes mais ricos. Quanto custaria dar a cada caixa uma experiência de banco privado igualmente atenciosa? Isso não faria sentido do ponto de vista de retenção de funcionários? E, talvez mais importante do que isso, como você pode quantificar a melhoria no tipo de serviço que alguém prestará aos clientes quando eles próprios tiverem recebido o melhor que o banco tem a oferecer?

Para nós, foi o investimento ideal. A ideia do *Dreamweaver* pode ter sido minha, mas era a equipe que dava vida a ela todos os dias. Para mim, a melhor parte era olhar aquela conta do Instagram e ver uma ideia atrás da outra com as quais eu *não tinha nada a ver*. Eu não tinha concebido os conceitos; não os tinha aprovado. A equipe os criou de maneira independente e os executou de modo tão brilhante que até eu me inspirei neles.

Foi o casamento perfeito entre a responsabilidade e a hospitalidade improvisada.

Elabore um Kit de Ferramentas

Eu costumo ouvir muito isto: "Bem, é claro que você poderia se dar ao luxo de fazer esses truques em um restaurante caro."

E sempre penso isto: *você tem certeza de que pode se dar ao luxo de não fazer isso?*

É verdade — esses presentes custam dinheiro, pelo menos em trabalho. Mas, tendo o pai que tenho, eu revisava o item na linha do *Dreamweaver* no P&L todos os meses com bastante atenção. Nunca houve dúvidas: o marketing boca a boca que isso nos trouxe com os clientes e a empolgação que esse tipo de atendimento diferenciado criou entre a equipe valeu cada centavo gasto com o programa.

De qualquer forma, como líder, você não pode confiar apenas em planilhas. Precisa confiar em seu instinto — e no que sente quando está no ambiente com as pessoas, dando e recebendo esses presentes. Existe um retorno sobre o investimento tradicional com um programa como esse? Não. Se eu acredito que cada dólar que gastei rendeu tanto ou mais do que os que gastei em marketing tradicional? Absolutamente.

De diversas maneiras, foi o exemplo perfeito da Regra de 95/5 em ação: podíamos nos dar ao luxo de exagerar nas Lendas porque estávamos admi-

Hospitalidade Improvisada

nistrando nosso dinheiro muito bem no restante do tempo. Mas, na maioria das vezes, não precisávamos gastar muito para impressionar alguém: colocávamos dez barras de chocolate de farmácia em uma sacola, e um cliente nos chamava de lendários por isso!

Não é a abundância do presente que conta, é seu valor inestimável.

Aprendi a importância disso no ensino médio, quando trabalhei como garçom e recepcionista no Ruth's Chris Steak House, no Westchester Marriott. O Ruth's Chris era uma franquia, portanto tinha que seguir rigorosamente as diretrizes da sede: sinalização, uniformes, porcelanas, vidros, pratas; e o mesmo cardápio.

Mas aquele restaurante para o qual eu trabalhava tinha um segredo: um prato de lula frita que não estava no cardápio.

Cada pedaço de lula frita que eu já havia comido antes era cortado em rodelas. Essa lula era cortada em tiras. Não tenho ideia do que eles usavam para empanar, mas era *delicioso*. (Sim, comi as sobras das mesas que arrumei. Absolutamente nojento. Não me arrependo.)

Você não poderia pedir a lula; só poderia experimentar o prato se fosse enviado a você. Muitas vezes, quando você é um cliente regular (ou se um restaurante bagunça seu pedido e quer se desculpar), eles lhe enviam um aperitivo extra, uma sobremesa ou uma taça de champanhe. O problema é que você sabe exatamente quanto custou aquela sobremesa: "Ah, para eles eu valho US$14." Mas você só poderia conseguir a lula frita se fizesse parte do clube — ou se alguém quisesse que você se sentisse parte. O custo do restaurante era insignificante; seu impacto não era.

Aquela lula era, por definição, inestimável, assim como o cachorro-quente de rua de US$2 que enviei para aquela mesa. Mas também estava lá todas as noites — um presente esperando para ser entregue. Enviar essa lula de valor inestimável a uma mesa não exigia planejamento ou estratégia; bastava um impulso e uma ação.

Essa é uma estratégia importante para todos os negócios. A hospitalidade improvisada é fundamentalmente reativa. Você está sempre respondendo — seja às informações que coletou com antecedência (um cliente dizendo ao recepcionista que gostaria de comemorar o quadragésimo aniversário da esposa no restaurante) ou a uma conversa sobre uma guloseima que você ouviu na mesa.

Hospitalidade Irracional

Mas, por mais paradoxal que pareça, você também pode ser proativo em relação à hospitalidade improvisada. É um simples reconhecimento de padrão: **identifique momentos recorrentes na empresa e elabore um kit de ferramentas que sua equipe possa implementar sem muito esforço.**

Faça um brainstorming dos materiais que seriam úteis ter em mãos, organize-os no local para que a equipe possa acessá-los prontamente e capacite as pessoas que trabalham para você a usá-los. Faça isso, e você terá sistematizado a hospitalidade improvisada.

Fazíamos isso há anos no EMP com o que chamávamos de cartões Plus One. (Fizemos isso por tanto tempo que realmente não consigo me lembrar se nós é que começamos a fazer ou se eles começaram a ser feitos antes de eu entrar lá.) Os cartões Plus One eram respostas a perguntas que os clientes nos faziam com frequência — quem faz seus arranjos florais? Você pode me falar mais sobre a fazenda que faz este queijo? Eles eram impressos em fichas simples que guardamos em uma caixa de catálogo de fichas nos fundos do restaurante. Se um garçom visse um cliente virando um prato para ver quem o havia feito, ele trazia o cartão que explicava quem era Jono Pandolfi e onde você poderia encontrar mais de seu trabalho.

Nós os chamávamos de Plus One porque eram um pouco extras. Eram desnecessários, mas era bom tê-los. Naquele ponto, as expectativas dos clientes em relação a nós eram altas, e essa foi uma maneira de superá-las — de dar um pouco mais, inclusive, do que eles esperavam. E como foram impressos, arquivados com cuidado e estavam prontos para serem usados, a equipe não precisou de muito esforço para aproveitá-los.

Existem dois tipos de pessoas: as que adoram receber presentes e as que adoram dá-los. Para ser claro, ambos são igualmente egoístas, porque as pessoas que adoram dar presentes obtêm a própria recompensa quando veem o olhar maravilhado que lhes diz que acertaram em cheio.

Quando o programa *Dreamweaver* estava em pleno andamento, as pessoas que trabalhavam para nós tendiam a fazer parte do grupo das pessoas que adoravam dar presentes e eram *ótimas* em entregar Lendas. Mas queríamos garantir que elas tivessem a oportunidade de doar o tempo todo, não apenas quando tivessem um momento de inspiração, então elaboramos um kit de ferramentas.

Hospitalidade Improvisada

Como as pessoas que são de fora da cidade costumam nos perguntar sobre nossos lugares favoritos na cidade, imprimimos pequenos mapas, marcados com alguns de nossos lugares secretos: a melhor fatia de pizza, o melhor bagel, o melhor lugar para experimentar um *brunch* aos domingos, junto com tesouros menos conhecidos da cidade de Nova York, como o Rubin Museum. Compramos ingressos para o deck de observação do Empire State Building que poderíamos distribuir aos turistas que estavam superansiosos por estar em Nova York. (Conheço muitos nova-iorquinos nascidos e criados que nunca foram lá porque parece cafona — e é, mas também é uma maneira *incrível* de ver a cidade. Vá escondido.)

À medida que nosso foco na hospitalidade irracional aumentava, estávamos sempre procurando uma maneira de entregar uma experiência "plus one" — para dar às pessoas um pouco mais do que elas esperavam receber — ficando alerta para situações recorrentes.

As pessoas costumavam sair para fumar um cigarro durante a refeição; então, enquanto elas estavam lá fora, levávamos um pouco de bebida em um pequeno copo para viagem que encomendamos especialmente para esse fim.

Outra, e provavelmente a minha favorita: quando um casal ficava noivo no restaurante, servíamos taças de champanhe de cortesia, como todo restaurante faz. Mas as taças de champanhe deles eram diferentes de todas as outras no salão — eram taças de cristal fornecidas pela Tiffany, após uma parceria que havíamos feito. Ao final da refeição, mandávamos o casal para casa com uma caixa de presente naquele azul icônico, como o do pisco-de-peito-azul, contendo as taças que eles usaram no brinde de noivado. A parceria foi uma conquista fácil para a Tiffany; garanto que a maioria desses casais colocou um conjunto completo de taças em sua lista de casamento.

E foi uma bela conquista para nós.

À medida que os *Dreamweavers* ganharam força, muitos dos itens que eles criaram como presentes personalizados ou Lendas se tornaram parte de nosso kit de ferramentas.

Uma tarde, o pessoal de uma mesa riu com seu capitão sobre exagerar no vinho e desejou em voz alta que, em vez de voltar para o escritório, eles pudessem ir para casa tirar uma soneca bêbados. Então, o *Dreamweaver* os enviou para casa com uma piscadela — um atestado médico falso, dispensando-os pela tarde, e um pacote de aspirinas.

Hospitalidade Irracional

Mas as pessoas costumavam fazer uma piada semelhante: "Aff, pegamos *pesado* esta noite; amanhã será sofrido!" Assim, os *Dreamweavers* montaram um pequeno kit de ressaca matinal — um saco de café forte moído, alguns comprimidos de aspirina e um muffin — para os capitães distribuírem sempre que um cliente antecipasse sua ressaca em voz alta.

E como os *Dreamweavers* estavam de prontidão, um capitão poderia dizer: "Adorei aquele lanche improvisado que você preparou para a mulher que estava indo pegar o voo noturno para Seattle. Eu adoraria poder entregá-los com mais frequência; podemos preparar um monte deles?"

Então aquelas caixinhas de lanche de avião estavam *ali*, esperando um viajante despachar as malas porque sairiam direto do almoço para o aeroporto. Ao final da refeição, entregávamos o casaco, estendíamos a bagagem — ah, e quando você ficar com fome no avião, aqui está uma refeição melhor do que um pacote de chips velho.

Os novos componentes precisavam ser cozidos e reabastecidos diariamente, mas o pensamento — a ideia, o plano, a execução básica — precisava acontecer apenas uma vez. Prepare-se para esses momentos recorrentes com antecedência, e sua equipe não precisará tirar ideias do nada todas as noites — eles apenas terão que ouvir e fazer acontecer.

Você pode estar se perguntando: ainda pode-se chamar de hospitaleiro depois que é sistematizado? Aquele lanche de avião carrega o mesmo calor e generosidade, como na primeira vez, na trigésima vez em que você o entrega a um cliente? Afinal, estamos falando de hospitalidade sob medida — algo se perde se o presente não for elaborado especialmente para você?

Sem hesitar, posso dizer que não, porque **o valor de um presente não é definido pelo que foi dado, mas sim em como fez a pessoa que o recebeu se sentir.** Pode ter sido a trigésima vez que entregamos uma caixa de lanche a um cliente em viagem, mas *foi a primeira vez para eles* — e isso não diminuiu sua alegria, mesmo que não tenham sido os únicos.

Estávamos sempre buscando maneiras de dimensionar o que era único — e funcional — sobre o que estávamos oferecendo e contrabalançar esses gestos com uma hospitalidade exclusiva e improvisada.

Era importante verificar continuamente os sistemas que implementamos para garantir que eles não começassem a parecer óbvios, estereotipados ou obsoletos em sua utilidade. Mas, em geral, a sistematização desses gestos

Hospitalidade Improvisada

nos permitiu fazer mais pessoas felizes. E a equipe também pôde usar o tempo restante para se concentrar em momentos mais singulares — como criar essas Lendas.

As Oportunidades para a Hospitalidade Existem em Todos os Tipos de Negócios

Uma de minhas amigas mais próximas dirige uma das principais imobiliárias de Nova York e me pediu algumas vezes para conversar com sua equipe sobre hospitalidade. A primeira pergunta que faço aos corretores de imóveis é que presente eles oferecem para dar as boas-vindas a um novo proprietário. Em 99% das vezes, a resposta é: "Uma garrafa de espumante na geladeira."

Embora uma garrafa de espumante não seja ruim, não tem nada de pessoal, inspirador ou memorável — e deveria ter!

Você está vendendo uma casa para alguém ou ajudando-o a vender a casa em que viveu. Essa é uma das transações mais pessoais que existe. Pela quantidade de tempo que um corretor passa com as pessoas, ouvindo sobre o que esperam do futuro e quais são seus sonhos (aliás, muito mais tempo do que eu já passei sentado em uma mesa conversando com um cliente), e pelo valor da comissão média que eles recebem, um profissional do ramo imobiliário deve, com certeza, ser capaz de descobrir um presente especial que pode dar a todos com quem trabalha.

Novamente: não precisa ser necessariamente caro, mas personalizado. Aquele cachorro-quente custou US$2, mas provavelmente havia apenas uma mesa na história do restaurante para a qual eu poderia tê-lo entregue. As pessoas costumam confundir hospitalidade com luxo, mas eu poderia ter enviado àquela mesa uma garrafa de Krug vintage e um quilo de caviar, e não teria nem de longe causado o mesmo impacto. **Luxo significa apenas dar mais; hospitalidade significa ser mais atencioso.**

Portanto: se o seu comprador gosta de música, deixe para ele o álbum favorito em vinil — e, dependendo do tamanho de sua comissão, compre também um toca-discos. Se um cliente sonhou em voz alta em fazer ioga naquele canto do corredor com a luz do sol entrando, compre um tapete e estenda-o ali, para que seja a primeira coisa que ele verá quando entrar em sua nova casa.

Hospitalidade Irracional

Um tapete de ioga não toma mais tempo, energia ou recursos do que uma garrafa de Prosecco; apenas um pouco mais de consideração.

Muitos bons empresários fazem esses gestos instintivamente. Uma corretora de imóveis com quem falei me contou sobre uma Lenda que ela fez muito antes de conhecer esse termo. Como ela sabia que os novos proprietários estavam planejando uma reforma, ela conseguiu permissão para remover o batente da porta no qual sua cliente, a pessoa que estava vendendo a casa, marcava a altura dos filhos todos os anos à medida que eles cresciam. Para qualquer outra pessoa, teria sido um pedaço inútil de madeira lascada que seria descartada — mas não para sua cliente, que chorou quando percebeu o que era. (Custo total: US$0.)

Acredito sinceramente que esse tipo de presente é o objetivo, especialmente considerando quanto tempo os corretores de imóveis passam com os clientes e o valor das transações. Mas pode não ser logisticamente possível para todos receber uma experiência que requer improvisação e criatividade sob medida no momento. Construir um kit de ferramentas é uma maneira de dimensionar essas experiências extraordinárias, para que o maior número possível de pessoas possa experimentar esses pequenos toques especiais.

Se você está vendendo um apartamento para um casal que terá um bebê, pegue um pacote daquelas tampas plásticas protetoras de tomadas e deixe-as em uma gaveta com um pequeno bilhete: "Você tem grandes aventuras chegando, então tirei isso de sua lista de afazeres." Como muitas pessoas se mudam quando descobrem que terão um bebê, mantenha uma caixa dessas tampas de tomada em seu escritório, para não ter que se preocupar em comprá-las. Para os recém-chegados ao bairro que você já conhece bem, monte um guia com todos os seus lugares favoritos — o melhor para passear, para fazer uma caminhada mais longa, o melhor donut de cidra de maçã. Imprima uma dúzia de cada vez.

Outra corretora com quem conversei mencionou que, em um único ano, ela vendeu oito casas de veraneio para casais do subúrbio cujos filhos tinham acabado de sair de casa. Será que essas pessoas querem mais uma garrafa básica de espumante, disponível em qualquer loja de bebida de esquina? Ou preferem um tour pelos bastidores das instalações de uma restauração de arte no Met? Ou ingressos para o Village Vanguard? Ou se tornar membros de um cinema de arte no Brooklyn?

Hospitalidade Improvisada

Se você não tem condições ou não quer ir tão longe, reserve um minuto para se concentrar em tornar seu presente mais atencioso. Deixe uma cafeteira Chemex, com uma caixa de filtros e um saco de café local moído — porque é disso que as pessoas realmente precisam na primeira manhã em uma casa nova antes de encontrar a caixa de mudança em que a máquina de café expresso está guardada. Garanto que elas pensarão em você e em sua consideração toda vez que a usarem.

Tudo bem, você está pensando, *exceto que restaurantes e imóveis estão cheios de oportunidades, ao contrário de meu negócio.* Não acredito nisso. Existem pontos de inflexão — padrões — em todos os negócios. Olhe atentamente e você os encontrará. E quando o fizer, certifique-se de fazer algo a respeito.

Outro exemplo: as pessoas tendem a comprar carros em momentos específicos da vida, como quando começam uma família e precisam de um veículo maior, quando o filho adolescente tira a carteira de motorista e querem comprar o primeiro carro para ele, ou ainda quando os filhos vão para a faculdade e é hora de comprar algo um pouco mais esportivo do que o velho carro da família que usavam para ir e voltar dos treinos de balé e futebol.

Se você sabe que as pessoas entrarão na loja querendo comprar um carro para o filho adolescente, por que não se preparar com um ato de hospitalidade que fortalecerá a ligação delas com sua marca? Como *você* se sentiria se um vendedor de carros o puxasse de lado e dissesse: "Olha, sei como é ter um adolescente que acabou de tirar a carteira, então dei a Frankie um ano de assistência Triple A. Assim, você pode ficar tranquilo de que ele não ficará parado na estrada sem assistência."

Uma assinatura Triple A custava US$119 no momento em que este livro foi escrito — US$119, o que praticamente garante que esses pais nunca comprarão um carro de outra pessoa.

Você consegue imaginar, ainda, o olhar que um pai preocupado daria ao ter dificuldade para instalar uma cadeirinha de criança no banco traseiro do carro, se você deixasse no carro novo dele um saco de chips de batata — para que o filho não ficasse com fome no caminho para casa — e um pequeno aspirador DustBuster, para que o papai pudesse aspirar todas aquelas migalhas de chips e manter o carro novinho em folha?

Hospitalidade Irracional

Quando os vendedores têm os recursos e a autonomia para embutir sua consideração individual nessas transações, eles se tornam designers de produto. O carro não vem equipado com um DustBuster, mas aquele vendedor decidiu que, para esse cliente específico, seria melhor se viesse. E eles sentirão orgulho em vender um produto que ajudaram a criar.

E você deve sempre — *sempre* — estar atento à Lenda. Digamos que um cara volte à concessionária a cada dois anos para comprar um carro novo, e você o conhece bem. Quando os filhos dele vão para a faculdade, ele começa a procurar vans; agora que tem um pouco mais de tempo disponível, ele redescobriu sua paixão adolescente pelo surf.

Por que não ter uma prancha, com cera e tudo, esperando por ele no bagageiro do teto quando ele vier buscar o carro novo? Obviamente, esse é um presente e tanto, mas também tem o potencial de transformar um cliente fiel em um relacionamento para toda a vida. E se uma prancha de surfe estiver fora de seu orçamento, uma cera para a prancha deixada no painel, com um laço e um bilhete, fará o mesmo efeito.

Para mim, presentes são profundamente significativos, e é por isso que fico muito bravo quando uma empresa me dá uma sacola barata com um pendrive da marca. Se esforce mais! Faça melhor! Os presentes são uma maneira de dizer às pessoas que você as viu, ouviu e reconheceu — que você se importou o suficiente para ouvi-las e fazer algo com aquilo. Um presente muda toda uma interação, transformando uma transação em um relacionamento; nada melhor do que um presente para demonstrar que alguém é mais do que um cliente ou uma linha em uma planilha. E o caminho certo pode ajudá-lo a estender sua hospitalidade à vida de alguém.

CAPÍTULO 19
DIMENSIONANDO UMA CULTURA

Antigamente, os melhores restaurantes do mundo ficavam dentro de hotéis. César Ritz administrava o Hotel Splendide, em Paris, na década de 1870 e apresentou o luxo europeu aos barões ladrões dos Estados Unidos. Em Monte Carlo, ele conheceu um chef francês chamado Auguste Escoffier, e o resto é a história da hospitalidade — a parceria dos dois homens garantiu que, no final do século XIX e durante todo o século XX, os grandes hotéis do mundo fossem reconhecidos por seus restaurantes.

Infelizmente, com o tempo, o conceito de restaurante de hotel luxuoso caiu em desuso. O restaurante de um hotel tornou-se um complemento triste, o tipo de local sombrio que você escolheria apenas se estivesse exausto demais da viagem e das reuniões para sair do prédio. E se um hotel novo atraísse um bom restaurante, a gerência usaria entradas separadas e marcas distintas para garantir que os dois sentissem como coisas diferentes.

No início de 2010, Daniel e eu fomos abordados por Andrew Zobler, um dos sócios do grupo hoteleiro que desenvolveu e abriu o Ace Hotel, na 29th com a Broadway. A rede Ace, com seus quartos a preços acessíveis, sua estética industrial e recuperada e saguões cheios de cenários que funcionavam como espaços de trabalho, foi um sucesso absoluto. Agora, Andrew queria falar conosco sobre fazer comida e bebida em um hotel com um conceito novo e sofisticado: o renascimento do Grand Hotel. Ele seria chamado de NoMad.

Hospitalidade Irracional

Andrew teve a ideia maluca de tornar o restaurante parte integrante do hotel mais uma vez — para trazer de volta os passado de Escoffier e do Ritz. Daniel e eu nos apaixonamos pela ideia imediatamente e sabíamos que Andrew era a pessoa certa para fazê-la acontecer. Adoramos a maneira como seus outros projetos combinavam arte, design e varejo junto com os programas de comida e bebida. Também vimos uma oportunidade de rejuvenescer um bairro de Nova York que precisava de um pouco de amor.

O novo local ficava a apenas alguns quarteirões do Eleven Madison Park, mas o bairro era uma reminiscência dos velhos tempos ruins dos anos 1970: não era incomum testemunhar o tráfico de drogas em plena luz do dia. A Broadway estava repleta de lojas atacadistas que vendiam bugigangas baratas, e as grades do metrô estavam cobertas por lonas com alças nas extremidades, para que os vendedores pudessem esconder as sacolas falsas que estavam vendendo quando um policial passasse.

Um hotel que não cobrasse por hora teria um papel importante na reinvenção do bairro, e isso foi um grande incentivo para nós. Assim como o contrato de gestão que estavam nos oferecendo: não teríamos que investir dinheiro, o que era bom porque não tínhamos essa grana.

Então veio a parte difícil — falar com Danny Meyer.

Ninguém Sabe o que está Fazendo Antes de Começar a Fazer

"Temos grandes aspirações para o Eleven Madison Park e elas estão ao nosso alcance", dissemos a Danny. "Ao mesmo tempo, não queremos ser empregados para sempre. Adoraríamos ser donos de algo nosso no NoMad e continuar trabalhando para você no Eleven Madison Park."

Danny pediu um tempo para pensar — e, então, disse que não. "Não posso ser o sócio de vocês em um restaurante e concorrente em outro a apenas alguns quarteirões de distância."

Houve algumas idas e vindas, então ele voltou com uma alternativa: "Que tal vocês comprarem o EMP de mim?"

Essa era a última coisa que esperávamos que fosse acontecer naquela reunião. Ainda assim, quase sem pensar, eu disse: "Adoraríamos."

Dimensionando uma Cultura

Eu não tinha ideia de como faríamos isso. Acho que, naquela época, eu nem sabia o que ou quanto eu não sabia. Mas as maiores realizações, as mais assustadoras e aparentemente impossíveis, começam com um simples compromisso de realizá-las.

Sempre que alguém compartilha comigo seus medos de dar um salto à frente, eu digo isto: **ninguém sabe o que está fazendo antes de começar a fazer.** Quando você está tentando subir de nível, é fácil focar tudo o que você não sabe fazer. Mas é preciso ter fé em sua capacidade de descobrir como fazer. Fazer algo difícil é assustador se você está acostumado a só fazer coisas fáceis. Mas você nunca avançará se sempre seguir o caminho mais fácil; um dia você terá que arregaçar as mangas e trabalhar duro. O crescimento acontece fora da zona de conforto. Seja tropeçando ou deslizando, não se preocupe — você percorrerá o caminho e aprenderá muito ao longo dele. (É também por isso que promover as pessoas antes que elas estejam prontas funciona muito bem.)

A oferta de Danny veio com uma ressalva inteligente: "Vocês precisam descobrir se conseguem levantar o dinheiro e comprar o restaurante até fevereiro ou março. Não importa quanto tentemos manter isso em segredo, ele será revelado e, se o restaurante ficar no limbo por muito tempo, será devastador para o moral."

Ele estava certo, mas nos deu menos de três meses para levantar uma quantia enorme de dinheiro. E não me importo em dizer que a experiência foi positivamente angustiante.

Comecei a me sentar para conversar com clientes regulares. Eu não queria parecer desajeitado pedindo dinheiro a eles, então eu falava: "Extraoficialmente, tivemos a oportunidade de comprar o restaurante. Você conhece alguém que possa querer investir?" Claro, eu esperava que eles também se interessassem, e alguns deles de fato se interessaram, então passei muito tempo bebendo com esses clientes. Mas acabaram em nada — acontece que o tipo de pessoa que tem dinheiro para comer em um restaurante caro não tem, necessariamente, dinheiro para comprar um.

Então, Ernesto Cruz, um cliente regular que trabalhava no andar de cima de nosso prédio, disse: "Eu ajudo as pessoas a comprar e a vender empresas o tempo todo. Ficarei feliz em ajudá-los." E eu pensei: *não preciso de ajuda; preciso de dinheiro.* Então perdi mais duas ou três semanas. Até que,

Hospitalidade Irracional

certa noite, após o serviço, desesperado, enviei um e-mail para Ernesto: "Se sua oferta ainda estiver de pé, gostaria de uma ajuda."

Ernesto se tornou meu anjo da guarda. Ele montou uma equipe de colegas que trabalharam *pro bono* para me ajudar a conduzir o processo. Eles me mostraram como elaborar um Pitch Deck, o que era modelagem e como demonstrar o retorno do investimento. Então reservaram um tempo para que eu pudesse ensaiar meu discurso e me dar feedback sobre minha apresentação. Depois apresentaram uma lista de investidores em potencial; eu fui para Boston com meu terno e minha pasta, depois para Chicago — até para Beverly Hills.

Pedir dinheiro é difícil; é humilhante tentar convencer as pessoas de que você é bom o suficiente para elas investirem em você. Mas eu acreditava no Eleven Madison Park.

Por fim, eles nos apresentaram a um investidor chamado Noam Gottesman. Nós o encontramos durante o almoço no Sushi Yasuda e nos conhecemos como indivíduos antes de falar sobre nossas ambições para o restaurante. Ele deve ter visto algo em nós, porque duas semanas antes do prazo terminar, tínhamos o dinheiro. Serei eternamente grato por sua visão e seu apoio.

Fechamos o contrato para abrir o restaurante do NoMad, que estava previsto para março de 2012, praticamente ao mesmo tempo. Assim, no dia 11 de novembro de 2011 (11/11/11), anunciamos à equipe que tínhamos comprado o restaurante. Em uma reviravolta particularmente dramática, na mesma semana, o livro *Eleven Madison Park: The Cookbook* foi lançado e nos tornamos o primeiro restaurante da história a subir o nível de uma para três estrelas Michelin em um único ano.

Faça Legal

Chamamos nossa nova empresa de "Make It Nice" ("Faça Legal", em tradução livre), a frase de assinatura de Daniel, quando seu inglês era menos refinado. Rapidamente, se tornou uma sigla dentro do restaurante para "Preste um pouco mais de atenção nisso" — "isso" podia ser uma mesa de amigos, um prato ou mesmo um projeto paralelo. A essa altura, as expectativas eram tão claras que um membro da equipe poderia dizer "Faça legal" a um de seus colegas e, sem mais explicações, eles o fariam.

A simetria das próprias palavras era apelativa, reforçando que se tratava de um restaurante gerido por ambos os lados da parede. A cozinha "faz" a comida; no salão, éramos "legais". (Fomos tão inflexíveis em derrubar as paredes que nos dividiam — como você deve ter notado — que nem usamos os termos comuns "atrás do restaurante" e "frente do restaurante". Em vez disso, sempre nos referimos a esses ambientes como "a cozinha" e "o salão".) Além disso, "fazer" e "legal" tinham o mesmo número de letras.

Era o nome perfeito para nossa empresa, englobando excelência e hospitalidade.

A Criatividade é uma Prática

A lista de palavras que elaboramos por causa de uma referência descartável a Miles Davis naquela revisão inicial do EMP moldou a maneira como crescemos. Então, quando assinamos o contrato para abrir o NoMad, sabíamos que queríamos encontrar outra influência musical para servir de inspiração.

Se o EMP era Miles Davis, o NoMad seria os Rolling Stones.

Os Rolling Stones são sexo e drogas e a energia perigosa de Mick Jagger dançando igual a um pavão no palco, certo? Mas, no início da carreira, os Stones compraram e memorizaram todos os álbuns que puderam encontrar de artistas de blues norte-americanos. Eles aprenderam tudo o que conseguiram sobre o gênero musical que amavam antes de impor a própria marca. Então, sim, os Stones tinham se soltado — mas de uma maneira incrivelmente planejada e intencional. Foi *assim* que eles reinventaram o *rhythm & blues*.

A localização do NoMad ficava no cruzamento entre a parte alta e baixa da cidade. Queríamos construir um playground urbano que pudesse abranger os dois mundos e oferecer o melhor de cada um. O lugar seria exuberante e luxuoso, mas também democrático, impressionante, fácil, conectivo, alto, vibrante, solto e vivo. E seríamos tão intencionais ao projetá-lo quanto os Stones foram quando estavam estudando o blues.

Mais uma vez, estávamos construindo um lugar ao qual gostaríamos de ir. O que significava um menu à la carte de comida tecnicamente perfeita e

Hospitalidade Irracional

uma carta de vinhos excepcional e complexa, servida por uma equipe jovem e cheia de energia em um espaço fantástico de Nova York, com uma ótima playlist, em um volume alto. Se o Eleven Madison Park fosse o lugar que escolheríamos para comemorar uma ocasião especial (ou quando o jantar *fosse* a ocasião especial), o NoMad era para onde iríamos quando fosse o momento de ter uma noite incrível.

Para Daniel e para mim, como empresários, e para nós como empresa, abrir o NoMad foi um grande salto e veio com todos os desafios que assombram os negócios durante os períodos de crescimento e expansão. Erramos em alguns pontos, mas acertamos em muitos outros — em grande parte porque nos esforçamos ao máximo para implementar a cultura de hospitalidade que criamos no Eleven Madison Park.

É impossível superestimar quão importante era para nossa nova empresa darmos certo com o NoMad. Muitas bandas têm um hit, mas se o seu segundo álbum for um fracasso, você é uma banda de um só sucesso. Queríamos ser os Beatles, o Nirvana, os Rolling Stones — perenes, não o pobre Gary Wright do famoso "Dream Weaver". E na cidade de Nova York, o registro desempenha um papel enorme em determinar em qual categoria você se enquadra, então nada era mais importante do que garantir que a primeira crítica do NoMad no *New York Times* fosse boa.

A pressão era intensa.

Para ajudar a focar e filtrar nossas ideias, criei um personagem fictício — um hedonista apreciador de boa comida e amante de música de 53 anos, vivendo a vida e partindo corações no sul da França —, para que pudéssemos projetar os espaços públicos do NoMad como se fossem os ambientes da casa dele. Em seguida, realizamos reuniões focadas em debater todos os elementos que tornariam o lugar único. Invariavelmente, em cada novo grupo, alguém dizia: "Eu simplesmente não sou criativo." O que me levaria a, mais tarde, puxá-los de lado para explicar que não é assim que a criatividade funciona.

Parafraseando o guru do marketing Seth Godin, a criatividade é uma prática. Godin explica que até mesmo grandes mentes criativas como Sir Paul McCartney têm um sistema para ajudá-los a serem criativos e aprimorar suas ideias. No caso de McCartney, foram necessários a pressão do tempo, uma programação regular e sentir-se confortável em usar uma palavra

Dimensionando uma Cultura

ou frase musical menos do que perfeita até encontrar uma melhor, para que ele chegasse a canções que são amadas até hoje, cinquenta anos mais tarde. Sua prática pode ser diferente — e nenhum de nós é Paul McCartney —, mas é hora de acabarmos com o mito de que a criatividade deve ser espontânea e limitada a gênios. **A criatividade é um processo ativo, não passivo.**

Quando estávamos projetando o NoMad, nossas reuniões eram estruturadas, mas também colaborativas e exploratórias. Fomos disciplinados e intencionais em projetar um espaço em que pudéssemos sonhar livremente, o que significava deixar todas as outras preocupações de lado para que pudéssemos nos entregar ao processo. Naqueles espaços, era seguro persistir com uma ideia aparentemente boba que poderia se transformar em uma grande ideia. Não havia ideias ruins (pelo menos não no início) e nenhuma vergonha em apresentar o núcleo mais antigo e incompleto de uma ideia, na esperança de que outra pessoa pudesse completar o pensamento — ou usá-lo como um trampolim para elaborar algo melhor. Até mesmo os Beatles estavam constantemente contribuindo com as canções uns dos outros.

Mais uma vez, estávamos aproveitando o brilhantismo coletivo da equipe, atuando juntos de maneira tão eficaz que, em muitos casos, quando me perguntaram mais tarde: "De quem foi essa ideia?", eu honestamente não sabia.

Maya Angelou disse a famosa frase: "A criatividade não é algo que possa ser gasto. Quanto mais você a usa, mais você a tem." Quanto mais espaço abrimos para sonhar e quanto mais confiamos uns nos outros, melhor ficamos.

Nas noites em que passávamos horas discutindo como servir o agora famoso frango para dois, eu ficava grato por minha experiência no EMP ter me ajudado a reformular minha atenção fanática aos detalhes como um superpoder. (Apresentamos a ave inteira em uma travessa de cobre, cortamos o peito e servimos um fricassê de carne escura em outro prato, no estilo jantar com a família.)

E como o NoMad seria aberto para o café da manhã, passei um tempo irracional procurando a cafeteira perfeita. Cada minuto valeu a pena quando a encontrei, uma referência ao *cezve* turco triangular feita por Mauviel, os especialistas franceses em panelas de cobre.

Hospitalidade Irracional

Desde o início, ficou claro para mim que o bar da biblioteca seria o coração pulsante do hotel, então supervisionei cada aspecto de seu projeto e execução. Dirigi um caminhão alugado até o enorme Brimfield Antique Flea Market para poder escolher cada cadeira antes de reformá-las e colocar os tecidos escolhidos para o NoMad. Embora seja comum comprar livros usados no sebo para montar uma biblioteca decorativa, não havia como encher nossas prateleiras com um monte de livros genéricos antigos de direito e romances já esquecidos. Para isso, como para tudo, tivemos que encontrar uma solução. Então, pedimos ao nosso curador de livros que selecionasse os livros como se fossem para a biblioteca do personagem fictício, e foi assim que acabamos com seções sobre a história de Nova York, sobre comida e vinho, sobre música — e ocultismo. Como disse Walt Disney, as pessoas podem sentir a perfeição.

No espírito de surpresa e deleite, escondemos frascos com uísque em volumes ocos espalhados por toda parte. Se você encontrasse um desses "achados", era seu para aproveitar.

Impulsione a Cultura

A maioria da equipe de gerenciamento de abertura do NoMad veio do Eleven Madison Park. Sua vinda foi deliberada. Como nosso plano era trazer pessoas experientes para o novo restaurante, começamos a montar a equipe no Eleven Madison Park alguns meses antes.

Pensei naquela transferência de equipe do EMP como o fermento inicial: não apenas teríamos o benefício de sua formação técnica impecável, mas eles também semeariam o novo local com nossa cultura. Eles comunicariam, por meio de palavras e ações, tudo o que defendíamos e em que acreditávamos. Sua paixão, seu conhecimento e todos os valores que acumularam ao assistir às temporadas que passamos dentro das paredes do Eleven Madison Park contagiariam todas as outras pessoas que contrataríamos.

Conforme você cresce, não pode perder especificamente aquilo que lhe deu a oportunidade de crescer. Quando você pensa em expandir, de qualquer forma, deve primeiro parar e identificar o que torna sua cultura única e decidir com antecedência proteger o que quer que seja.

Dimensionando uma Cultura

Para nós, essa era nossa cultura de hospitalidade irracional — ir além, fazer mais, sempre dar aos clientes mais do que eles esperavam. E uma cultura depende das pessoas que dão vida a ela todos os dias; se acertássemos essa parte, as outras peças se encaixariam.

A única grande contratação que fizemos de fora da empresa foi o gerente-geral, Jeff Tascarella.

Havia boas razões para abrirmos uma exceção no caso dele. Jeff já havia sido gerente-geral e eu queria alguém que já tivesse sido chefe; ele também tinha experiência em administrar um restaurante de hotel, o que eu certamente não tinha. Como o NoMad seria um pouco mais barulhento e descontraído do que o Eleven Madison Park, precisávamos de alguém com experiência em um restaurante de alto volume reconhecido por sua qualidade, e Jeff dirigia o Scarpetta, um movimentado, amado e excelente restaurante três estrelas no Distrito de Meatpacking. Por fim, queríamos que o NoMad fosse legal — e Jeff era um dos caras mais legais que eu conhecia.

Jeff se tornou uma grande parte do sucesso do NoMad. Mesmo assim, eu ainda achava importante fomentar a cultura ao promover pessoas de dentro do restaurante; portanto, essa foi uma das únicas vezes, durante o tempo em que fui o gestor da empresa, que contratamos um gerente-geral de fora.

Levamos o treinamento muito a sério na preparação para a abertura do NoMad. Nosso orçamento para aprendizagem, de acordo com a sabedoria convencional, era ultrajante, mas eu estava apostando que a enorme quantidade de tempo, energia e dinheiro que estávamos gastando acabaria sendo um bom investimento. Sempre fico surpreso quando as pessoas gastam uma fortuna em um novo projeto e, depois, economizam no treinamento das pessoas encarregadas de dar vida a ele — um exemplo perfeito do que significa ser "sábio e tolo" ao mesmo tempo: economizar uma pequena quantia de dinheiro agora, mas que custará uma grande quantia de dinheiro no futuro.

Quando as portas se abriram, as 150 pessoas em nossa equipe do salão estavam alternando entre treinamentos em sala de aula e estágios práticos no salão durante semanas. Elas conheciam cada vinho de acordo com seu tipo de taça, cada prato, cada etapa do serviço. O mais importante é que

Hospitalidade Irracional

obtiveram uma dose significativa de nossa cultura diretamente da fonte — de mim ou da liderança sênior do EMP.

Mesmo os membros da equipe do EMP que não foram para o NoMad participaram desses treinamentos. Antes da inauguração, imprimimos centenas de páginas de anotações dos discursos pré-refeição que fizemos nos últimos três anos e pedimos aos capitães e aos gerentes do Eleven Madison Park que escolhessem os conceitos de que mais se lembravam — e os que mais *pegaram*, os que causaram a impressão mais duradoura neles e na equipe como um todo.

Compilar essas ideias em um livro nos forçou a colocar em palavras aquilo que defendíamos. A experiência foi tão positiva que agora acho que toda empresa, não importa o tamanho, deveria passar algumas semanas discutindo cada um de seus valores fundamentais e colocando-os no papel.

No início, o Manual do Setor tinha a forma de fotocópias encadernadas, mas, alguns anos depois, contratamos um designer e mandamos imprimir um livrinho vermelho, que nos permitiria receber os novos funcionários com o mesmo calor e energia com que recepcionávamos os clientes.

Case-se com Alguém Melhor do que Você

Era a temporada de críticas novamente.

Os seis meses seguintes passaram voando até a noite em que vimos Pete Wells, o crítico gastronômico do *New York Times* que substituiu Frank Bruni, entrar no salão do NoMad.

O desafio dessa crítica não foi menos estressante do que os anteriores. Era impossível esquecer que as apostas eram brutalmente altas, mas demos tudo de nós e aplicamos todas as lições que aprendemos ao longo do tempo. Felizmente, o processo foi curto; apenas algumas semanas depois, em junho de 2012, o NoMad ganhou três estrelas do *New York Times*.

A crítica foi intitulada "Uma Banda Estelar Reordena seus Hits". Nela, Wells observou que poderíamos ter seguido um caminho mais previsível e familiar em vez daquele que escolhemos, que ele disse ser "algo bastante novo e maravilhoso"[9]. Por mais que tenhamos recebido ótimas críticas no Eleven Madison Park, nunca chorei abertamente lendo uma crítica como naquela noite

Dimensionando uma Cultura

Essas lágrimas eram uma combinação de alegria, alívio e orgulho. Nosso progresso no EMP foi gradual; transformamos um restaurante que já existia em um tipo de restaurante diferente, e os ganhos secundários que obtivemos disso foram tão enriquecedores que pareciam inevitáveis.

O NoMad era diferente; nós o concebemos do zero. Para fazer isso acontecer, transferimos uma cultura que desenvolvemos lenta e organicamente no EMP para uma operação completamente nova.

Obviamente, estava prevista uma grande comemoração com a nossa equipe naquela noite. Mas o chef Magnus Nilsson, do restaurante sueco Fäviken, um amigo que fizemos naquele primeiro e humilhante 50 Melhores, estava fazendo um evento de livro de receitas em um jardim na cobertura, chamado Brooklyn Grange. Então, saímos rapidamente para recebê-lo em Nova York.

Esse desvio só merece ser mencionado porque foi a primeira vez em que encontrei Christina Tosi, que chegou no momento em que eu estava saindo.

Embora nunca tivéssemos nos conhecido, eu tinha uma queda por ela há anos. Ela era a *pâtissier* e proprietária do Milk Bar, reconhecido mundialmente por seu leite de cereal, seus cookies de cereal, chocolate e marshmallow e sua abordagem criativa, nostálgica e irreverente em relação à sobremesa. Eu sabia que ela havia comprado um espaço minúsculo ao lado do Momufuku Ssäm Bar e o transformado em uma das marcas mais amadas do país; também sabia que ela era uma das mulheres mais bonitas que já havia visto. Naquela noite, com a crítica três estrelas do *New York Times* debaixo do braço e um pouco de arrogância de sobra como resultado, fui até ela e me apresentei.

Conversamos por apenas um minuto — o que ainda foi suficiente para eu ter um vislumbre de como ela era generosa, brilhante e hilariante. Ela também sabia quem eu era, embora tenha admitido, após nos casarmos, que ficou um pouco surpresa ao descobrir que o cara por trás do Eleven Madison Park era uma pessoa comum, não um fanfarrão arrogante.

Então, peguei um táxi e voltei para o hotel para brindar com minha equipe. Tinha sido uma noite muito boa.

Se ainda não ficou claro, a lição aqui é esta: case-se com alguém melhor do que você. Minha parceria com Daniel me tornou um *restaurateur*

Hospitalidade Irracional

melhor. E minha parceria com Christina me tornou um líder e um homem melhor.

Líderes Pedem Desculpas

Apesar de todo o cuidado que tivemos ao transferir e preservar nossa cultura, naqueles primeiros meses em que o NoMad foi aberto, cometi um dos maiores erros de minha carreira.

Quando concordamos em construir o NoMad, olhei para minha equipe no Eleven Madison Park e não vi ninguém pronto para me substituir como gerente-geral. Eu não tinha vontade de contratar alguém de fora; acreditávamos demais em nossa cultura de promoção interna. Mas como não havia ninguém pronto para fazer o trabalho, decidi que ainda atuaria como gerente-geral no Eleven Madison Park enquanto preparava, simultaneamente, a inauguração do NoMad.

Você consegue adivinhar como isso terminou?

Se você já abriu um novo negócio, sabe que não há horas suficientes no dia. Durante meses, estive no NoMad praticamente todos os minutos em que estava acordado (e, como era um hotel, passei algum tempo dormindo lá também).

O Eleven Madison Park ficava a apenas alguns quarteirões de distância, mas era fácil deixar o restaurante no comando da equipe no local porque eles estavam lá há muito tempo e estavam operando no mais alto nível. Na verdade, naquele ano, subimos para o 24º lugar na lista dos 50 Melhores — uma prova de que o restaurante estava funcionando perfeitamente e que a ênfase que colocamos na hospitalidade estava dando certo com nossos clientes. No entanto, mesmo a equipe mais impecável e colaborativa precisa de um chefe.

Discutir ideias e tecer comentários é maravilhoso, mas alguém precisa estar presente para tomar decisões. Se não houver ninguém no local que faça isso, os problemas começam a se acumular: o andamento para de evoluir completamente, ou pessoas aleatórias aproveitam a brecha para assumir a responsabilidade por uma decisão e, então, enfrentam o ressentimento dos colegas — "Quem morreu e nomeou *você* como líder?" Eu havia deixado o restaurante no limbo, e o moral estava abalado.

Dimensionando uma Cultura

Felizmente, havia pessoas próximas de mim o suficiente para me dizer a verdade. Tive muitas conversas com funcionários antigos, que me disseram que havia ambiguidade onde não deveria haver: "Ninguém está tomando decisões e, quando alguém se posiciona, é acusado de tomar o poder. Você tem que nomear um gerente-geral, Will."

Mas tudo o que ouvi foi: *você precisa trabalhar mais. Você não está aqui e precisa estar, então é melhor descobrir uma maneira de tirar uma hora extra no dia para poder estar lá e aqui também.* Não importa quão culpado eu me sentisse, eu ainda era capaz de racionalizar. "Quão ruim poderia ser a situação se os clientes estavam tão felizes?"

O que eu não havia entendido era que uma cultura sólida pode resistir a certo grau de abuso antes que o desgaste comece a aparecer. Mesmo que o moral da equipe caia significativamente, os clientes não sentirão isso de imediato. A equipe tinha muito amor pelo EMP e um enorme orgulho pessoal e profissional em oferecer uma hospitalidade espetacular. Eles estavam se dividindo e fazendo um bom trabalho. Mas com gotas suficientes, até a rocha mais dura está sujeita à erosão ao longo do tempo.

Finalmente, uma capitã de longa data chamada Sheryl Heefner pediu uma reunião comigo. Sheryl era uma das melhores da equipe e uma de minhas funcionárias de maior confiança — eu confiava nela incondicionalmente.

A abordagem dela comigo funcionou muito bem porque ela não me disse que eu não estava cumprindo meu papel. Em vez disso, ela ergueu um espelho para que eu pudesse enxergar por mim mesmo onde eu havia errado. Embora Sheryl normalmente não fosse uma pessoa emotiva, ela ficou chateada ao descrever o dano que eu estava causando ao restaurante ao me recusar a nomear um sucessor. Lembro-me dela perguntando: "Sinceramente, você não acredita que uma única pessoa em nossa equipe esteja à altura dessa tarefa? Você sempre nos diz que não há nada mais importante do que poder confiar uns nos outros, mas como podemos acreditar nisso se você não confia em ninguém além de si mesmo para fazer esse trabalho?"

Não há nada mais devastador do que um pai dizer ao filho: "Não estou bravo com você; estou desapontado." Era isso que Sheryl estava me dizendo, e eu ouvi. Por mais que as palavras dela tenham doído, acredite, eu a agradeci por ter vindo me dizer isso.

Hospitalidade Irracional

Meu pai diz "Mantenha os olhos abertos", o que significa: ouça, olhe, observe, aprenda; certifique-se de não estar dando tropeços na vida. E o mais importante: fique atento quando algo que realmente importa for colocado à sua frente.

Aquela conversa com Sheryl foi um desses instantes. Estávamos em um momento crucial da empresa e eu estava estragando tudo. Passei anos dizendo às pessoas para não se tornarem insubstituíveis porque isso significava que não poderíamos promovê-las, mas eu não estava sendo capaz de enxergar que eu era quem precisava mudar de função.

E pior, traí um dos valores mais importantes de nossa empresa. Após gritar do alto da montanha sobre a importância de confiar na equipe, quando chegou a hora de eu fazer isso, simplesmente não fiz.

Eu soube imediatamente o que tinha que fazer — era o que eu deveria ter feito no momento em que assinamos o acordo para tornar o NoMad uma realidade. Convoquei uma reunião com Kirk Kelewae, que havia assumido o controle do programa de cerveja anos antes. Ele passou de ajudante de cozinha a gerente e, naquele dia, eu o promovi a gerente-geral.

Após minha reunião particular com Kirk, convoquei uma reunião com toda a equipe e pedi desculpas a todos na sala.

"Esta é a primeira vez que abro uma empresa", eu disse a eles, "e este não é o último erro que cometerei. Mas foi o maior deles até agora". Eu havia negado a eles a confiança que passei anos pedindo que demonstrassem uns aos outros e, como resultado, prejudiquei a cultura pela qual tanto trabalhamos para crescer. Após me desculpar, anunciei que Kirk seria o novo gerente-geral.

Havia pessoas na sala que, provavelmente, queriam essa vaga, mas uma decisão havia sido tomada e isso fez toda a diferença. A tensão que só aumentava de repente desapareceu, como o ar que sai após um balão ser estourado.

Há tanto poder em conseguir admitir os erros e pedir desculpas por eles. A ideia de que você não cometerá nenhum erro é criminosamente estúpida — assim como a ideia de que, se você não assumi-lo, ninguém notará que você o cometeu. Por mais difícil que seja para um líder se responsabilizar publicamente, isso fortalece o vínculo entre você e sua equipe porque, se você estiver disposto a se levantar e criticar seus erros, as pessoas sempre

Dimensionando uma Cultura

estarão mais dispostas a receber críticas de você. A experiência foi um belo exemplo do poder da vulnerabilidade e de sua importância na liderança.

Eu não confiava em mais ninguém para ser o gerente-geral do EMP porque não achava que outra pessoa faria o trabalho tão bem quanto eu — e, para ser justo, provavelmente eu estava certo. Kirk ainda *não estava* pronto para ser gerente-geral, assim como eu não estava pronto para ser gerente-geral quando recebi o mesmo cargo no MoMA. (Aparentemente, eu também não estava pronto para ser proprietário de um restaurante.) **Às vezes, o melhor momento para promover as pessoas é antes que elas estejam prontas.** Enquanto estiverem sedentas por mais, elas trabalharão ainda mais para provar que você tomou a decisão certa.

Kirk cresceu no cargo, assim como quando passou a administrar o programa de cerveja e todos as outras funções que ocupou em nosso restaurante. Foi extremamente significativo para todas as outras pessoas que trabalhavam lá ver que a equipe era comandada por um cara que começou como ajudante de cozinha. Nós dissemos que não havia limites e mostramos isso a eles. Agora todos podiam ver que era verdade.

Nenhum Cliente é Deixado Para Trás

O NoMad foi um sucesso logo de cara.

Para qualquer que fosse a pergunta, o NoMad era a resposta. Tínhamos clientes regulares no café da manhã, no almoço, no jantar, no bar — alguns dias, eram as mesmas pessoas em todos os horários. Exatamente como esperávamos que as pessoas fossem usar os diferentes espaços que criamos. E o NoMad deu outro presente à nossa empresa, um que não havíamos previsto.

À medida que o EMP continuava subindo na lista dos 50 Melhores, nosso cardápio se tornava mais complexo, envolvente e elaborado, e as apresentações dos pratos cada vez mais teatrais. A experiência da refeição estava cada vez mais longa, extensa, exagerada — uma verdadeira produção. Com essas mudanças, ficou difícil para os frequentadores; quantas vezes por semana alguém dispõe de quatro horas para fazer uma refeição?

Mas com o NoMad no caminho, poderíamos dar o próximo passo no EMP sem abandonar aqueles amados frequentadores; o NoMad deu a eles

Hospitalidade Irracional

uma opção de lugar para ir com mais regularidade. Muitos dos pratos do cardápio do NoMad eram antigos grandes sucessos do EMP, e havia muitos rostos familiares lá. A atenção ao serviço seria reconhecível, embora um pouco menos engomada. A flexibilidade e a relativa informalidade do hotel significavam que você poderia agendar uma reunião durante o café da manhã lá e encerrar uma ótima noite com um último drinque. E o EMP sempre estaria lá para eles nas noites em que tudo o que desejavam era um jantar luxuoso completo.

Às vezes, você supera as expectativas de seus frequentadores; isso é inevitável para qualquer empresa que está evoluindo. Mas não desejávamos dispensar os nossos; queríamos mantê-los como parte de nossa família. Se você chama sua equipe de família, precisa investir neles e lhes dar oportunidades de crescer com você e a organização, e deve estender a mesma cortesia aos clientes mais valiosos. Em vez de engolir nossa marca, o NoMad a ampliou.

No EMP, entretanto, já não havia nada que nos impedisse de crescer ainda mais... ou era assim que pensávamos.

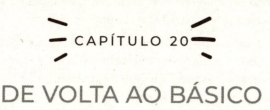

DE VOLTA AO BÁSICO

Ao longo dos anos em que subimos na classificação da lista dos 50 Melhores, Daniel e eu estivemos presentes em conferências de gastronomia e vinho e em eventos culinários em todo o mundo. Sempre que íamos para uma cidade nova, tirávamos uma noite para ver o que os concorrentes estavam fazendo.

Ficamos bastante inspirados por cada um dos restaurantes da lista. No Narisawa, no Japão, enquanto desfrutávamos de nossos aperitivos — um pão que é assado na mesa dentro de uma cumbuca de grés escaldante —, fomos apresentados a um processo antigo e elementar que normalmente acontecia nos bastidores dos restaurantes. Essa foi uma das coisas mais deliciosas que experimentamos.

No Fäviken, na Suécia, em vez de vinte garçons descrevendo vinte pratos diferentes para vinte mesas diferentes, nosso amigo Magnus saiu da cozinha, bateu palmas e anunciou o próximo prato, que todos no salão comeram ao mesmo tempo, como se fossem convidados em um jantar na casa dele.

No Mugaritz, na Espanha, com um pilão, trituramos especiarias e sementes para sopa em uma cumbuca de ferro. Em seguida, um capitão nos convidou a passar o pilão pela borda como se fosse uma cumbuca de canto tibetana e, por um momento de tirar o fôlego, todos no salão fizeram o mesmo e, desse movimento, criamos um som muito bonito.

No Alinea, em Chicago, os chefs *pâtissiers* trouxeram ingredientes para preparar a sobremesa no salão, espalhando chocolate, cremes, bombons, pe-

Hospitalidade Irracional

daços de bolo e frutas frescas sobre uma toalha de mesa de silicone com muita habilidade — como Kandinsky, se seu instrumento fosse açúcar. Todos as outras pessoas no planeta Terra olhavam para uma mesa e viam uma mesa; o chef Grant Achatz olhou para ela e viu um prato.

Essa intensificação progressiva era bonita e, também, arquitetada. Proporcionou a essas refeições já extraordinárias um clímax dentro da experiência, momentos inesquecíveis que foram muito deliciosos tanto de recontar, semanas depois, como de experimentar.

E reforçou por que a lista dos 50 Melhores Restaurantes do Mundo foi tão boa para nosso ramo. Esses lugares encorajavam e inspiravam uns aos outros a ir cada vez mais longe; em vez disso, poderiam ter se tornado complacentes. A competição amigável e a troca de ideias impulsionaram a profissão.

Nós nos sentimos confiantes nos momentos de intensificação progressiva que adicionamos à experiência gastronômica no EMP; agora, faltava uma noção de localização. Essa era a era do Noma, e todos os restaurantes no topo da lista serviam uma experiência tão profundamente específica para o local em que ficavam que a refeição não faria sentido em nenhum outro lugar. Isso parecia especialmente importante em um mundo cada vez mais globalizado e homogêneo, no qual você podia viajar dezesseis horas em um avião e, depois, caminhar por uma esteira de luxo praticamente idêntica à da cidade que você deixou para trás.

Além disso, enxergamos aí uma oportunidade real. *Nosso* restaurante ficava em Nova York — não apenas o berço da arte, da música e da indústria gastronômica (com tantas tradições), como também uma área agrícola importante e pouco reconhecida. Embora cada um dos melhores restaurantes requintados de Nova York tivesse uma forte noção de localização, eles celebravam lugares como Japão, Itália e França, e *não* Nova York. Então, quando o EMP chegou ao décimo lugar na lista dos 50 Melhores em 2012, decidimos explorar o que significava ser um restaurante em Nova York, de Nova York e sobre Nova York.

Nós nos lançamos à pesquisa e encontramos tanta inspiração que abandonamos nosso novo formato de cardápio (e, com ele, a possibilidade de o cliente escolher o que come). Adotamos um menu degustação direto com um tema nova-iorquino, para garantir que todos que comiam em nosso restaurante experimentassem tudo o que *nos* entusiasmava.

A refeição começava com uma versão saborosa do icônico cookie preto e branco e terminava com pretzels cobertos de chocolate. Havia esturjão defu-

De Volta ao Básico

mado à mesa sob uma cúpula de vidro. Aprendemos que a batata frita havia sido inventada em Nova York, então fizemos nossa própria batata frita e fizemos sacos de batatas fritas customizados, tão caros que praticamente tive que esconder a conta de mim mesmo. (Ei, a Regra de 95/5.)

O tartare tem raízes na cidade de Nova York, então usamos cenouras de Nova York — cultivadas em uma lama rica em nutrientes que os fazendeiros do interior chamam de "estrume preto" — para fazer tartare de cenoura. Em vez de deixar uma garrafa de conhaque na mesa ao final da refeição, nosso presente era um garrafa de Applejack da Laird's com o rótulo personalizado, a primeira destilaria licenciada da região, datada de 1780.

Nosso prato de queijo transformou-se em um piquenique no Central Park. Contratamos a Ithaca Beer Co. para elaborar uma cesta de piquenique, a Picnic Ale, com pretzels feitos com essa cerveja, e fizemos uma parceria com a icônica loja Murray's Cheese de Nova York para preparar um queijo curado nela. O prato era servido em cestas de piquenique feitas no interior do estado de Nova York, com pratos de porcelana que pareciam papel, feitos por uma artista do Brooklyn chamada Virginia Sin.

Quando eu era criança, fui extorquido por um carteador de rua na Times Square, assim como muitos turistas de olhos arregalados; eu tinha vindo de Westchester para encontrar meu pai no trabalho. Eu queria incorporar na experiência do jantar um pouco daquela casca grossa da velha escola e alguns truques de mão — o que me levou a me reunir com uma equipe de mágicos para elaborar um truque em que, ao escolher uma carta, você escolhia o ingrediente principal da sobremesa, embora já houvesse um chocolate aromatizado com aquele ingrediente colocado sobre a mesa sem você perceber. (Certamente um final mais doce do que perder sua mesada para um vigarista.)

Uma observação: a experiência de inventar o truque de mágica foi fascinante. Entrei em contato com uma empresa chamada theory11 porque queria que eles fizessem um baralho de cartas personalizado para nós. Mas o proprietário, Jonathan Bayme, apareceu em nosso primeiro encontro com o mágico Dan White, então não fiquei surpreso quando ele sugeriu um truque de mágica.

Fiquei imediatamente intrigado. Eu falei tanto com a equipe sobre nossa responsabilidade de criar magia em um mundo que precisa de mais dela que a chance de abordar isso literalmente era boa demais para não ser conside-

Hospitalidade Irracional

rada. Principalmente quando, após algumas horas de brainstorming, Dan White me surpreendeu ao descrever o truque que acabamos usando.

Meu queixo caiu. "É incrível! Mas como faríamos isso?"

Dan balançou a cabeça. "Ah, não faço ideia. Teremos que descobrir."

Adorei isso — o modo como ele não se intimidou por não saber e como estava confiante de que descobriríamos.

Muitas pessoas abordam o brainstorming criativo levando em consideração o que é prático muito cedo no processo. Trabalhar com Jonathan e Dan reforçou o que sempre acreditei: **comece com o que você deseja alcançar, em vez de se limitar ao que é realista ou sustentável**. Ou, como gosto de dizer, não estrague uma história com fatos. Mais tarde você acabará fazendo a engenharia reversa de sua grande ideia e descobrirá o que é possível e econômico e todas as outras coisas chatas de adulto. Mas você deve começar com o que almeja alcançar.

(Quando Dan ouviu o título deste livro, ele compartilhou esta citação extremamente apropriada de Teller, a metade silenciosa da famosa dupla mágica Penn e Teller: "Às vezes, a magia é apenas alguém dispendendo mais tempo em algo do que qualquer outra pessoa poderia razoavelmente esperar.")

Também apresentamos uma nova declaração de missão muito mais longa e completa para a equipe, com um gráfico inspirado no mapa do metrô de Nova York. Essa nova declaração incluía *tudo* o que estávamos tentando incorporar: ser um restaurante nova-iorquino, gerido tanto pelo pessoal da cozinha quanto pelo do salão; nos comportar de maneira genuína e boa; estar sempre aprendendo e liderando; equilibrar o clássico e o contemporâneo; correr riscos em busca da reinvenção; e criar uma cultura familiar e de diversão. Por fim, tínhamos como objetivo ganhar as quatro estrelas Michelin para igualar ao número de folhas em nosso logotipo, embora o Michelin nem desse quatro estrelas!

Quando o novo cardápio foi lançado, eu queria que todas as mesas entendessem a história valiosa e a riqueza de histórias por trás de cada prato do novo cardápio. Eu não queria deixar nenhuma parte ao acaso ou a critério de interpretação, então escrevi exatamente o que queria que os capitães dissessem, fiz com que memorizassem e treinei com eles diversas vezes.

Apresentamos o novo cardápio em uma terça-feira de setembro de 2012. Quatro dias depois, o crítico gastronômico do *New York Times*, Pete Wells, apareceu para almoçar.

222

De Volta ao Básico

Foi um choque vê-lo ali; geralmente, eles costumam dar um tempo até que o restaurante se estabilize após uma grande mudança. Mas respirei aliviado quando vi que ele acabou na praça de Natasha McIrvin. Natasha era, sem dúvida, uma de nossas melhores capitãs — excepcionalmente talentosa, dedicada à excelência em todas as coisas e serena mesmo sob intensa pressão. Eu sabia que ela entenderia o que estava em jogo ali.

Quando Pete Wells estava de saída — eu estava tentando ser discreto, me virando em um canto ao lado do bar —, ele me olhou bem nos olhos e acenou com a cabeça. Isso era bastante incomum: o crítico e o dono do restaurante nunca se cumprimentam. Tomei isso como um sinal de que tínhamos arrasado.

Então, você consegue imaginar minha surpresa quando, apenas alguns dias depois, o *Times* publicou o artigo que ele havia escrito — uma retaliação devastadora intitulada "Falando sobre Todos os Aspectos da Comida: no Reinventado Eleven Madison Park, Faltam-me Palavras para os Pratos".[10]

Vou poupá-lo, mas incluía pérolas descritivas como: "pomposo", "inflado" e este nocaute, minha parte favorita: "Ao final das quatro horas, senti como se tivesse ido a um Seder organizado por presbiterianos." O artigo era tão horrível que no próprio trecho alegre deles sobre o artigo (isso mesmo: era tão ruim que havia trechos em que eles se regojizavam sobre como estava ruim), a *Eater* o apelidou de "Pete 'O Justiceiro' Wells".

E ele poderia muito bem ter se dirigido diretamente a mim. Ele não amou tudo o que comeu, mas gostou de grande parte. O problema foi o que ele chamou de "os discursos".

Foi profundamente humilhante. E não havia nada que me deixasse mais desanimado do que ter que me levantar e confessar que minhas decisões ruins nos renderam essa crítica cruel. Em momentos como esse, em um esforço para não parecer mal diante de sua equipe, os líderes tendem a varrer os erros para debaixo do tapete, torcendo para que todos esqueçam que eles aconteceram. Em vez disso, eu me levantei mais uma vez na reunião pré-refeição para assumir a responsabilidade e pedir desculpas.

No entanto, havia partes boas no artigo dele. Não era uma verdadeira crítica com estrelas, o que poderia ter devastado nosso negócio, mas era como um "Caderno de Anotações do Crítico" — o equivalente a uma advertência. E fez exatamente o que pretendia: permitiu que eu enxergasse que o caminho que estava seguindo era errado a tempo de corrigir o curso.

Hospitalidade Irracional

Após muita reflexão em cima disso, percebi que, ao apresentar o menu de Nova York, cometi dois erros. Um de que não me arrependo, embora o tenhamos corrigido de qualquer maneira. Do outro, eu me arrependo.

O primeiro erro foi ir longe demais. (É disso que não me arrependo.) Sim, parte dessa exuberância era um exibicionismo: "Olha o que somos capazes de fazer!" Mas ultrapassar os limites também é uma parte inevitável do processo criativo. Se você não explorar o perímetro externo, de que outra maneira saberá onde fica a linha de limite? Muitas dessas ideias eram boas; se não tivéssemos nos dado a liberdade de explorá-las, nunca saberíamos qual delas manter.

Esse erro — tentar fazer demais — foi fácil de corrigir. Não mudamos tudo; sabíamos que não poderíamos ser tudo para todos. Mantivemos o truque de mágica, porque podíamos ver, todas as noites, que as pessoas o adoravam; era um momento de clímax sobre o qual ainda estariam falando semanas, até anos, depois. Mas nos livramos de muitos dos discursos. E do prato de batatas fritas, que — dolorosamente — significava ter que reciclar aqueles sacos personalizados caros.

O segundo erro que cometi foi mais sério. Eu queria ter certeza de que todas as ideias que tínhamos eram comunicadas adequadamente, então insisti para que a equipe aprendesse um discurso. Eu os transformei em atores, descartando qualquer possibilidade de uma conversa real e de qualidade entre eles e os clientes. É claro que a experiência pareceu nada autêntica para Wells; não havia espaço para Natasha se conectar com ele. Eu havia tirado a capacidade dela de ser ela mesma à mesa.

Nem todo cliente queria uma aula de história durante o jantar. Muitos ficavam encantados e queriam se envolver com nossas histórias. Mas algumas pessoas estavam lá para conversar com os companheiros ou para comer e queriam apenas que entregássemos a comida deles e os deixássemos em paz. Eu havia retirado a autoridade da equipe de entender o que o pessoal da mesa queria e lhes dar um nível apropriado de detalhes — para adequar a experiência do serviço ao cliente. Em minha busca por um noção de localização, acabei tornando a refeição menos hospitaleira.

Pior ainda, foi basicamente o mesmo erro que cometi no ano anterior, quando hesitei em promover um gerente-geral. Mais uma vez, o cara conhecido por falar sobre quanto confiava em sua equipe agiu como se não confiasse nela.

De Volta ao Básico

Na verdade, não estou surpreso por ter cometido esse erro — e tenho quase certeza de que o cometerei novamente no futuro. Minha atenção compulsiva aos detalhes é um dos meus superpoderes; é como eu miro a perfeição. Mas essa tendência também significa que estou sempre andando na corda bamba entre meu desejo de garantir a excelência controlando tudo e saber que quero criar um ambiente de empoderamento, colaboração e confiança entre as pessoas que trabalham para mim. Assim como a excelência e a hospitalidade, essas duas qualidades — controle e confiança — não combinam.

Gosto de pensar que adquiro consciência toda vez que cometo esse erro. Eu me cerquei de pessoas em quem confio, que me dizem quando é hora de recuar. Mas tenho certeza de que administrar a tensão entre essas duas coisas é uma questão com a qual lutarei pelo resto de minha carreira. Tudo o que posso fazer é ficar atento, para que meu superpoder não se transforme na história que deu origem a meu lado vilão. E quando (inevitavelmente) cometo algum erro, preciso corrigi-lo rapidamente e com o mínimo de ego possível.

Voltei a confiar nas pessoas da equipe para apresentar o cardápio da maneira que bem entendessem e entregar um nível de informação adequado para as mesas de que estivessem cuidando.

Enquanto isso, continuamos avançando na lista dos 50 Melhores. Em 2013 (apesar do Seder Presbiteriano), passamos para o número cinco. Em 2014, éramos o número quatro. E, no início de 2015, Pete Wells voltou. Em sua segunda visita, sabíamos que ele estava lá para nos dar uma revisão adequada de sua crítica. Sem notas de advertência.

Foi desesperador vê-lo porque nos mantivemos firmes em muitas de nossas ideias que ele tinha odiado. Mas usamos sua crítica com sabedoria; mudamos o que queríamos mudar e estávamos orgulhosos da experiência que estávamos proporcionando aos clientes.

Em março daquele ano, ele nos premiou com quatro estrelas. Foi, como gosto de chamar, a pior crítica quatro estrelas da história do *New York Times*. Ler aquela crítica ainda me faz rir muito. Ele é tão mal-humorado! Ele não resistiu em relembrar sua primeira experiência com o cardápio de Nova York em 2012, chamando-o de "a refeição mais ridícula que já comi".

Em seguida, passou a listar falha após falha sobre a nova experiência — exceto que finalmente é forçado a admitir: "Objeções... um burburi-

Hospitalidade Irracional

nho insistente diante de meus olhos que, por vezes, me cegaram para o que estava acontecendo no excepcional ambiente Art Déco em frente ao Madison Square Park, que era um salão cheio de pessoas quase bobas de felicidade... e, por fim, até eu, o catador de lêndeas e descobridor de falhas. Sob a campanha implacável e habilidosa do restaurante de espalhar alegria, eu me rendo."[11]

Nós comemoramos aquela noite, embora eu deva observar que manter aquelas quatro estrelas parece muito diferente de ganhá-las pela primeira vez; o clima era mais de alívio do que de exaltação.

Mas, na reunião pré-refeição do dia seguinte, parabenizei a equipe, reconhecendo que a revisão era uma afirmação do compromisso deles com a hospitalidade irracional. Wells não concordava com tudo o que estávamos fazendo — ele nem mesmo *gostava* muito disso. Ainda assim, ao aderir aos princípios da hospitalidade irracional, não lhe demos outra escolha senão reconhecer que ele adorava a maneira como fazíamos as pessoas se sentirem.

Sirva o Que Você Quer Receber

Na cerimônia de premiação dos 50 Melhores Restaurantes do Mundo de 2015, o ar estava carregado de rumores, como sempre — e o maior deles era que chegaríamos ao primeiro lugar. É melhor ignorar os rumores, claro, mas somos humanos, então é difícil ignorá-los completamente. Tínhamos grandes esperanças.

Mas os rumores estavam completamente errados: em vez de subirmos da quarta posição para a primeira, demos um passo para trás, caindo da quarta para a quinta posição.

Foi um verdadeiro golpe. Sim, é incrível ser nomeado um dos cinco melhores restaurantes do mundo, não importa em que lugar você fique. Mas essa foi a primeira vez que caímos uma posição desde que entramos na lista. Por mais que estivéssemos insistindo, havia algo errado.

Em retrospecto, acho que aquele retrocesso foi a melhor coisa que poderia ter acontecido conosco, porque nos motivou a mudar uma última vez. E precisávamos fazer isso; os rumores já estavam se espalhando.

Ao longo daquele ano, Daniel e eu fizemos nossas visitas de campo habituais aos melhores restaurantes e começamos a notar outra característica —

De Volta ao Básico

ou talvez "bug" seja uma palavra melhor — que a maioria dessas refeições espetaculares tinha em comum.

Eles eram simplesmente *demais*.

Por mais inspirados que estivéssemos por aqueles incríveis momentos de clímax, a experiência de provar todas as combinações de pratos impecáveis e vinhos incríveis também era avassaladora. Era exaustivo como parecia ser, e estávamos começando a sentir o cansaço. A excelência do atendimento e a teatralidade de alguns pratos nos impressionaram; ainda assim, no dia seguinte era difícil lembrar exatamente o que havíamos comido ou qualquer parte da conversa que tivemos enquanto estávamos lá. A verdade é que, na maioria dessas refeições, 75% do tempo estávamos satisfeitos e cheios — ou seja, de barriga cheia, inquietos e prontos para ir embora. Mantivemos tudo isso em mente quando nos sentamos para provar nosso novo menu, no final de 2015.

Daniel e eu jantamos juntos em todas as praças de nosso restaurante, um dia após a mudança do cardápio. Isso era, mais do que qualquer coisa, prático; você já sabe que acredito que é de suma importância para um líder experimentar o serviço que sua equipe está prestando da mesma forma que um cliente comum experimenta. Geralmente, na prática, a ideia é diferente da teoria, e experimentar o menu como clientes nos deu a oportunidade de realizar ajustes, por exemplo, quando descobrimos que a apresentação de um prato que tinha nos entusiasmado parecia muito exigente ou quando estávamos tentando ser generosos, mas acabamos enchendo o cliente de comida além do ponto agradável.

Esses jantares também deram um momento valioso para Daniel e para mim, uma oportunidade de nos conectarmos mais intencionalmente do que as dez mil mensagens de texto rápidas e conversas apressadas no corredor da cozinha que faziam parte da maioria de nossas interações diárias.

De fato, naquela noite, não estávamos apenas analisando nossa comida; mergulhamos em uma conversa mais profunda e intensa sobre o significado da vida. Ou tentamos, de qualquer maneira — e digo "tentamos" porque, por mais atencioso que fosse o serviço, parecia que estávamos constantemente sendo interrompidos. E a cada distração, eu ficava cada vez mais irritado; acabamos saindo antes da sobremesa ser servida e fomos para um pub irlandês a alguns quarteirões de distância para podermos terminar nossa conversa em paz.

Hospitalidade Irracional

Quando cheguei em casa aquela noite, fiz as contas.

Para cada prato, a mesa era posta com talheres novos e também taças de vinho novas, então a comida era servida e descrita e, em seguida, o vinho era servido. Depois que terminávamos de comer, os pratos eram retirados e a mesa era desfeita. Para cada prato, essas seis ações eram repetidas — o que significava que, em um menu de quinze pratos, estávamos sendo interrompidos *noventa vezes* durante toda a refeição. E isso nem sequer incluía a introdução ao menu ou qualquer verificação no intervalo entre um prato e outro.

Noventa vezes — quando nosso objetivo declarado era criar um ambiente no qual as pessoas pudessem se conectar à mesa, no qual, como eu já havia dito mil vezes, o serviço, a comida e o ambiente eram meros ingredientes na receita da conexão humana. Isso é irracional, mas não é hospitalidade.

Sempre acreditamos que deveríamos servir o que queríamos receber. Sirva apenas o que você quer servir e estará se exibindo. Sirva apenas o que você acha que as outras pessoas querem e você estará cedendo. Sirva o que você genuinamente deseja receber e a experiência será autêntica.

Foi por isso que o restaurante mudou tanto ao longo dos anos. Não porque tínhamos as palavras "reinvenção sem fim" penduradas em um quadro na parede, mas porque *nós* mudamos, e o que queríamos receber também mudou. Eu tinha 26 anos quando assumi o salão do Eleven Madison Park e 40 anos quando Daniel e eu deixamos de ser sócios. Você muda bastante entre os 26 e os 40 anos — e, conforme muda, o que você quer receber também muda.

Não estávamos mais servindo o que queríamos receber.

Volte aos Primeiros Princípios

O papel de uma declaração de missão em qualquer organização é articular as coisas que são inegociáveis. Ela precisa ser clara, simples e de fácil compreensão, para que, sempre que você tomar qualquer decisão, não importa quão grande ou pequena seja, você possa confiar na missão como um filtro para decidir. Tomar uma atitude o ajudará a atingir a meta estabelecida na declaração de missão? Ou o afastará desse objetivo? Dessa forma, a decisão já está tomada para você — tudo o que você precisa fazer é se perguntar.

De Volta ao Básico

A complicada declaração de missão que apresentamos com o cardápio de Nova York continha tudo o que queríamos incorporar: nosso compromisso uns com os outros, nosso amor pela cidade, nossas ambições absurdas e nosso desejo de cuidar dos clientes. Mas era demais.

Pete Wells nunca tinha visto aquela declaração de missão complexa e complicada, mas ele conseguiu senti-la. Não é à toa que ele lutou para entender o que o restaurante era! Nem nós sabíamos.

Era hora de voltar ao básico. A comida de Daniel e sua equipe era incrivelmente deliciosa; a equipe do salão era tão boa quanto qualquer outra no mundo em espalhar alegria por meio da hospitalidade irracional. Assim, ao reafirmar nossos superpoderes, redescobrimos aqueles que eram inegociáveis, chegando a uma frase simples e elegante que coloquei acima do relógio de ponto, para que cada um de nós pudesse ler todos os dias:

"Ser o restaurante mais delicioso e elegante do mundo."

Não deixaríamos de ser "de" Nova York ou de tratar nossos colegas como família. Não pararíamos de lutar pela quarta estrela Michelin, uma ambição que nunca poderia ser inteiramente satisfeita. Mas elegante e delicioso — esses eram os critérios. Ponto final.

Como diz meu pai: "Não fuja do que você não quer; corra *em direção* ao que você quer." Não fizemos as mudanças naquele ano porque estávamos fugindo da complexidade, da dificuldade ou da ambição, mas porque estávamos correndo em direção a uma experiência mais genuína.

Todas as mudanças que fizemos antes foram para adicionar algo. Mais intensidade, mais pratos, mais complexidade, mais componentes no prato, mais vinhos, mais etapas do serviço — mais, mais, mais.

Desta vez, fomos na outra direção. Estávamos orgulhosos do que éramos capazes de fazer, mas não havia necessidade de tudo isso. Em vez disso, poderíamos separar o que estávamos entregando daquilo que nos tornava especiais: o reconhecimento de que toda essa excelência estava a serviço da hospitalidade irracional.

A primeira e mais radical das mudanças foi cortar o cardápio pela metade, reduzindo-o de quinze para sete pratos. Cada um seria memorável — extraordinário. E embora tenhamos reduzido o número de pratos, não cortamos uma única pessoa da equipe do salão. Em vez disso, dobramos, passando de dois *dreamweavers* para quatro.

Hospitalidade Irracional

No processo de desenvolvimento do menu de Nova York, nos afastamos do formato de menu revisado e de nossa principal crença de que o cliente deveria ter a capacidade de escolher o que queria comer. Por que nos livramos disso, se era exatamente o tipo de coisa que exemplificava o tipo de hospitalidade irracional que queríamos oferecer?

Voltaríamos a esse conceito de refeição como um diálogo entre o cliente e o restaurante. E, finalmente, estávamos prontos para fazer aquilo do jeito que queríamos em primeiro lugar, do jeito que havia sido feito no Rao's. Não haveria menu algum, apenas uma conversa sobre o que você queria comer e o que não queria.

Essa conversa era mais do que apenas uma conversa — tratava-se de uma conexão. Sem roteiro. Esse era o começo de um relacionamento.

Kirk se mudou para abrir um novo restaurante para nós, então Billy Peelle, que havia saído do EMP para trabalhar no NoMad, voltou como gerente-geral — a pessoa perfeita para inaugurar esse novo processo de funcionamento. Billy tinha um prazer genuíno em criar um ambiente acolhedor para as pessoas com quem trabalhava e experiências marcantes para os clientes. Ele personificava a hospitalidade irracional tanto quanto qualquer pessoa com quem já trabalhei e era um líder autêntico e humilde.

Um dia depois de apresentarmos o novo cardápio, Daniel e eu nos sentamos juntos para jantar. Após uma refeição extraordinária de três horas de duração e, também, de passar por todos esses processos e trabalhar juntos todos esses anos, sentimos que o restaurante havia se tornado o que deveria ser. Ao reduzir nossa perspectiva ao básico, finalmente nos encontramos. Eu realmente acredito que, naquele momento, estávamos finalmente operando como o melhor restaurante do mundo.

Apenas alguns meses depois, o evento de premiação dos 50 Melhores de 2016 foi realizado na cidade de Nova York pela primeira vez. Como praticamente todos os jurados desses prêmios compareciam à cerimônia, de repente havia muitos deles em nossa cidade, o que fez com que tivéssemos a oportunidade de receber muitos no EMP. As mudanças que fizemos foram tão eficazes — o restaurante parecia tão bom — que nem sequer ficamos nervosos, apenas entusiasmados para mostrar ao mundo quem éramos e o que defendíamos. Demos o nosso melhor, mas, acima de tudo, recebemos nossos colegas com confiança e carinho em nossa casa. E foi incrível.

De Volta ao Básico

Naquele ano, na premiação, fomos eleitos o número três do mundo. E o mais importante, ganhamos o primeiro prêmio Arte da Hospitalidade, refletindo o impacto que estávamos tendo no setor.

Desde 2002, os prêmios reconhecem apenas os chefs e sua comida. A introdução de um prêmio de hospitalidade foi uma indicação de que o pêndulo estava balançando para o outro lado, jogando luz sobre as pessoas do salão, que trabalhavam incansavelmente para oferecer um serviço fantástico. Significou muito para mim, pessoalmente, ganharmos o prêmio inaugural. Hospitalidade irracional não era mais algo que importava apenas para nós; estava começando a importar para todos em nosso setor.

O Restaurante mais Delicioso e Elegante do Mundo

No ano seguinte, fomos para a premiação dos 50 Melhores em Melbourne.

No dia do evento, antes de voltar para o hotel para vestir meu smoking, fiz uma longa caminhada com Christina, tentando não deixar minha ansiedade tomar conta. Gary Obligacion, do Alinea, fez o nó da minha gravata borboleta; eu nunca aprendi a fazer isso.

Como sempre, eles começaram pelo número cinquenta e fizeram uma contagem regressiva: quarenta, depois trinta, vinte... Quanto mais avançavam, mais ansiosos e nervosos ficávamos; quanto mais números eram chamados sem ouvirmos nosso nome, melhor.

Eu praticamente desmaiei quando eles chegaram ao número dez e só voltei a mim quando chegaram ao número três. Ainda não havíamos sido chamados — portanto, tínhamos que ser ou o número um ou o número dois. Então eles anunciaram a Osteria Francescana (de propriedade de nosso amigo Massimo, que havia zombado de nossa cara triste durante aquela primeira e humilhante cerimônia), e sabíamos que tínhamos vencido.

Após sete anos de trabalho duro, criatividade, atenção insana aos detalhes e uma dedicação verdadeiramente irracional à hospitalidade, o Eleven Madison Park foi eleito o melhor restaurante do mundo.

Foi uma sensação incrível, uma das melhores da minha vida. Beijei minha esposa, e Daniel e eu subimos ao palco com Billy Peelle e Dmitri Magi, nosso chef de cozinha. Quando recebi o prêmio, não passou despercebido que fui a primeira pessoa do salão a aceitar o prêmio em nome de seu restaurante.

Hospitalidade Irracional

Em meu discurso, falei sobre a nobreza do serviço, a importância de reconhecermos como nosso trabalho era determinante. Isso pareceu principalmente significativo porque todos naquela sala dedicaram suas carreiras para criar experiências memoráveis. Todos ali ajudaram as pessoas a celebrar seus momentos mais importantes e lhes confortaram quando elas precisaram de uma fuga. Todos estávamos criando mundos mágicos em um mundo que precisava de um pouco mais de magia.

Agradeci à nossa magnífica equipe (e lhes pedi que não arruinassem o restaurante durante a comemoração; faríamos isso juntos quando voltássemos de viagem). Não apenas as 150 pessoas que trabalhavam para nós na época, mas as inúmeras outras que, nos últimos onze anos, deram tanto de si para cuidar dos outros. E agradeci a Daniel por entender que a maneira como fazíamos nossos clientes se sentirem importava tanto quanto qualquer prato que servíamos para eles.

A homenagem me proporcionou um momento de reflexão sobre quão longe chegamos e tudo o que nos trouxe até esse ponto. Por um lado, é fundamentalmente ridículo dizer que um restaurante é o melhor do mundo. Mas o prêmio reconhece o restaurante de maior impacto no setor em determinado momento, aquele que está mudando o tom da conversa e traçando um novo rumo para todos.

Vencemos porque houve uma união entre o pessoal da cozinha e do salão para criar uma experiência atenciosa, elegante e muitíssimo boa. Tínhamos vencido por causa de nosso foco coletivo na hospitalidade irracional.

Tínhamos decidido alcançar um objetivo aparentemente impossível: incorporar a excelência e a hospitalidade — conceitos um pouco conflitantes, ou totalmente conflitantes. Tínhamos tomado a decisão de ser tão irracionais em nossa busca criativa pela hospitalidade no salão quanto os melhores restaurantes de todo o mundo já o eram na cozinha. Decidimos não reservar nossos melhores esforços apenas para o que servíamos nos pratos, mas usar tudo ao nosso alcance para fazer com que as pessoas com quem trabalhávamos e as pessoas a quem servíamos se sentissem vistas e ouvidas; para lhes proporcionar um sentimento de pertencimento e criar um ambiente no qual pudessem se conectar umas com as outras.

Foi nossa busca pela excelência que nos colocou no radar, mas foi nossa busca pela hospitalidade irracional que nos levou ao topo.

EPÍLOGO

Chegamos em casa triunfantes: sete anos de foco obstinado transformaram uma meta absurda, rabiscada em um guardanapo de bar, em realidade.

Era hora de começar um novo capítulo.

Pela primeira vez, planejamos fazer uma reforma completa no restaurante. Houve muitas mudanças físicas no salão ao longo dos anos, mas sempre fizemos ajustes no que ainda parecia o restaurante de Danny Meyer. Era hora de deixá-lo completamente com a nossa cara.

A reforma significava que ficaríamos fechados por alguns meses. Já sabíamos que, sem nossa equipe, o restaurante era apenas quatro paredes, algumas mesas e um fogão. Não podíamos nos dar ao luxo de perder nenhum deles, então abrimos um restaurante completamente novo nos Hamptons — uma ramificação mais casual, que chamamos de EMP Summer House, e levamos todo o grupo para lá conosco. Esse projeto foi satisfatoriamente criativo e bem-sucedido comercialmente, sem falar que foi extremamente divertido.

Reabrimos o Eleven Madison Park no outono, oferecendo a mesma experiência simplificada que estreamos no ano anterior, em um salão elegante projetado exclusivamente para nós. E, durante um tempo, tudo correu bem — até aparecer o primeiro problema.

As pessoas passaram muito tempo especulando por que Daniel e eu decidimos seguir caminhos distintos. A verdade é simples: nós nos desentendemos. As pessoas se distanciam. Você percebe que você e seu sócio não compartilham mais os mesmos interesses, as mesmas prioridades — vocês

233

Hospitalidade Irracional

não estão mais olhando o mundo da mesma maneira. Nada nos roubará o que compartilhamos. Mas precisamos reconhecer quando acabou.

Quando Daniel e eu percebemos que o melhor caminho a seguir era romper a sociedade, pedi conselhos ao meu pai, como fiz em todos os momentos difíceis de minha vida. Ele me disse: "Este próximo ano será um dos mais desafiadores de sua vida. Você vai se deparar com inúmeras decisões difíceis. Toda vez que se encontrar diante de uma encruzilhada, quero que se pergunte o que parece ser a coisa 'certa' a se fazer e que faça isso." Depois ele me disse que nem sempre seria fácil seguir esse conselho, porque muitas vezes fazer o que é "certo" não significa que é o melhor para você no curto prazo.

Dividir a empresa não foi simples. Naquela época, tínhamos o NoMad Hotels em Nova York, Los Angeles e Las Vegas e um restaurante fast-casual em Nova York chamado Made Nice. Tínhamos o EMP Summer House nos Hamptons, o EMP Winter House em Aspen e estávamos trabalhando em três novos projetos: dois em Londres e um em Nova York. E, é claro, ainda havia o Eleven Madison Park.

Passamos meses tentando descobrir como deveríamos realizar essa divisão, mas não estávamos fazendo muito progresso. Então, uma noite, organizamos uma arrecadação de fundos para uma organização que lida com a insegurança alimentar chamada Rethink Food, lançada por um de nossos ex-colegas.

A noite foi um sucesso brilhante; Neil Patrick Harris foi o mestre de cerimônias, e levantamos toneladas de dinheiro para uma causa pela qual tenho uma enorme consideração. Bem no final da noite, depois que a comida tinha sido servida e retirada, meu amigo Jon Batiste sentou-se ao piano. Chamei todos da equipe da cozinha que ainda estavam lá, e ficamos na porta assistindo a Jon executar uma apresentação acústica mágica de seis músicas — a última das quais foi o cover devastadoramente bonito do clássico de Louis Armstrong, "What a Wonderful World".

Cheguei em casa tarde naquela noite. Christina estava fora da cidade, então me servi de uma enorme taça de vinho tinto cheia até a boca, e coloquei a versão gravada daquela música no *repeat*. Ouvi cerca de duas dúzias de vezes e enchi minha taça pelo menos duas vezes. Na terceira taça, ficou claro o que era o "certo" a se fazer.

Epílogo

Em virtude de querermos manter parte da empresa que passamos os últimos quatorze anos construindo juntos, estávamos efetivamente destruindo-a. O "certo" a se fazer nesse caso era permitir que a empresa permanecesse unida. O "certo" — por mais inconcebível e impossível que parecesse — significava que um de nós teria que se afastar de tudo isso.

Alguns meses depois, Daniel e eu reunimos a equipe para que eu pudesse me despedir.

Eu amava o Eleven Madison Park. Mas a hospitalidade irracional que oferecemos não tinha nada a ver com o salão histórico, as cadeiras, a arte, a cozinha ou a localização. O coração da empresa era a equipe — todas aquelas pessoas de quem me cerquei — e o trabalho que fazíamos juntos todos os dias, cuidando uns dos outros e das pessoas a quem servimos. Sempre me orgulharei das tradições que estabelecemos, de todas as ideias malucas que tiramos do papel e das inúmeras pessoas que fizemos felizes. Eu também sabia que poderia reproduzir tudo isso, usando tudo o que aprendi no EMP e os princípios que desenvolvemos ao longo dos quatorze anos em que estive lá.

Foi difícil me afastar de tudo. Ainda é! Mas encontrei a catarse ao escrever este livro — ao reviver a jornada e reaprender as lições. Para mim, isso serviu para reforçar o quanto amo a hospitalidade, tanto no serviço como na liderança.

A pandemia global chegou apenas alguns meses após eu sair do EMP; observei alguns de meus amigos e colegas mais próximos lutando para manter seus negócios em pé. Um telefonema levou um pequeno grupo de nós a lançar a Coalizão Independente de Restaurantes, que teve uma influência bem-sucedida ao conseguir ajuda federal para todos os restaurantes independentes dos Estados Unidos. Em um momento em que eu poderia ter ficado de fora, pude atuar como um defensor do setor que eu amo — inclusive durante uma visita surreal à Casa Branca.

E como se isso não bastasse para me manter ocupado, Christina e eu também recebemos um novo membro em nossa família: nossa filha Frankie, batizada em homenagem a seu extraordinário avô. Passei grande parte do ano 2021 na mesa de minha própria cozinha, atendendo à cliente VIP mais importante de minha carreira, em um cadeirão alto para uma pessoa.

Hospitalidade Irracional

À medida que o mundo começou a se reabrir, tenho passado meu tempo com líderes de diversos ramos diferentes — da área médica ao varejo de luxo ao setor imobiliário e muito mais. Todos reconhecem o notável poder de dar às pessoas de sua equipe e a seus clientes mais do que eles esperam, e cada um deles optou por não ser razoável nessa busca. Todos tomaram a decisão de ingressar na economia da hospitalidade — e espero que você também o faça.

AGRADEÇO A VOCÊS

ESCREVER ESTE LIVRO FOI UMA das grandes experiências da minha vida e, enquanto passo pelas edições finais e trabalho nestas últimas páginas, não posso deixar de fazer uma pausa para refletir sobre o quanto sou grato por todas as pessoas que desempenharam um papel tão importante para que eu passasse da primeira linha.

Um dos motivos pelos quais escolhi trabalhar em restaurantes foi porque não gosto de trabalhar sozinho; sempre dou meu melhor quando faço parte de uma equipe. E, ao escrever este livro, encontrei em Laura Tucker a melhor companheira de equipe que eu poderia esperar. Ela me ajudou a tirar todas as ideias malucas da cabeça e organizá-las em palavras nestas páginas. Sua energia excepcional, seu talento inacreditável e sua paciência infinita provaram ser exatamente o que eu precisava durante esse processo. Serei eternamente grato pelas muitas horas que passamos juntos dando vida a este livro.

Em Simon Sinek encontrei o melhor orientador que poderia ter pedido nessa jornada. Passamos incontáveis dias juntos em uma mesa, lendo página por página deste livro, buscando todas as oportunidades para deixá-lo um pouco melhor. Ele me desafiou, me inspirou, me encorajou e me incentivou a criar algo de que eu me orgulharia. Sua fé em mim me fez acreditar em mim mesmo.

Adrian Zackheim e Merry Sun, da Penguin Random House, foram parceiros incríveis para mim durante todo esse processo. A apreciação deles

Hospitalidade Irracional

pelo que eu tinha a dizer me deu a confiança necessária para dizer isso ao mundo.

Serei eternamente grato a David Black por estar ao meu lado e me apoiar todos esses anos. Ele é uma das pessoas mais calorosas e atenciosas que conheço — e um verdadeiro pit bull quando precisa ser. Sinto muita alegria em tê-lo ao meu lado.

Ninguém sabe melhor do que um dono de restaurante quantas pessoas precisamos, trabalhando incansavelmente nos bastidores, para dar vida a uma ideia. Sou muito grato pela incrível hospitalidade que me foi oferecida pela incrível equipe da Penguin Random House e da Optimism Press: Kirstin Berndt, Ellen Cipriano, Linda Friedner, Tara Gilbride, Jen Heuer, Katie Hurley, Brian Lemus, Andrea Monagle, Niki Papadopoulos, Jessica Regione, Mary Kate Skehan, Laila Soussi, Margot Stamas, Sara Toborowsky e Veronica Velasco. A paixão dessa equipe pelo ofício e sua atenção aos detalhes foram algo inspirador.

Este livro não existiria sem Danny Meyer, que me deu a base sobre a qual construí todas as minhas ideias sobre serviço e liderança. Ele abriu as portas para muitos dos meus colegas no ramo e nos mostrou que o setor de hospitalidade é uma profissão verdadeiramente nobre.

Tom Clifton passou uma quantidade extraordinária de tempo me emprestando suas perspectivas ponderadas, tornando este livro verdadeiramente melhor, assim como muitas outras pessoas incríveis que foram tão generosas ao longo do último ano, ao ler e reler o manuscrito, ao mesmo tempo em que me ajudaram a garantir que ele se tornasse a melhor versão que poderia ser: Kevin Boehm, John Erickson, Seth Godin, Ben Leventhal, Roger Martin e Jann Schwarz.

Tenho sorte de ter amigos e ex-colegas que foram extremamente generosos com seu tempo enquanto eu passava pelas etapas finais deste processo: Katy Foley e Kate Fraser por divulgarem este livro, e Juliette Cezzar por ajudar a deixá-lo bonito.

Tenho uma equipe excepcional — Billy Peelle e Natasha McIrvin — que trabalhou duro para manter nossa empresa funcionando para que eu pudesse ter tempo e espaço para me concentrar em escrever este livro. Michael

Agradeço a Vocês

Forman, Bill Helman e Gaurav Kapadia foram parceiros e apoiadores incríveis. Sou grato por sua paixão e dedicação e por acreditarem em mim. Estou muito animado com tudo o que estamos construindo juntos.

E eu não poderia ser mais grato por minha linda família — minha esposa Christina e nossa filha Frankie — que dá vida à minha vida... Eu amo vocês de maneira cega, irracional e infinita.

NOTAS

1 Simon Sinek, *Leaders Eat Last* (Nova York: Portfolio / Penguin, 2017). [Obra disponível em português com o título *Líderes se Servem por Último*].

2 Julianna Alley, entrevista por Simon Sinek, Disney Institute, Lake Buena Vista, Flórida, 4 de março de 2022.

3 Frank Bruni, "Two Upstarts Don Their Elders' Laurels", *The New York Times*, 10 de janeiro de 2007, https://www.nytimes.com/2007/01/10/dining/reviews/10rest.html.

4 Frank Bruni, "Imagination, Say Hello to Discipline", *The New York Times*, 9 de dezembro de 2008, https://www.nytimes.com/2008/12/10/dining/reviews/10rest.html.

5 Frank Bruni, "A Daring Rise to the Top", *The New York Times*, 11 de agosto de 2009, https://www.nytimes.com/2009/08/12/dining/reviews/12rest.html.

6 Frank Bruni, "Four Stars, More Thoughts", *The New York Times*, 12 de agosto de 2009, https://dinersjournal.blogs.nytimes.com/2009/08/12/four-stars-more-thoughts.

7 Jay-Z, *Decoded* (Nova York: One World, 2010).

8 Oliver Strand, "At Eleven Madison Park, Fixing What Isn't Broke", *The New York Times*, 7 de setembro de 2010, https://www.nytimes.com/2010/09/08/dining/08humm.html.

Hospitalidade Irracional

9   Pete Wells, "A Stellar Band Rearranges Its Hits", *The New York Times*, 19 de junho de 2012, https://www.nytimes.com/2012/06/20/dining/reviews/the-nomad-in-new-york.html.

10   Pete Wells, "Talking All Around the Food: At the Reinvented Eleven Madison Park, the Words Fail the Dishes", *The New York Times*, 17 de setembro de 2012, https://www.nytimes.com/2012/09/19/dining/at-the-reinvented-eleven-madison-park-the-words-fail-the-dishes.html.

11   Pete Wells, "Restaurant Review: Eleven Madison Park in Midtown South", *The New York Times*, 17 de março de 2015, https://www.nytimes.com/2015/03/18/dining/restaurant-review-eleven-madison-park-in-midtown-south.html.

ÍNDICE

A

abordagem mais casual, 168
absorver a cultura, 75
adapte-se primeiro, 58
admitir os erros, 216
afirmação externa, 139
ambição em demasia, 144
apoio da equipe, 122
aprenda ensinando, 101
As Cinco Linguagens do Amor, 126

B

base mais sólida, 146
bolha em torno de mesa, 174

C

cartões Plus One, 196
cedendo a vitória, 125
chama do entusiasmo, 77
Clube da Respiração Profunda, 147
colaboração obrigatória, 105
como dar feedback, 61

comunicar
  excelência
    detalhes para, 173
    padrões consistentes, 66
conexão autêntica, 5
confiar no processo, 35
contratação
  importância, 75
  lenta, 130
controle dos detalhes, 114
conversas difíceis
  abrace as, 61
corrigir o cliente
  o erro de, 117
criador de sonhos (Dreamweaver)
  EMP, 189
crítica
  New York Times, 108
  objetivo da, 82
crítico da noite, 162

Hospitalidade Irracional

críticos fictícios, 162

cultura
de colaboração, 91
de hospitalidade, 6
não negociável, 57
pela linguagem, 26

D

decisão coletiva, 172
derrubar barreiras, 73
desacelerar para acelerar, 68
descubra como fazer, 205
desejo de ser bem tratado, 4
detalhes de serviço, 112
dia de derrota, 121
diálogo, não monólogo, 178

E

empresas inteligentes
corporativas, 31
em restaurantes, 31
encontre a terceira opção, 124
entusiasmo contagiante, 26
equipe
conexão com, 59
confiar na, 74
conheça sua, 59
e clientes no centro, 6
revigorada, 161
espírito de colaboração, 101
excelência
definição, 110

ser irracional na busca, 111

experiência
do cliente, 5
interrogar a, 71
vs. melhor para o negócio, 41
próximo nível, 143
expressões de amor duro, 126

F

fidelidade cega às regras, 72
foco coletivo, 232
fogueira cultural, 77
Four Seasons
primeira experiência, 8
Frank Bruni
reavaliação, 161

H

habilidade de liderança, 103
hospitalidade
atlética, 27
consciente, 22
Setting the Table, 24
irracional
família da Espanha, 44
solução, 184
tamanho único, 126
versus excelência, 88

I

improvisando, 187
recordação emocionante, 187

Índice

informalidade no salão, 168
  conquistando, 168
intencionalidade
  importância, 83
  significado, 20

K

Kevin Boehm
  depoimento, 144
kit de ferramentas, 196

L

liderar com confiança, 41
linguagem
  compartilhada, 27
  de amor duro, 128
    sarcasmo, 128
  de sinais
    no restaurante, 112
  necessidade da, 83

M

Make It Nice, 206
memória muscular, 71
mesa do chef
  experiência, 182
Miles Davis
  exemplo, 82
modismos, 4

N

não delegar
  problemas, 100

noção de propriedade, 26
normalizar padrões, 63
novos desafios
  crescimento, 167

O

objetivos contraditórios, 88
"o culto", 28
ouça todas as ideias, 106
ouvir e aprender, 64

P

padrões de tráfego, 113
paixão coletiva, 122
peça desculpas, 64
pensamento integrativo, 88
perda do equilíbrio, 144
Pete Wells
  crítica NoMad, 212
positividade inabalável, 26
precisão e foco
  em tudo, 114
pré-refeição
  lenda, 191
princípios orientadores
  EMP, 84

Q

quatro
  estrelas, 165
    expectativas, 167
  palavras
    definindo a cultura, 87

Hospitalidade Irracional

R

reavaliação do negócio, 131

recessão global, 153

reduzir a perspectiva, 230

regra

das mãos na mesa, 72

de 95/5, 43

dos três centímetros, 116

reinicialização cultural, 146

reinvenção sem fim, 228

respiração relaxantes, 146

responsabilidade

à equipe

impacto positivo, 98

compartilhada

momento perfeito, 100

do líder, 60

restaurante Canlis, 78

reunião pré-refeição, 102

modelo EMP, 102

rival digno

tenha um, 91

S

satisfação dos clientes

como medir, 169

sensação de pertencimento, 4

senso de orientação, 25

ser

diferente

poder, 23

mais atencioso, 199

serviço e hospitalidade

diferença, 5

sessões de diário, 92

sinal

de ajuda

EMP, 148

de compromisso, 93

suposição de caridade, 27

T

talento oculto, 60

tensão

lidar com, 122

natural, 41

teste de comida e vinho, 69

tipo Félix, 37

TLC

(Ternura, Amor e Cuidado), 54

tratamento vip, 182

trinta minutos diários, 64

tripla conquista, 98

U

ultrapassar os limites, 224

Union Square Hospitality Group, 21

V

volte ao básico, 229

W

World Tea Expo, 96